名句中国丛书·壹

治国安邦

吴礼权 编著

暨南大学出版社
JINAN UNIVERSITY PRESS

中国·广州

图书在版编目（CIP）数据

治国安邦／吴礼权编著 . —广州：暨南大学出版社，2014.7
（名句中国丛书）
ISBN 978 - 7 - 5668 - 0639 - 0

I. ①治… II. ①吴… III. ①名句—汇编—中国 IV. ①H136.3

中国版本图书馆 CIP 数据核字（2013）第 141327 号

出版发行：暨南大学出版社

地　　址：中国广州暨南大学
电　　话：总编室（8620）85221601
　　　　　营销部（8620）85225284　85228291　85228292（邮购）
传　　真：（8620）85221583（办公室）　85223774（营销部）
邮　　编：510630
网　　址：http：//www.jnupress.com　http：//press.jnu.edu.cn

排　　版：广州良弓广告有限公司
印　　刷：佛山市浩文彩色印刷有限公司

开　　本：890mm×1240mm　1/32
印　　张：10.875
字　　数：301 千
版　　次：2014 年 7 月第 1 版
印　　次：2014 年 7 月第 1 次

定　　价：25.80 元

（暨大版图书如有印装质量问题，请与出版社总编室联系调换）

前　言

吟安一个字，捻断数茎须。（唐·卢延让《苦吟》）

二句三年得，一吟双泪流。（唐·贾岛《题诗后》）

名句，特别是那些历久不衰、传诵不绝的经典名句，既是作者千锤百炼的思想成果，更是中华民族悠久文化的精华之浓缩，很是值得我们仔细玩味。因为我们可以从中汲取有益的精神营养，增加人生智慧，得到为人处世的人生启发，获取精神心灵的慰藉，由此开创我们健康、快乐、积极、向上的美好人生。

工欲善其事，必先利其器。（先秦《论语·卫灵公》）

道虽迩，不行不至；事虽小，不为不成。（先秦《荀子·修身》）

生于忧患，而死于安乐也。（先秦《孟子·告子下》）

大行不顾细谨，大礼不辞小让。（汉·司马迁《史记·项羽本纪》）

临渊羡鱼，不如退而结网。（汉·班固《汉书·董仲舒传》）

成大功者不小苛。（汉·刘向《说苑·政理》）

读一读这些充满哲理睿智的先贤名言，对我们今天如何为人处世，相信会启发多多、获益无穷的。

中国自古便有一句老话："人生不如意事常八九。"现实生活并不是诗词歌赋，更不会事事都充满诗情画意。因此，在现实生活中遭遇种种的人生挫折，那是"司空见惯浑闲事"。假如在人生的道路上遇到挫折，我们是否就此一蹶不振、意志消沉下去呢？

天行健，君子以自强不息。（先秦《周易·乾》）

长风破浪会有时，直挂云帆济沧海。（唐·李白《行路难》）

天生我材必有用，千金散尽还复来。（唐·李白《将进酒》）

读一读先贤的这些经典名言，相信我们定能由此振作起来，重新燃起希望之火，顿起奋发进取之志。

有奋发进取的国民，才会有奋发进取的民族。中华民族之所以生生不息，中华文化之所以源远流长，正是因为我们自古以来就不乏仁人志士。

如欲平治天下，当今之世，舍我其谁也？（先秦《孟子·公孙丑下》）

老骥伏枥，志在千里；烈士暮年，壮心不已。（汉·曹操《步出夏门行·龟虽寿》）

心懔懔以怀霜，志眇眇而临云。（晋·陆机《文赋》）

会当凌绝顶，一览众山小。（唐·杜甫《望岳》）

丈夫贵兼济，岂独善一身。（唐·白居易《新制布裘》）

为天地立心，为生民立命，为往圣继绝学，为万世开太平。（宋·张载《近思录拾遗》）

读一读这些气壮山河、豪迈超逸的传世名言，相信我们每一个人都会由此洞悉中华民族之所以伟大、中华文化之所以渊博的内在原因。

一个民族之所以成为一个民族，那是因为有一种民族精神。中华民族之所以成为中华民族，中华民族之所以在历经无数苦难之后仍然屹立不倒，并不断自强崛起，那是因为中华民族自古以来就有无数以国家天下为己任、舍身报国、爱国忘家的优秀儿女。

路漫漫其修远兮，吾将上下而求索。（先秦·屈原《楚辞·离骚》）

匈奴未灭，何以家为也！（汉·司马迁《史记·卫将军骠骑列传》）

捐躯赴国难，视死忽如归。（三国魏·曹植《白马篇》）

鞠躬尽瘁，死而后已。（三国蜀·诸葛亮《后出师表》）

风尘三尺剑，社稷一戎衣。（唐·杜甫《重经昭陵》）

黄沙百战穿金甲，不破楼兰终不还。（唐·王昌龄《从军行七首》）

先天下之忧而忧，后天下之乐而乐。（宋·范仲淹《岳阳楼记》）

位卑未敢忘忧国。（宋·陆游《病起书怀》）

人生自古谁无死，留取丹心照汗青。（宋·文天祥《过零

丁洋》）

风声、雨声、读书声，声声入耳；家事、国事、天下事，事事关心。（明·顾宪成为无锡东林书院所题联语）

苟利国家生死以，岂因祸福避趋之。（清·林则徐《赴戍登程口占示家人》）

天下兴亡，匹夫有责。（清·顾炎武《日知录·正始》）

读一读上面这些掷地有声的报国誓言、爱国心声，我们不难窥见中华民族之所以能够绵历数千年而生生不息、历久弥新的原因所在。

有爱国之心、报国之志，固然难得；而有治国安邦之才、济世爱民之情，则更为难得。中华民族之所以生生不息，并不断从苦难中站起来，那是因为我们历来不乏治国之能臣、安民之才俊。

居安思危，思则有备，有备无患。（先秦《左传·襄公十一年》）

为之于未有，治之于未乱。（先秦《老子》第六十四章）

仓廪实则知礼节，衣食足则知荣辱。（先秦《管子·牧民》）

政之所兴，在顺民心；政之所废，在逆民心。（先秦《管子·牧民》）

国虽大，好战必亡；天下虽安，忘战必危。（先秦《司马法·仁本》）

家有常业，虽饥不饿；国有常法，虽危不亡。（先秦《韩非子·饰邪》）

公正无私，一言而万民齐。（汉·刘安《淮南子·修务训》）

世不患无法，而患无必行之法。（汉·桓宽《盐铁论·申韩》）

民之所好，好之；民之所恶，恶之。（汉·戴圣《礼记·大学》）

求贤如饥渴，受谏而不厌。（晋·陈寿《三国志·吴书·张纮传》）

服民以道德，渐民以教化。（宋·欧阳修《三皇设言民不违论》）

兼听则明，偏信则暗。（宋·司马光《资治通鉴》载唐太宗语）

为政之要，曰公曰清。（宋·林逋《省心录》）

听一听这些先贤治国安邦的心得，分享他们济世安民的成功经验，今天身为人民公仆的干部一定能从中学习、领悟到不少东西；于其执政能力、行政能力的提高，也会助益多多。

治国安邦之才，经世致用之能，并不是先天所生就，而是要通过后天的学习教育。而今，世界已经进入"知识经济"时代，不接受教育、不读书或者说不会读书，都会被时代淘汰。

学而不思则罔，思而不学则殆。（先秦《论语·为政》）

玉不琢不成器，人不学不知道。（汉·戴圣《礼记·学记》）

学，然后知不足；教，然后知困。（汉·戴圣《礼记·

学记》)

少则习之学，长则材诸位。(汉·班固《汉书·董仲舒传》)

业精于勤荒于嬉，行成于思毁于随。(唐·韩愈《进学解》)

纸上得来终觉浅，绝知此事要躬行。(宋·陆游《冬夜读书示子聿》)

循序而渐进，熟读而精思。(宋·朱熹《读书之要》)

对于"为何学习"、"如何学习"，先哲前贤都提出了精辟的见解。读了上述教诲，相信今天的我们定能"心有戚戚焉"，对学习的意义与学习的方法的认识也会更加深刻的。

其实，先贤留下的名言名句，不仅极大地丰富了我们中华文化，对中国人的思想发展、人生观的确立等有着重要的影响，同时也对中国人心灵的陶冶与精神的慰藉为功不小。

余霞散成绮，澄江静如练。(南朝齐·谢朓《晚登三山还望京邑》)

白日地中出，黄河天外来。(唐·张蠙《登单于台》)

大漠沙如雪，燕山月似钩。(唐·李贺《马诗二十三首》)

大漠孤烟直，长河落日圆。(唐·王维《使至塞上》)

千里莺啼绿映红，水村山郭酒旗风。(唐·杜牧《江南春》)

日出江花红胜火，春来江水绿如蓝。(唐·白居易《忆江南》)

江流天地外，山色有无中。(唐·王维《汉江临眺》)

三山半落青天外，一水中分白鹭洲。（唐·李白《登金陵凤凰台》）

楚塞三湘接，荆门九派通。（唐·王维《汉江临眺》）

疏影横斜水清浅，暗香浮动月黄昏。（宋·林逋《山园小梅》）

烟柳画桥，风帘翠幕，参差十万人家。（宋·柳永《望海潮》）

读一读这些描写塞外、江南自然风光的诗句，相信我们都会油然而生对祖国大好河山的无限热爱之情。

白日依山尽，黄河入海流。（唐·王之涣《登鹳雀楼》）

横空过雨千峰出，大野新霜万叶枯。（唐·耿湋《九日》）

远山芳草外，流水落花中。（唐·司空曙《题鲜于秋林园》）

明月松间照，清泉石上流。（唐·王维《山居秋暝》）

柳色黄金嫩，梨花白雪香。（唐·李白《宫中行乐词八首》）

星垂平野阔，月涌大江流。（唐·杜甫《旅夜书怀》）

春色满园关不住，一枝红杏出墙来。（宋·叶绍翁《游园不值》）

风吹梅蕊闹，雨细杏花香。（宋·晏几道《临江仙》）

蕉叶半黄荷叶碧，两家秋雨一家声。（宋·杨万里《芭蕉雨》）

浮天水送无穷树，带雨云埋一半山。（宋·辛弃疾《鹧鸪天》）

一年湖上春如梦，二月江南水似天。（元·迺贤《次段吉甫助教春日怀江南韵》）

水流曲曲树重重，树里春山一两峰。（清·郑燮《潍县竹枝词》）

读一读这些描写山水花木的诗句，相信我们都会顿生"清风明月本无价，近水远山皆有情"的情感共鸣，在观照自然万物中得到心灵的净化。

目送归鸿，手挥五弦。俯仰自得，游心太玄。（三国魏·嵇康《赠兄秀才从军十八首》）

石栏斜点笔，桐叶坐题诗。（唐·杜甫《重游何氏五首》）

松风吹解带，山月照弹琴。（唐·王维《酬张少府》）

独立小桥风满袖，平林新月人归后。（南唐·冯延巳《鹊踏枝》）

欲归还小立，为爱夕阳红。（宋·陆游《东村》）

东篱把酒黄昏后，有暗香盈袖。（宋·李清照《醉花阴》）

题诗石壁上，把酒长松间。（元·倪瓒《对酒》）

闲窗听雨摊书卷，独树看云上啸台。（清·吴伟业《梅村》）

读一读这些诗句，相信我们会尘虑顿消。而对照于古人的生活情趣与潇洒的人生态度，相信今日忙忙碌碌的我们都会惭愧不已，不得不对自己的人生态度进行深刻的反省。

这套名曰"名句中国"的小丛书，虽本意在于通过对一万余条中国古代经典名句意蕴的剖析，为人们的读写实践指点迷津，并提供"引经据典"的参考方便；但在名句意蕴解构的过程中，读者也许可以由此及彼而对博大精深的中国传统文化有个"管中窥豹"的粗略印象。"一滴水能折射出太阳的光辉。"透过名句，我们虽然不敢说能由此窥见博大精深的中国文化的深度，但最起码会给大家留下一点"浮光掠影"式的印象。

吴礼权

2008 年 4 月 8 日记于复旦园

凡　例

一、本丛书共收中国历代经典名句一万余条。入选的各名句，一般都是编者通过现代科技手段与互联网技术，在认真调查了其引用频率的基础上精选出来的。

二、本丛书所收名句依据特定的标准，共分为十二大类。每一大类又细分为若干小类。每一小类所收辞目，根据实际情况和"宁缺毋滥"的原则而多少不等。

三、辞目的编排，每一小类内的辞目编排顺序依据每一个辞目（即每一个名句）的第一个字的汉语拼音顺序依次编排。相同字头的辞目都集中于一起，排于其特定的音序位置上。第一个字与第二个字都相同的辞目，也依上述原则集中于一起，排于其特定的音序位置上。

四、每个辞目的编写体例是：首先列辞目（即名句），其次是"注释"，最后是"译文"和"点评"（句义没有难解之处，则没有译文）。即"辞目—注释—译文/点评"。

五、辞目的长度，一般是一句或两句。少数辞目考虑其意义的整体性，可能是三句、四句或更多。

六、注释的文字，包括名句的出处、生僻字词注音、难解字词的词义解释、古代汉语特殊句法结构的语法说明等四个部分。名句出处的标注，包括时代、作者、书名或篇名。成书时代难以确定的，则付之阙如。秦代以前的作品，统一以"先

1

秦"概括，不细分为夏、商、周、春秋、战国等。这是考虑
到有些作品的成书只能确定其大致时间，而难以具体指明何年
何代，如《诗经》、《周易》、《尚书》等。作者不能确定的，
也付之阙如。如《论语》、《孟子》等，并非孔子、孟子自己
所编定，而是由他们的弟子或后人编定的，就不便注明作者。
还有些作品是大家非常熟悉的，书名本身就表明了作者，则也
不注明作者，如《老子》、《庄子》等。如果所引名句是著作
中的，则注明书名和篇名或章节名。生僻字的注音，以汉语拼
音方案的拼写规则标注声、韵、调。

　　七、译文/点评的文字，根据不同情况有不同的表现形式。
主要有：①句意难于理解的，先列出白话译文，或是进行句意
串讲，然后再对其内容进行阐发。②句意易于理解的，则略去
译文或句意串讲，直接进行内容的阐发、点评。③有些名句运
用到特定修辞方式的，则明确予以指出，并说明其表达效果。
④有些写景的名句，不便用编者自己的观点框定读者，就以概
括句意的形式简洁点拨，以便读者作"仁者见仁，智者见智"
的解读发挥。⑤有些名句的语意后世在使用中发生语义变化
的，则予以说明。⑥有些名句可以引申运用的，则予以说明。

　　八、《文学艺术》卷注有本丛书的条目索引，索引按照汉
语拼音的音序排列，读者可以方便迅速地查阅到相关条目。

目　录

治国安邦

爱民而安，好士而荣，两者无一焉而亡。

【注释】出自先秦《荀子·强国》。好（hào），喜爱。士，指贤士。而，连词。

【译文/点评】爱民则天下安宁；爱士则国家昌盛。既不爱民，又不好士，国家必亡。这是荀子游说齐相之语，也是其治国主张，更是当政者应该时刻牢记的执政理念。因为爱民就会得到万民拥戴，天下自然安定；好贤任能，政治必然清明，国家必然兴旺。否则，民怨沸腾、小人当道，国家岂能不亡？

安而不忘危，存而不忘亡，治而不忘乱。

【注释】出自先秦《周易·系辞下》引孔子语。

【译文/点评】天下安宁不能忘记有危险，国家存续不能忘记有可能灭亡，天下大治不能忘记天下大乱的隐患。这是孔子对当政者提出的劝告，也是治国安邦的金玉之言。这句话与今天我们常说的成语"居安思危"其意一矣，包含了深刻的哲理。

安危在是非，不在于强弱。

【注释】出自先秦《韩非子·安危》。

【译文/点评】国家的安危在于执政者明辨是非，而不在于国力的强弱。这话是有道理的。因为强弱是可以转化的，而是非则是不可颠倒的。如果执政者是非不分，国家政治必然混乱，即使是国力强大，也会因不断内耗而削弱，终至灭亡而后已。

百世之患，以小利而不顾者有之矣。

【注释】出自宋·苏轼《思治论》。百世，概指，即长远、长久之意。以，因为。顾，顾及、考虑。矣（yǐ），句末语气助词。

【译文/点评】一项国策的实施，如果不认真权衡利弊，不考虑长远，只图眼前小利，必然祸及后世，有无穷之患。这个道理虽然简单，但历代的封建统治者往往当局者迷，以致造成了中国历史上的许多遗憾。即如北宋开国之君赵匡胤所定下的重文抑武的国策，其本意是要防止武人作乱，以保赵家江山永固。实行之初虽收到了稳定政局之效，但却从此埋下了武力不振的大患，由此造成了宋王朝数百年的积贫积弱，辽与西夏之患由小而大，以致先是丢了中原，而后则偏安江南，对金人屈节称臣，终亡于蒙古人的铁骑之下。宋王朝之所以有此结局，多因开国之策只图稳定之小利，而不思百世之大患。历史的教训值得记取，苏轼的话永远值得我们反思。

百姓安，则乐其生；不安，则轻其死；轻其死，则无所不至也。

【注释】出自唐·陈子昂《上军事利害事·人机》。则，就。乐，以……为乐。轻，以……为轻。至，到。也，句末语气助词。

【译文/点评】老百姓生活安定，就会热爱生命；生活不安定，就会置生死于不顾，那么他们就什么事都能做得出了。意为治国安邦一定要解决民众的温饱问题，给他们一个安定的生活环境。这样，老百姓就会热爱生命、热爱生活，社会就会稳定，国家就会长治久安。反之，他们活不下去，就会铤而走险，无所不为。那样，天下就没有不乱的。

百姓多寒无可救，一身独暖亦何情。

【注释】出自唐·白居易《新制绫袄成》。亦，也。

【译文/点评】此言治理天下者要有"为天下开太平，为万民谋幸福"的志向和与人民同甘共苦的决心。

保民而王，莫之能御也。

【注释】出自先秦《孟子·梁惠王上》。保民，安民、爱民。王，称王。莫，没有人。御，抵御、抵挡。也，句末语气助词。

【译文/点评】安民、爱民而称王，天下没有人能够抵挡得了他。这是孟子与梁襄王论治国之道时所发表的政治主张。强调的是"仁政"在治国安邦中的特殊作用。

备豫不虞，善之大者也。

【注释】出自先秦《左传·成公九年》。豫，事先有了准备、预先。不虞，意外之事。"……者也"，古代汉语的一种判断句形式，相当于"……是……"。

【译文/点评】事先考虑到各种意外的情况而有所准备或预防，这是最好的。此言有备在先、防患于未然的重要性。

备豫不虞，为国常道。

【注释】出自唐·吴兢《贞观政要·纳谏》载魏徵语。豫，事先有了准备、预先。不虞，意外之事。为国，治国。常道，常用的方法。

【译文/点评】事先考虑到各种意外的情况而有所准备，这是治国的常规方法。此言治国要有居安思危、防患于未然的意识。

必先知致弊之因，方可言变法之利。

【注释】出自宋·欧阳修《论更改贡举事件札子》。致，导致。方，才。

【译文/点评】一定要先了解导致弊政出现的原因，然后才可说改革的好处。此言改革固然可贵，但须谨慎从事，不可失之轻率而造成更大的弊政。

筚路蓝缕，以启山林。

【注释】出自先秦《左传·宣公十二年》。筚（bì）路，指柴车（形容极简陋的车）。蓝缕，指破衣。启，开发。

【译文/点评】穿着破衣烂裳，驾着柴车而开发山林。这是描写楚国先王们创业之不易，后来用以说明开创性工作的艰巨性。

弊政之大，莫若贿赂行而征赋乱。

【注释】出自唐·柳宗元《答元饶州论政理书》。莫若，不如。赋，赋税。

【译文/点评】国家最大的弊政没有大于贿赂公行、乱征赋税的了。此言治国安邦务须禁止贿赂官员、乱征赋税的现象，否则天下一定大乱。

避天下之逆，从天下之顺，天下不足取。

【注释】出自先秦《尸子》佚文。

【译文/点评】不违逆天下人的心愿，顺从天下人的意志，取天下易如反掌。此言治国安邦需顺从天下民意的重要性。

扁鹊不能肉白骨，微箕不能存亡国。

【注释】出自汉·桓宽《盐铁论·非鞅》。扁鹊，战国时代的名医。肉白骨，使白骨长肉。微箕，即微子、箕子，皆商纣王之臣，屡谏纣王而不听。存亡国，使灭亡的国家再存在。

【译文/点评】扁鹊医术再高明，也不能使人死而复活；微子、箕子再怎么贤能善谏，也不能让商纣王免除亡国的命运。这是"非鞅派"在与桑弘羊等人辩论时提出的观点，其意是强调治国要靠明君与好的政治制度，不在于有个别能臣。

这话今天看来，还是很有道理的。现在我们强调制度建设，其思路亦同于此。

别而听之则愚，合而听之则圣。

【注释】出自先秦《管子·君臣上》。别而听之，即听信片面之词。合而听之，即全面地听取。

【译文/点评】听信片面之词会使人愚蠢，全面地听取意见则会让人变得圣明。此话与"兼听则明，偏信则暗"同义，皆是为人君者当记取的金玉良言。

病人觉愈，弥须将护，若有触犯，必至殒命。治国亦然，天下稍安，尤须兢慎，若便骄逸，必至丧败。

【注释】出自唐·吴兢《贞观政要·政体》引唐太宗语。愈，病好了。弥，更加。须，要。将护，养护。殒（yǔn）命，送命、死。亦然，也是这样。尤须，尤其需要。兢慎，小心谨慎。便，就。骄逸，骄奢淫逸。

【译文/点评】病人觉得病好了，这时越要注意养护，如果有所触犯，病情复发，必然导致病人死亡。治国也是这个道理，天下稍稍安定了一点，尤其要小心谨慎，如果有小功就骄奢淫逸起来，必然导致败亡。这是唐太宗李世民治国安邦的心得体会，以病人初愈比喻天下稍安，强调治国要小心谨慎的道理，形象生动，说服力极强，体现出了一代明君的风范。

不苟一时之誉，思为利于无穷。

【注释】出自宋·欧阳修《偃虹堤记》。苟，苟且。

【译文/点评】此言公共设施、基础工程的建设不能只贪一时的虚名，而要考虑到造福于民的长远目标。这话在今天仍是有参考价值的。

不患贫而患不均，不患寡而患不安。

【注释】出自先秦《论语·季氏》。此二句或作"不患寡而患不均，不患贫而患不安"，从语义上看似乎不通，此据清人俞樾《群经平议》改。患，担心、怕。贫，贫穷。均，平均。寡，少。安，安定。

【译文/点评】不怕贫穷，就怕贫富不均；不怕国小民少，就怕社会不安定。这是孔子对治国的见解，主张缩小贫富差距，消除社会不安定因素。这个主张在今天仍是世界上许多国家努力的方向。

不可以边陲不耸，恬然便谓无事。

【注释】出自宋·包拯《论委任大臣》。不可，不能。以，因为。边陲，边境。耸，耸动、惊动、骚动。恬（tián）然，安静、心神安适的样子。谓，说。

【译文/点评】不能因为边境没有骚动，就自以为安然无事，心神便安适下来。这话意在提醒北宋统治者要时刻警惕边防问题，不可麻痹大意，更不可自以为安然无事而丧失了对敌斗争的警惕性。边防是一国的命脉所在，时刻保持高度的警惕，是任何时代任何政权都必须时刻牢记在心的。

不可以有乱急，亦不可以无乱弛。

【注释】出自宋·苏洵《张益州画像记》。不可，不能。以，因为。乱，指国家动乱。急，指急于用武。亦，也。弛，指放松武备。

【译文/点评】不能因为国家出现了动乱就急于用武，也不能因为国家太平就放松了武备。苏洵这话的意思是告诫宋代的统治者治国应该有章法，对国家可能出现的变乱要预先有所考虑，未雨绸缪、常备不懈，才能常保天下太平。这一治国理念，在任何时代都是适用的。

不能正其身，如正人何？

【注释】出自先秦《论语·子路》记孔子语。正，端正。其身，自己。如正人何，即如何正人，使别人端正。

【译文/点评】不能使自己的言行端正符合道德规范，如何能让别人端正言行呢？此言"正人先正己"才是教育、影响他人最好的办法。

不期修古，不法常可。

【注释】出自先秦《韩非子·五蠹》。期，追随、追求。修古，悠远的古代。常可，经常可用的办法。

【译文/点评】不追求远古的治国风格，不效法旧有常用的方法。此言治国安邦要有创新意识，与时俱进，不可因循守旧，抱着老皇历不放。

不违农时，谷不可胜食也；数罟不入洿池，鱼鳖不可胜食也；斧斤以时入山林，材木不可胜用也。

【注释】出自先秦《孟子·梁惠王上》。违，违反。胜，能承担、能承受。食，吃。也，句末语气助词。数罟（gǔ），细密的渔网。洿（wū）池，指大池、深池。斤，斧头。以时，按时。

【译文/点评】不违反农耕的适宜时间，粮食就会吃不完；细密的渔网不入大池将鱼种打尽，鱼鳖就会吃不完；刀斧按时进入山林砍伐，木材林木就会用不完。这是孟子跟梁惠王谈治国时所发表的见解。其所强调的尊重自然规律的思想，今天仍然具有指导意义。

不诬治以为乱，不援乱以为治。援乱以为治，是愚其君也；诬乱以为治，是胁其君也。

【注释】出自宋·苏辙《新论上》。诬，欺骗、言语不真实。治，国家治理得好、太平。援，拉、引、拿。是，这。

愚，愚弄。胁，要挟。也，句末语气助词。

【译文/点评】不将治世诬称为乱世，不称引乱世作为治世。将乱世说成是治世，这是愚弄他的君主；将治世诬称为乱世，这是要挟他的君主。这是苏辙所主张的"为臣之道"。其意是强调为臣要实事求是，不可为了一己之利，混淆君主视听。这虽然说的是封建社会的"为臣之道"，今天也可视为"为官之道"予以重视。

不以天下之病而利一人。

【注释】出自汉·司马迁《史记·五帝本纪》。以，用。之，的。病，弊病。利，有利于。

【译文/点评】不能以天下的弊病为代价换取一个人的好处。这是上古明君尧帝临死前决定不将天下传给自己儿子而传给舜帝时所说的话，表现出一个明君贤主"天下为公"的坦荡无私的宽大胸怀。

财之不丰，兵之不强，吏之不择，此三者存亡之所从出。

【注释】出自宋·苏轼《思治论》。之，放在主谓语之间，用以取消句子的独立性。不择，未曾选择，即选用不当。存亡，此只指亡。所从出，由这几个方面原因所造成。

【译文/点评】财力不充足，军队不强大，官吏选用不当，这三个方面是造成国家灭亡的原因。这是苏轼对于国家兴亡原因的总结，今天看来仍是正确的。因为一个国家能否立于不败之地，其实就在于三样：一是国力够不够强大（国力主要是财力）；二是军队有没有战斗力；三是政治是否清明（官员选用是否恰当是主要原因）。有此三样，国家便会存续乃至强大；无此三样，国家便会衰弱乃至灭亡。不管是过去，还是现在、将来，永远都会这样。

仓无备粟，不可以待凶饥。

【注释】出自先秦《墨子·七患》。

【译文/点评】国库里没有备荒的粮食，就不能应对荒灾之年。此言治国安邦要有"积谷防饥"的意识。

朝无争臣则不知过，国无达士则不闻善。

【注释】出自汉·班固《汉书·萧望之传》。争臣，指正言直谏的诤臣。则，就。达士，有见解的贤才。

【译文/点评】朝廷之上没有敢言直谏的诤臣，国君就不会知道自己的过失；国家没有贤达之士，国君就不会听到好的治国意见。此言贤士、诤臣对于治国安邦的重要作用。

诚国是之先定，虽民散而可收。

【注释】出自宋·苏轼《谢中书舍人启》。诚，诚然、果真，表示假设之辞。国是，国家大计。虽，即使、纵然，表示假设之辞。散，溃散。

【译文/点评】治国要着眼于大处，要先定国家的大计方针，然后循序而为，必然纲举目张，有条不紊。纵使遇有不测，民众一时溃散，也能重整旗鼓，收拾残局，东山再起。苏轼上面两句，精辟之处正在于道出了上述道理。

崇推让之风，以销分争之讼。

【注释】出自汉·班固《汉书·楚元王传》。崇，崇尚、提倡。推让，谦让。销，通"消"。分争，同"纷争"。讼（sòng），争论、争辩、诉讼、打官司。

【译文/点评】提倡谦让的风气，以消除纷争不断的官司纠纷。此言要想改善争讼不断的民风，就应该提倡谦让之风，让整个社会有一个和谐的大环境。

川不可防，言不可弭。下塞上聋，邦其倾矣。

【注释】出自唐·韩愈《子产不毁乡校颂》。川，河流。弭（mǐ），消除。邦，国家（古代大者为国，小者为邦）。其，句中助词，无义。倾，倾覆、危险。矣，了。

【译文/点评】就像河流决堤不可堵塞一样，人民对国政的议论批评也是不可避免的。如果民众的言论自由被压制，统治者只是捂住耳朵不愿听到批评之言，那么这个国家就要衰亡了。此以决堤难防为喻，说明阻止民众对政府批评的困难及其危害性。

创业难，守业难，知难不难。

【注释】出自清·吴敬梓《儒林外史》第二十二回引对联（上联是"读书好，耕田好，学好便好"）。

【译文/点评】此言治家的道理，却也说出了治国的道理。创业立国，江山易色，天翻地覆，固然是一件很难做成的大事；但是，要守住既成的基业，使国家长治久安，其难度则更大。因为立国是一个短暂的奋斗过程，而治国则是一个长期的任务，天长日久，稍有懈怠，国家便有危机。但是，如果立国者、治国者能够意识到困难的存在，思想上重视，就能克服困难；持之以恒，便能最终走向成功。

从谏如顺流。

【注释】出自汉·班彪《王命论》。从，听从。

【译文/点评】接受别人的意见并采纳，就像是顺流之水一样的快。此言治国安邦者要有认真听取别人意见的胸襟与雅量。

存不忘亡，安必虑危。

【注释】出自晋·陈寿《三国志·吴书·吴主传》。

【译文/点评】国家存在的时候不要忘记可能会灭亡，天下安定的时候一定要考虑可能存在的隐患。这是孙权关于治国的主张，其意是强调执政者应该有居安思危、防患于未然的忧患意识。这个观点，执政者是要永远记取的。

存亡在虚实，不在于众寡。

【注释】出自先秦《韩非子·安危》。虚实，指国力的强弱。众寡，指人口的多少。

【译文/点评】国家的存亡，关键在于国家实力的强弱，而不在于人口的多少。这话在今天仍然是正确的。我们现在说国家之间的竞争是国力的竞争，就是这个意思。至于人口的多寡，有两面性：人多国大，那是大国；人多国小，那是穷国。前者有益，后者有害。

存在得道，而不在于大；亡在失道，而不在于小。

【注释】出自汉·刘安《淮南子·氾论训》。道，道义。

【译文/点评】一个国家的存在，一定是因为它的统治者治国之策得人心、合道义，而不是因为国家大、国力强；一个国家的灭亡，一定是因为它的统治者治国无方、失道失德，而不是因为国家小、国力弱。此言国家的存亡与国家的大小无关，而与其统治者治国行事是否得道有关。

大道之行也，天下为公。

【注释】出自汉·戴圣《礼记·礼运》。道，孔子心目中理想的社会境界。也，句中语气助词，帮助停顿。

【译文/点评】大"道"通行的时代，天下是为全体民众所共有的。此乃孔子理想中的"大同"社会的境界（即原始共产主义）。

大明无偏照，至公无私亲。

【注释】出自唐·吴兢《贞观政要·刑法》。大明，指最高境界的明察。至公，最公正。

【译文/点评】最明察的人是不会偏察一隅而不及其余的，最公正的人办事是不会偏袒自己的亲属的。此言为政执法者最高的思想境界是明察秋毫、大公无私。

大山崔，百卉殖；民何贵，贵有德。

【注释】出自汉·班固《汉书·礼乐志》。崔，崔嵬（wéi）、高大。卉（huì），草的总名。殖，繁殖、生长。

【译文/点评】大山高大，百草才会丰茂；老百姓以何为贵？以统治者有崇高的道德为贵。此言执政者加强自身的道德修养是治国安邦的重要途径。今天我们强调"以德治国"，正是此意。

道德一于上，而习俗成于下。

【注释】出自宋·王安石《乞改科条制》。一，统一。

【译文/点评】上面的人道德标准统一了，下面的人就有了学习的榜样，良好的社会风气就能形成。此言领导者的率先垂范对于良好社会风气形成的重要性。

道民之门，在上之所先；召民之路，在上之好恶。

【注释】出自先秦《管子·牧民》。道，同"导"。门，门径、方法。

【译文/点评】教育引导人民的有效方法，在于统治者的率先垂范；能否感召老百姓，与统治者的爱好有关。此言统治者以身作则、有一个健康的爱好，对感化教育民众具有特别重要的意义。今天我们强调领导干部要率先垂范，要有一个健康的爱好，正是这一理念的体现。

道千乘之国，敬事而信，节用而爱人，使民以时。

【注释】出自先秦《论语·学而》。道，同"导"，即引导、领导、治理。千乘之国，指拥有一千辆兵车（古代以四匹马拉一架兵车叫一乘）的国家，指大国。敬事，认真做好所做的事，相当于今日所说的"敬业"。信，讲信任。节用，节俭开支。爱人，爱护人民。使民，征用民力。以，按。时，指适当的时间。

【译文/点评】治理一个大国，应该谨慎政事，取信于民，节省开支，爱护人民，征用民力要选农闲之时，不可夺民农桑之时。这是孔子提出的治国主张，除了最后一条在现代商业化时代不一定适用，其余都是万古不变的真理，永远值得治国当政者记取并奉之守之。

道之以政，齐之以刑，民免而无耻；道之以德，齐之以礼，有耻且格。

【注释】出自先秦《论语·为政》。道，引导、领导、管理。之，它，这里指百姓、人民。政，即政令。齐，这里是使动用法，使整齐、一致，即规范、整治。刑，刑法。免，免祸、免罪。耻，指羞耻之心。且，而且。格，纠正、改正。

【译文/点评】以政令管理人民，以刑法规范人民的行为，老百姓虽惧法而免于犯罪，但并不能让他们有羞耻之心；相反，如果以道德的力量感化人民，以礼制来规范人民的行为，那么老百姓既有羞耻之心，而且也能自觉纠正自己的错误。这是孔子通过对比法家（法家强调法制）与儒家（儒家主张德治、礼治）两种不同的治国效果，阐明自己以德、以礼治国的政治主张。用今天的眼光看，儒、法两家的治国主张都各有利弊。法家过于现实，儒家则过于理想。因此客观有效的治国之策，应该是刚柔并济、宽猛相济，兼采儒法二家之长，既要以严刑峻法规范人民的行为，也要以执政者自身崇高的道德力量感化民众，使向善远恶成为其自觉行为。

得国常于丧，失国常于丧。

【注释】出自先秦《国语·晋语二》。于，在。丧，指国君死亡之时，即国丧之时。

【译文/点评】赢得国家政权常常在国丧之时，失去国家政权也常常在国丧之时。这是秦穆公的话。作为一国之君，这话是他历史经验的总结，揆之历史，一点不假。中国古代没有退休制度，国君都是即位到去世。因此国君突然亡故，就有可能因权力的突然真空而导致政权的意外更迭，"得国"、"失国"都有可能在此时发生。

得已而不已，不得已而已之，二者皆乱也。

【注释】出自宋·苏辙《晋武帝》。得，可以。已，停止。也，句末语气助词。

【译文/点评】可以停止而不停止，不可以停止而停止，这二者都是导致国家变乱的根源。其意是强调治国要审时度势，措施要得当，宽猛要相济。今天看来，仍是有道理的。

德不优者不能怀远，才不大者不能博见。

【注释】出自汉·王充《论衡·别通》。怀远，怀柔远方之人、使远方之人臣服。

【译文/点评】道德不高尚，就不能使远人有归附臣服之心；才能不卓越，就不可能有远大的见识。此言道德与才能对治国安邦的重要性。

德而不威，其国外削；威而不德，其民内溃。

【注释】出自明·冯梦龙《东周列国志》第二十六回。

【译文/点评】此言仅有德望而无武威，那么国家必然被外族侵凌而国势削弱；仅靠武威而不修道德，那么老百姓的人心就不能凝聚起来，天下就难以太平。此言治国安邦要文武兼修、德威并举，如此才能外慑敌国、内聚民心。

德莫高于博爱人，政莫高于博利人。

【注释】出自汉·贾谊《新书·修政语上》。博爱，广泛地爱。博利，广泛地施利。

【译文/点评】最高的道德莫过于广泛地爱一切人，最好的执政效果莫过于使广大的人民都得利。此言治国安邦要重视修德、仁政的作用。

德惟善政，政在养民。

【注释】出自先秦《尚书·大禹谟》。惟，只。

【译文/点评】修炼高尚的道德，目的在于很好地执政；执政的目的在于使人民都过上好生活。此言修德、执政的意义。

德以施惠，刑以正邪。

【注释】出自先秦《左传·成公十六年》。以，用来、在于。施惠，施予恩惠。刑，刑法。正邪，纠正邪恶。

【译文/点评】修德在于能给老百姓以恩惠，用刑在于纠正邪恶不守法之辈。此言治国要恩威并举、宽猛相济。

德之流行，速于置邮而传命。

【注释】出自先秦《孟子·公孙丑上》引孔子语。之，的。速于，快于。置邮，驿站。传命，传达政令。

【译文/点评】德政的流行，比驿站传达政令还要快。这是孟子引孔子之语说明实行仁政对于治国的特殊意义。

敌存灭祸，敌去召过。

【注释】出自唐·柳宗元《敌戒》。灭祸，消除祸患。召过，招致过错。

【译文/点评】有敌人存在，就不会放松警惕，祸患就能消除；敌人不存在，就会掉以轻心，结果会导致灾祸的降临。

此言治国安邦要有危机意识，不管有没有敌人的威胁，都要加强国防，以防患于未然。

地远官无法，山深俗岂淳。
【注释】出自唐·刘长卿《送侯侍御赴黔中充判官》。
【译文/点评】此言地处偏僻之所的地方官无法无天，那么山高谷深的环境中老百姓也就难以继续保持淳厚朴实的民风了。此言一个地方风俗的淳厚与浅薄，是与地方官的表率有密切关系的。意谓要想民风淳朴，官员首先自己要带头守法，以身作则，以此带动民众，改善民风。

定国之术，在于强兵足食。
【注释】出自晋·陈寿《三国志·魏书·武帝纪》裴松之注引《魏书》。术，方法。
【译文/点评】安定国家的方法，在于增强军事实力、储备足够的粮食。此言军队与粮食是稳定国家的基础。

凡民有丧，匍匐救之。
【注释】出自先秦《诗经·邶风·谷风》。凡，凡是。民，指邻居、邻里。丧，指死亡凶祸之事。匍匐（pú fú），本指小儿爬行貌，引申为竭力、尽力。救，帮助。
【译文/点评】凡是邻里有苦难，竭尽全力也要帮助。这句话原是写一位被弃的女子自述自己助人为乐的美德之语。后世成语"匍匐之救"，即源于此，意指竭力相助。若"民"泛指民众，那么，"凡民有丧，匍匐救之"，就是当政者努力匡民的德化了。

凡为天下国家，当爱惜名器，慎重刑罚。
【注释】出自宋·苏轼《转对条上三事状》。为，治理。名器，即名号、器物（名号，指官爵；器物，指车服等标明封建等级的服用之物)。

【译文/点评】治理国家，应该赏罚分明，该赏则赏，该罚则罚。既不可滥施恩赐，又不可乱用刑罚。否则，人心不服，威信不存，天下就不会太平。苏轼说的是古代，但这治国的原则却是千古不易，不论何时，都仍是治国者应该记取的名言。

凡为天下国家有九经，曰：修身也，尊贤也，亲亲也，敬大臣也，体群臣也，子庶民也，来百工也，柔远人也，怀诸侯也。

【注释】出自汉·戴圣《礼记·中庸》。凡，凡是，大凡。为，治理。经，道理，规则。修，修炼。体，体恤。子，以……为子，即爱护。来，使来，招徕。柔，怀柔，优待。怀，怀柔，安抚。

【译文/点评】加强统治者自身的道德修养，尊敬贤能者，关爱亲人，敬重大臣，体恤群臣，爱护百姓，招徕百工，优待远方宾客，安抚诸侯，这是孔夫子所"钦定"的治国平天下的"九经"，历来都被封建统治者视为治国的不二法宝。那么，这九条何以成为治国之"九经"呢？孔夫子也自有"说道"："修身则道立，尊贤则不惑，亲亲则诸父昆弟不怨，敬大臣则不眩，体群臣则士之报礼重，子庶民则百姓劝，来百工则财用足，柔远人则四方归之，怀诸侯则天下畏之。"意思是说：君主能自觉地加强自身的道德修养，那么就能以身垂范，天下人也就能群起而效之，这样天下万民的道德水平也就自然提升了；尊敬贤者，就会有能人相助，遇事不惑；关爱亲人，就能长幼有序，家庭和睦，父慈子孝，兄弟相爱，天伦之乐乐无穷；敬重大臣，则不会在大事上迷失方向，在国家大政方针上铸成大错；体恤群臣，士人便会感恩戴德，加倍图报；爱护百姓，百姓便会拥戴君王，国家便会安定；能够招徕百工，那么百工就会为国家创造更多的财富，国家自然富强；善待远方的宾客，就能集聚天下的巨商大贾，为国家理财创造条件；能够安抚诸侯，使天下归心，使各国诸侯都对天子有敬畏之心，何愁不能江山一统、天下一家？孔夫子虽然没做过君王，但他概括的这九条治国法则，应该说放之四海、揆之古今，都是正确无误的。这九条，若进一步概括起来，就是"修德"、"推贤"、"爱人"六个字。凡为一国之主者，无论是古是今，是中是外，如能做到这六个字，何愁大国不治、小邦不强？两千多年后的今天，我们之所以还时时搬出孔夫子，正是因为他的话包括这治国"九经"，仍未过时。

凡正人之道，既富之，然后可以责善。

【注释】出自宋·曾巩《洪范传》。正人，纠正、培养。道，方法。既，已经。责，要求。

【译文/点评】凡是培养人，行之有效的方法是先使他生活上有保障，然后再在精神道德上要求他往好的方面发展。此言要求别人道德高尚，先要解决他基本的生存问题。

防民之口，甚于防川。

【注释】出自先秦《国语·周语上》。甚，超过。川，河流。

【译文/点评】阻止人民对国政进行议论，比防止河流决堤还要难。此言治国安邦要倾听人民的呼声并改进工作，决不能堵住人民的嘴，不让人民说话。那不是明智的做法。

非宽大无以兼覆，非慈厚无以怀众。

【注释】出自汉·刘向《淮南子·主术训》。兼覆，覆盖、惠及到。怀，怀柔、安抚。

【译文/点评】不宽大为怀，就不能恩泽惠及所有人；不慈悲仁厚，就难以安抚众人。此言治国安邦要有宽大的胸怀、仁慈的心肠。

非威何畏，非德何怀。不畏不怀，何以成霸。

【注释】出自明·冯梦龙《东周列国志》第二十六回。畏，敬畏。怀，使归顺。

【译文/点评】没有正气威仪，何以令人有敬畏之心；没有高尚的道德，何以使人甘心归顺。既不能使人敬畏，又不能让人心服，如何能成就霸业呢？此言成大事业（如称霸天下、治国安邦）者既要有威仪让人望之生畏，又要有德望使人情愿归依。

风行草偃，其势必然。

【注释】出自唐·刘禹锡《谢兵马使朱郑等官表》。偃，倒。

【译文/点评】风行于草上，草伏于下，这是情势之必然。此以风起草伏为喻，意在形象地说明这样一个治国安邦的道理：统治者以德治国，老百姓就会深受感化，天下就会不治而平。

服民以道德，渐民以教化。

【注释】出自宋·欧阳修《三皇设言民不违论》。以，用。渐，感化、影响。

【译文/点评】用道德的力量征服民众之心，用教育的办法来感化老百姓。此言治国安邦要重视统治者自身的道德修养，要重视对民众的教育感化。也就是说，治国安邦不能仅靠武力征服，也要靠道德与文化的力量。民心顺，天下自然太平。

改过不吝，从善如流。

【注释】出自宋·苏轼《上神宗皇帝书》。

【译文/点评】对于自己的过错毫不吝啬地予以改正，对于别人好的意见的听取就像流水自高而下流淌一样地自然顺畅。此言领导者要有虚心改过、乐听谏言的胸怀。

公正无私，一言而万民齐。

【注释】出自汉·刘安《淮南子·修务训》。

【译文/点评】此言统治者能够做到公正无私，就能使天下之人万众一心。这句话是强调公正无私对于统一民众思想的重要意义。

攻取者先兵权，建本者尚德化。

【注释】出自晋·陈寿《三国志·魏书·贾诩传》。兵，战争。权，权变，计谋。建本，立国。尚，崇尚，推崇。德化，以道德化育、影响万民。

【译文/点评】为了夺江山，攻城略地，自然首先要崇尚武力战争，讲究兵法权谋，无所不用其极。但是，打下江山之后，立国治国就要正身修身，以德服人，以德化育万民，让万民知礼守法，这样天下才能长治久安。上面十二字虽然看似简单，但却一语中的，诚为治国者之座右铭。

苟可以强国，不法其故；苟可以利民，不循其礼。

【注释】出自先秦《商君书·更法》。苟，如果。法，效法。故，旧的、以前的。循，沿袭。

【译文/点评】如果对强国有利，那就不必效法旧的法律制度；如果对人民有利，那么就不必沿袭旧的礼制。此言治国安邦要根据时势的发展变化而制定恰当的方针政策，以推进社会的发展。

苟利于民，不必法古；苟周于事，不必循旧。

【注释】出自汉·刘安《淮南子·氾论训》。苟，如果。法，效法、取法。周，合。循，沿袭。

【译文/点评】如果有利于人民，就不必效法古代的制度；

如果对做成事情有利，就不必沿袭旧的做法。此言治国安邦要顺应时势的发展，与时俱进，不必拘泥于旧有的制度与经验。

观乎天文，以察时变；观乎人文，以化成天下。

【注释】出自先秦《周易·贲》。乎，于。天文，指日月星辰等天体在宇宙间的分布与运行等现象。人文，指人类社会的发展变化情况。化成，教化成功。

【译文/点评】观察天体运行的情况，以考察季节时序的变化；观察社会发展的变化，顺应时势有所作为，以使教化民众的目标成功（即使天下太平）。此言治国安邦要上观天文，下察人文。古人有"天人相应"之说，故有此论。治国安邦是否一定要上观天文，那是不可究察的无稽之谈；但是，体察民情民心，顺应时势的发展，从而制定恰当的施政策略，那是绝对必要的。

官无二业，事不并济。

【注释】出自南朝宋·范晔《后汉书·张衡传》。

【译文/点评】此言做官不能兼营别的事业，做事不可二者齐头并进。意谓专心致志才能做好一件事情。

广直言之路，启进善之门。

【注释】出自唐·柳宗元《贺赦表》。广，扩大。启，开启。

【译文/点评】此言国君只有广开言路，虚心听取各种忠言直谏，才能有益于自己道德完善，从而实现治国安邦的目标。

国大而政小者，国从其政；国小而政大，国益大。

【注释】出自先秦《管子·霸言》。政，治国之政绩；益，越。

【译文/点评】国大民众，统治者若是自以为是，不奋发进取，政绩上了无建树，那么国家再大，也只是个空架子，国家的实力不会强，地位也不会高；国小民寡，若统治者是个明君，能够仁义爱民，锐意进取，也能卓然有成，弱国小国也能变为大国强国。春秋时代的吴国与越国，一个由强而弱，最终走向灭亡；一个由弱而强，蔚为大国，就是上述管子之言的最好注脚。

国家将兴，必有祯祥；国家将亡，必有妖孽。

【注释】出自汉·戴圣《礼记·中庸》。祯祥，即吉兆、祥瑞。妖孽，指不祥之兆、不祥之物。

【译文/点评】一个国家将要兴旺，一定会有祥瑞出现；一个国家将要灭亡，一定会有不祥的预兆出现。这是孔子的话，虽然带有一定的唯心色彩，但也不无道理。因为一个国家的兴与亡，其间都是有个过程的，是治是乱都是可以据现状而推知的。

国将亡，本必先颠，而后枝叶从之。

【注释】出自先秦《左传·闵公元年》仲孙湫所引古语。本，树干。颠，倒、坏。从，随从、跟着。之，指树干。

【译文/点评】国家将亡，就像一棵树，一定是树干先倒下，然后树枝树叶随后委顿于地。这是仲孙湫以树干与树枝树叶的关系为喻，劝说鲁闵公要坚持以周礼作为国家的根本，不能放弃。用今天的话来说，就是治国要抓根本，成语"纲举目张"说的就是这个意思。

国无小，不可易也；无备，虽众，不可恃也。

【注释】出自先秦《左传·僖公二十二年》载臧文仲语。无，无论、不论。易，轻视、藐视。备，防备、戒备。恃，依靠。

【译文/点评】自古以来，国家都不能以大小而论。一个小国，如果有一个英明的君主，能够内修政教，外交强国，上下一心，同仇敌忾，往往也能以弱胜强；而一个大国，如果君主昏庸或自高自大、刚愎自用，不能推贤用贤，内不修政教，外好树敌，或者没有远虑，没有忧患意识，没有常备不懈之心，那么，即使国再大，民再众，也是靠不住的，甚至亡国灭种都有可能。齐鲁长勺之战，弱小如鲁国，还能"一鼓作气"打败了强大的齐国；吴越之争，最终胜出的是弱小的越国，被灭亡的反而是当时的霸主吴国。这些后世的历史教训，都能有力地印证臧文仲所言不诬。因为强弱、大小，都是相对的，不是绝对的。弱小之国，若能上下同心，自可以一当十，鼓勇而胜；强大之国，若是上下离心离德，虽人多势众，终究也是乌合之众，不堪一击。因此，臧文仲的话永远值得我们深思，它给我们的启示是深刻的：勿以国小而自卑，勿以国大而自傲。

国以人为本，人以衣食为本。凡营衣食，以不失时为本。
【注释】出自唐·吴兢《贞观政要·务农》记唐太宗语。本，根本。衣食，指吃穿等温饱生存问题。凡，凡是、大凡。营，经营、解决。失时，失掉农时。
【译文/点评】国家以人民为根本，人民以衣食温饱为根本。凡是要解决老百姓的衣食温饱问题，要以不违农时为根本。此言乃强调国家、人民的根本问题及其解决途径。

荒者，乱之萌也。
【注释】出自清·魏源《默觚·治篇十一》。荒，荒淫。乱，动乱。之，的。萌，根源、萌芽。"……者，……也"，古汉语的判断句形式。
【译文/点评】统治者的荒淫是国家动乱的根源。这是魏源的政治卓见。因为统治者一旦荒淫，就不会以国事为重了。如此，上下交怨，天下岂能不乱？因此，力戒荒淫，乃是当权者应当牢记的信念。

黄金珠玉，饥不可食，寒不可衣。

【注释】出自汉·班固《汉书·景帝纪》。衣，此作动词用，意为"当衣穿"。

【译文/点评】黄金和珠玉虽是大家都珍视的宝物，但是它们既不能饿了当饭吃，也不能冷了当衣穿。此言意在强调农业的重要性，强调解决温饱问题才是治国安邦的首要问题。同时，有贬低商业贸易作用的意思。这是中国封建时代的观念，以今天的眼光来看就不一定正确了。

获罪于天，无所祷也。

【注释】出自先秦《论语·八佾》。祷（dǎo），向神求福的一种迷信活动。也，语气助词。

【译文/点评】得罪了上天，求拜什么神也没用了。这话原是孔子借天比国君，阐明其王权神圣不可侵犯的思想。后世将"天"作大自然理解，则这话就更具现代意思了，即人类得罪了大自然，就会受到大自然的惩罚，那时祈求任何帮助都是无用了。这话用在讲究环保的现代尤其有指导意义。

饥者易为食，渴者易为饮。

【注释】出自先秦《孟子·公孙丑上》。

【译文/点评】此言饥饿的人对食物不讲究，易于满足；口渴的人只要有口水喝，也就非常满足了。意谓人在危境时，对生存的要求是很低的。孟子此语意在劝说统治者要关心百姓的温饱问题，认为老百姓只要温饱问题解决了，就不难治理。

积是为治，积非为虐。

【注释】出自唐·刘禹锡《山阳城赋》。治，指天下安定。虐，灾害、祸害。

【译文/点评】坚持正确的治国方针，时间久了，天下就会安定；采取错误的治国措施，时间久了，就会给天下带来祸害。此言治国安邦时正确的方针要持之以恒，错误的政策要及时改正。

激浊扬清，嫉恶好善。

【注释】出自唐·吴兢《贞观政要·任贤》。

【译文/点评】讨厌坏的，喜欢好的，就像冲掉浊流、疏扬清流一样。以比喻修辞法说明执政要惩恶扬善的重要性。

家给人足，天下大治。

【注释】出自宋·王安石《上皇帝万言书》。

【译文/点评】家家富裕，人人丰足，天下就会安定太平。此言发展经济、解决人民的温饱问题是实现天下安定的根本途径。

兼听则明，偏信则暗。

【注释】出自宋·司马光《资治通鉴·唐纪九·贞观二年》载唐太宗语。

【译文/点评】多方面听取意见就会开明，偏听偏信一面之词就会糊涂。这是唐太宗之语，体现了一代英主阔大的胸襟与明智的执政思想。

俭节则昌，淫佚则亡。

【注释】出白先秦《墨子·辞过》。俭节，节俭。则，就。淫，过分。佚（yì），放荡。

【译文/点评】节俭，国家就会昌盛；纵欲放荡，国家就会灭亡。这是墨家主张的治国之道，提倡勤俭，反对骄奢淫逸。这一观点在任何时代都是当政者应该记取的。

将失一令，而军破身死；主过一言，而国残名辱。

【注释】出自先秦·吕不韦《吕氏春秋·似顺论·慎小》。将，将军。主，君主。失、过，皆为错意。

【译文/点评】将军错发一个军令，就会导致军队失败、自身死亡；国君错说一句话，就会导致国家混乱、自身名誉受损。这是《吕氏春秋》提出的"慎小"论，其意是告诫处上位者应该言语谨慎，一言一语都要考虑其政治后果，切不可信口开河。这话对今天政治人物仍然适用。

教行于家，德施于人。

【注释】出自唐·柳宗元《碑阴文》。

【译文/点评】此言要想以道德的力量感染、影响他人，就应该率先为自己家庭中的每个人作出榜样。古人讲"修身、齐家、治国、平天下"，强调"治国平天下"要以"修身齐家"为前提，正是这个道理。

街谈巷说，必有可采。

【注释】出自晋·陈寿《三国志·魏书·陈思王植传》注引《典略》。

【译文/点评】大街小巷中人们的议论谈话，一定有可以采纳的有益之处。此言治国安邦要重视人民的声音，了解人民的想法，并虚心地对其合理之论予以采纳。

经纬天地之谓文，勘定祸乱之谓武。

【注释】出自唐·韩愈《贺册尊号表》。经，指织物上的纵线。纬，指织物上的横线。经纬，此指经营治理。勘定，平定。

【译文/点评】此言"文"、"武"二字的政治含义，意谓只有真正称得上是文韬武略之雄主、有文治武功之圣君，才能当得起"文"、"武"二字的尊号。古代封建帝王或高官死后都要有一个"谥号"或"尊号"，以表彰其生前的功德，作盖棺定论。

兢兢业业，如霆如雷。

【注释】出自先秦《诗经·大雅·云汉》。兢兢业业，小心谨慎的样了。霆，疾雷、雷。

【译文/点评】天天小心又谨慎，就像头上有雷霆。这是以比喻修辞法表现周宣王对旱情与国事的忧虑心情，一位勤政爱民的君王形象跃然纸上。

救奢必于俭约，拯薄无若敦厚。

【注释】出自南朝宋·范晔《后汉书·郎岂页传》。救，匡救、纠正。薄，指浅薄的世风。无若，不如。敦厚，忠厚。

【译文/点评】纠正奢侈的不良世风，一定要从倡导俭约开始；拯救浅薄的世风，就要提倡忠厚的风气。此言奢侈浪费的风气、浅薄不古的世风，都是需要有针对性的措施予以纠正的。

居安思危，思则有备，有备无患。

【注释】出自先秦《左传·襄公十一年》。居安，处于安全的状态。备，准备。患，忧患。

【译文/点评】身处安全之境要考虑到危险的情形，考虑到危险的情况就会有所防备，有防备便就不会有忧患了。这是魏绛与晋侯对话时所提出的观点，其意是强调治国要有长久的考虑，不能局限于眼前，应该有未雨绸缪、防患于未然的意识。成语"居安思危"、"有备无患"，都是源于此。今天这话不仅指治国，也指为人处世等各个方面。

居马上得之，宁可以马上治之乎？

【注释】出自汉·司马迁《史记·郦生陆贾列传》记陆贾

谏汉高祖刘邦之言。

【译文/点评】夺他人之天下，只能由马上而来。不会纵马横刀，别人岂能白送你江山？想都别想！他皇帝日子过得正舒坦着呢。但是，由马背上打下江山后，如何守之，并使之长久，这更难。唐太宗就曾慨叹："创业难，守成更难。"这是明君的眼光。那么如何守住江山，难道再纵马全国，天天用刀枪逼着万民听话别造反？明显行不通，也难以为继。怎么办？下马，以文治之，以文化之。汉代有四百余年基业，陆贾上面的这句话应该说是起了大作用的。

居上克明，居下克忠。

【注释】出自先秦《尚书·伊尹》。居上，指做君主的。克，能。居下，指做臣下的。

【译文/点评】做君主的要能明察下情，做臣下的能够尽忠效力。此乃伊尹教导夏朝太甲帝如何做君主的话，意在强调明察与尽忠的关系，说明"君明才能臣忠"的道理。这话若广而言之，则可以适用于所有各个层级的领导者。

举大体而不论小事，务实效而不为虚名。

【注释】出自宋·苏轼《乞相度开石门河状》。举大体，指做大事。务，追求。

【译文/点评】做大事不要在小事上计较，从政要追求实效而不能为了虚名。此言治国安邦、从政做事的原则。

举直错诸枉，则民服；举枉错诸直，则民不服。

【注释】出自先秦《论语·为政》。举，举荐人才。直，指正直之人。错，同"措"，放置之义。诸，"之于"的合音。则，就、那么。枉，不正直之人，即邪枉之人。服，信服、服从。

【译文/点评】举荐提拔正直的人为官，把他们置于邪枉小人之上（即君子领导小人），那么老百姓就信服了；反之，举荐提拔邪枉小人为官，让他们凌驾于正直君子之上（即小人领导君子），那么老百姓肯定心中不服。这是孔子在回答鲁哀公问政时所提出的"用人之道"。这一用人之道，在任何时代都是正确的。因为君子为官，能以其高尚的德操感化人民，以其为人表率的行为规范人民，万民自然心悦诚服，天下自然太平。反之，以小人领导君子，他们的德行如何规范得了万民呢？结果只能是"上梁不正下梁歪"，必然民心涣散，天下必然大乱。

距谏者塞，专己者孤。

【注释】出自汉·桓宽《盐铁论·刺议》。距，通"拒"。专己，指刚愎自用。

【译文/点评】拒绝忠言直谏的人就会闭塞，一意孤行的人就会孤立。此言治国安邦的人要认真听取别人的意见，不能拒纳谏言、一意孤行。

君臣遇合，天下事迎刃而解。

【注释】出自宋·苏辙《姚崇》。遇合，此指关系融洽。

【译文/点评】此言君臣关系融洽，天下就没有解决不了的问题。意在强调在治国安邦的过程中统治集团内部团结、上下同心同德的重要性。

君仁，莫不仁；君义，莫不义。

【注释】出自先秦《孟子·离娄下》。莫，没有人。

【译文/点评】君主仁德，天下没有人不仁德；君主有义，天下没有人不讲义。这是孟子的名言，其意是强调君主修德养性、以身作则对天下人的影响和作用。这话在任何时代都不会过时，永远是真理。今日俗语"上梁不正下梁歪"，就是从反面说明了这一道理。

君行仁政，斯民亲其上、死其长矣。

【注释】出自先秦《孟子·梁惠王下》。君，国君。行，施行。斯，那么。亲，亲近、热爱。其，他的。上，指上级、居上位者。死，为……而死。长，指居上位的长官。矣，语气助词。

【译文/点评】国君施行仁政，那么老百姓就会热爱他们的长官、为他们的长官不惜一死。这是孟子在回答邹穆公问政时所提出的政治主张，强调"仁政"在收获民心方面的意义。

君之所以明者，兼听也；其所以暗者，偏听也。

【注释】出自汉·王符《潜夫论·明暗》。"……者，……也"，古代汉语判断句的一种形式，相当于"……是……"。之所以，……（的）原因。兼听，多方面地听取意见。偏听，只听一面之词。

【译文/点评】国君能够开明的原因，是能够听取多方面的意见；国君昏庸的原因，是只听取片面之词。此言治国安邦的君主应该多方面听取臣下的意见，不能偏听偏信。否则，便会决策失误，误国误民。

君子不重则不威。

【注释】出自先秦《论语·学而》。君子，指道德修养高的人，即"有德者"。有时也指社会地位高的人，即"有位者"。这里指"有位者"。重，稳重。威，威严、威仪。

【译文/点评】处高位者言行举止不稳重，就不可能有威严。这是孔子对做官者的言行举止所提出的规范，虽有严重的等级观念，但却是一个非常有用的为官之术。因为一个处高位者若不能以老成持重的形象出现，而是言行举止轻浮，如何能为万民之表率？不能为表率，何来的不怒而威的威仪、威严？没有威严、威仪，何以能从心理上征服万民，让他们俯首听命？

君子名之必可言也，言之必可行也。

【注释】出自先秦《论语·子路》。名之，给它定名分。必，一定。言，说。行，行得通。也，句末语气助词。

【译文/点评】君子确定名分，一定要名实相符，说出其中的理由。说出了理由，也一定能够行得通。这是孔子关于"正名"的主张，认为君子要慎重"名分"问题，不可轻用名分。

君子务本，本立而道生。

【注释】出自先秦《论语·学而》。君子，指道德修养高的人，即"有德者"。有时也指社会地位高的人，即"有位者"。务，致力、从事、追求。本，根本。道，是中国古代抽象的哲学概念，指天地万物产生的总根源。这里指"仁道"。

【译文/点评】君子做事总是着眼于根本性的东西，只有抓住了根本，那么仁道也就建立起来了，社会就和谐安定了。这是孔子提倡"仁道"的理由。这句话如果要作泛化的理解，那就是哲学上抓主要矛盾的观点，充满了哲学睿智，值得我们记取。

可怀以德，难屈以力。

【注释】出自晋·陈寿《三国志·魏书·三少帝纪》裴松之注引《魏氏春秋》。

【译文/点评】以仁德怀柔他人，可以使其诚心归顺；用武力、强力迫使他人屈服，那是非常困难的。此言治国安邦要以德服人，不能以力服人。

可则因，否则革。

【注释】出自汉·扬雄《法言·问道》。可，适宜。则，就。因，继承、沿袭。

【译文/点评】适宜的就继承沿用，不适宜的就改革，另寻解决之道。此言治国安邦要正确对待继承与创新，既不可以用历史虚无主义的态度看待前人的经验，也不能拘泥于前人的经验而缩手缩脚，无所作为。

宽以济猛，猛以济宽，政是以和。

【注释】出自先秦《左传·昭公二十年》载孔子语。宽，宽厚，指仁政。猛，严厉，指严厉的治国手段与措施。济，帮助。是以，因此。

【译文/点评】此言宽厚的治国措施与严厉的治国手段配合使用，政局就会因此而和谐，国家就会因此而太平。用今天的话来说，就是治国安邦要"软硬兼施"，既要有惠民政策，又要有严厉的法制手段。成语"宽猛相济"，即源于此。

宽则得众，敏则有功，公则说。

【注释】出自先秦《论语·尧曰》。则，就。敏，此指勤奋。说，通"悦"，高兴。

【译文/点评】宽仁就能赢得众人之心，勤奋做事就会成功，公平就会使人高兴。此言治国安邦者要有宽仁之心，勤于政事，处事要公平公正。

劳心者治人，劳力者治于人；治于人者食人，治人者食于人，天下之通义也。

【注释】出自先秦《孟子·滕文公上》。劳心者，脑力劳动者，此指统治者。治人，管理他人。劳力者，体力劳动者，此指被统治者。治于人，被人管理、统治。治于人者，被管理者、被统治者。食人，供养他人。治人者，管理者、统治者。食于人，被人供养。之，的。通义，普遍的道理、共同的法则。也，句末语气助词。

【译文/点评】脑力劳动者统治别人，体力劳动者被人统治；被人统治的供养别人，统治别人的受人供养，这是天下通行的法则。这是孟子反对当时农家强调"耕而后食"的观点而提出的社会分工的观点，这在当时是非常了不起的，因为人类社会的进步，离不开社会分工。但是，社会分工只是人类生存与发展的需要，本来不存在贵贱、高低之分。但是，在中国古代社会，事实上还是没有这种平等思想的。孟子上面的话，虽然当初并不是有意强调等级思想，但客观上却助长了中国数千年来"劳心者"与生俱来的优越感，这是意识的落后，也是中国数千年来"官本位"思想阴魂不散的原因所在。

老吾老，以及人之老；幼吾幼，以及人之幼，天下可运于掌。

【注释】出自先秦《孟子·梁惠王上》。老，第一个"老"当动词使用，意为"把……当作老人"，即尊敬。后一个"老"，为名词，指老人。以及，推广到。之，的。幼，第一个"幼"当动词使用，意为"把……当作孩子"，即爱护。后一个"幼"，为名词，指孩子。运，转动。

【译文/点评】敬重自己的长辈，进而推广到敬重别人的长辈，抚爱自己的子女，进而推广到抚爱别人的子女，（如果以这样的准则治理天下）统一天下就如运转于掌心一样容易了。尊重自己的老人，爱护自己的孩子，此乃人之天性，不足道也。然能推己及人，这才是博爱，这才是政治家的胸襟。有此胸襟，才能笼络住人心，玩天下于股掌之上。孙中山倡导"博爱"与"天下为公"，岂不正是孟子思想的同调？

老有所终，壮有所用，幼有所长，矜寡孤独废疾者，皆有所养。

【注释】出自汉·戴圣《礼记·礼运》。矜，通"鳏"（guān），指年老而无妻者。寡，年老丧偶者。孤，年幼丧父者。独，年老丧子者。废，身体残废者。疾，有病者。

【译文/点评】老年人都有一个好的晚年，壮年人能才尽其用，未成年人都能健康成长，年老无妻者、年老丧偶者、年幼丧父者、年老丧子者、身体残废者、身有疾病者，都能得到奉养。这是儒家"天下大同"的理想，也是治国安邦的最高境界。

乐民之乐者，民亦乐其乐；忧民之忧者，民亦忧其忧。乐以天下，忧以天下，然而不王者，未之有也。

【注释】出自先秦《孟子·梁惠王下》。乐，第一个"乐"意为"以……为乐"，后一个"乐"意为快乐。之，的。者，（的）人。亦，也。其，他的。忧，第一个"忧"意为"以……为忧"，后一个"忧"意为忧愁。然而，这样却。不王，不能称王。未之有，即"未有之"。也，句末语气助词。

【译文/点评】以老百姓的快乐为快乐的君主，老百姓也会以他的快乐为自己的快乐；以老百姓的忧愁为忧愁的君主，老百姓也会以他的忧愁为忧愁。与天下人同乐，与天下人同忧，这样的君主还不能使天下臣服，是从来没有过的。这是孟子与齐宣王谈治国之道时所阐明的政治主张，其主旨是强调执政者应当"与民同乐"、"与民同忧"、"乐民所乐"、"忧民所忧"的思想。用今天的话来说，就是与人民心连心，休戚与共，自然能够赢得万民拥戴，安定天下。这是治国之道，也是为君之道，任何时代都是值得记取的。

乐闻过，罔不兴；拒谏，罔不乱。

【注释】出自宋·宋祁、欧阳修等《新唐书·宋务光传》。过，过失。罔（wǎng），没有、无。

【译文/点评】乐于听取别人批评自己的过失，国家就没有不兴盛的；拒绝别人的谏言，天下就没有不动乱的。此言做国君的要善于听取别人的批评与建议，这样才能治理好国家。

礼与法，表里也；文与武，左右也。

【注释】出自先秦《司马法·天子之义》。

【译文/点评】对于一个统治者来说，制定一套礼制的目的，无非是为天下万民确立一套行为规范，以便让他们遵之守之，从而保证他的天下太平无事，国运长久。但是，万民也并非都那么听话，有时不免会有"越礼"之举。那么，怎么办？有办法，再制定一套法律，以法治之，看你万民还敢乱说乱动否？这叫软的不行，就来硬的。打个比方，"礼"就是一根软绳子，可以束缚万民的手脚，让你就范，在画定的范围内活动；"法"就像一把利剑，时时高悬于你头顶，只要你一动荡，就会倾顶而下，要了你的小命。所以说"礼与法，表里也"，就是指二者实际是一回事，只是互为表里而已。至于用文，还是动武，其实也与"礼"、"法"的运用一样，是互相配合的。所以，《礼记》里有"一张一弛，文武之道也"的话，与这里所说的"文与武，左右也"，其义一矣，都是统治者的治国之术。上面的两句话，用今天的话来说，就是治国要有两手，既要有软的一套，该笼络人心时就要笼络人心；又要有硬的一套，该狠的时候就狠，决不心慈手软，杀无赦！如此软硬兼施，天下岂能不太平？这便是"天子之义"的高妙所在！

理国以得贤为本。

【注释】出自南朝宋·范晔《后汉书·来歙传》。

【译文/点评】治理国家以求得贤才为根本。此言任用贤才对于治理好国家的重要性。

理乱在上也。

【注释】出自先秦《管子·霸言》。理乱，指国家治理得好与不好，"理"与"乱"相对。上，指居上位者，即执政者。也，句末语气助词。

【译文/点评】国家是治还是乱，关键全在居上位的执政者，这是管子的治国观。今天我们强调领导者的表率作用，强调领导者的素质，其意正与管子的这一思想相同。

理平者先仁义，理乱者先权谋。
【注释】出自南朝宋·范晔《后汉书·刘表传》。
【译文/点评】天下太平时，要以仁义的统治方略予以治理；天下动乱时，应该先运用权谋，以非常措施使天下安定下来。此言治国安邦要根据具体情况采用不同的方略，不能拘泥于旧有的思维模式。

吏肃惟遵法，官清不爱钱。
【注释】出自明·冯梦龙《喻世明言·沈小霞相会出师表》。
【译文/点评】吏治严肃，官吏就会只知有法；官员有清廉之德，就不会起爱财之心。此言治官要严厉，做官要清廉。

利莫大于治，害莫大于乱。
【注释】出自先秦《管子·正世》。莫，没有。大于，比……大。
【译文/点评】利没有比国家安定更大的，害没有比国家变乱更大的。这是管子的"治乱"观，其意是强调治世之利与乱世之害，告诫执政者务必要励精图治，切不可荒政怠政。

量才而受爵，量功而受禄。
【注释】出自先秦《尸子》逸文。量，衡量、依据。受，通"授"。
【译文/点评】根据其才能而授予其官爵，依据其功劳而授予其俸禄。此言治国安邦过程中用人要坚持量才录用的原则，奖酬要坚持依功而赏的原则。

两京巡省非行幸，要使苍生乐至和。

【注释】出自元·马祖常《龙虎台应制》。两京，指元朝的两个都城，一是大都（今北京），一是上都（元世祖即位称帝前一年驻扎之地，在今内蒙古正蓝旗境内）。巡省，视察。行幸，帝王出游行乐。苍生，百姓。乐至和，指安居乐业。

【译文/点评】此言元文宗每年在大都与上都之间往返，不是为了寻欢作乐，而是为了了解民情，是为了天下百姓的安居乐业。这明显是拍马捧屁之辞，但也说出了一个为君为官的道理：为君为官出行，应该是为视察民情的正事，而不能兴师动众是为了游山玩水或寻欢作乐。如果是这样，那就是劳民伤财，是昏君昏官了。

疗饥者半菽可以充腹，为政者一言可以兴邦。

【注释】出自唐·骆宾王《钓矶应诘文》。菽，大豆。半菽，半粒大豆，是缩小夸张法，代指极少量的豆。一言，一句话，缩小夸张法，代指极少的话。

【译文/点评】就像饥饿难忍时一点点豆子就可以充饥一样，在特定情况下执政者一句话就可以使国家兴旺发达。这句话以食半菽可疗饥为喻，说明特定情况下执政者提出恰当的建言对使国家发展出现转机的重要性。

乱者思理，危者思安。

【注释】出自唐·柳宗元《礼部为文武百寮请听政表》。理，国家治理得好、太平。

【译义/点评】国家大乱时就会想到太平时日，国家危急之时就会怀念安定的时候。这话用对比的方法道出了治乱、安危的关系，发人深省，促人警醒。

论至德者不和于俗，成大功者不谋于众。

【注释】出自先秦《商君书·更法》。至德，最高道德。

和于俗，与普通人趋同一致。谋，商量。

【译文/点评】要成就最高道德，是不能与普通人趋同一致的；要成就大功，是无法与普通人讨论协商的。此言要改革变法，要成就大业，就要有超凡脱俗的眼光，有高尚的道德标准，有卓尔不群的才干。虽然这有点"个人英雄主义"的味道，但在历史上倒是经常出现这种情况，也不是没有道理的。

毛羽不丰满者不可以高飞，文章不成者不可以诛罚，道德不厚者不可以使民，政教不顺者不可以烦大臣。

【注释】出自汉·刘向编《战国策·秦策一·苏秦始将连横说秦惠王章》秦惠王引古语。可以，能。文章，国家法令制度。不成，不完备。诛罚，指征伐、讨伐。厚，深、多。使，使用、使唤、驱使。政教，政治教化。不顺，不顺人心。烦，烦劳。

【译文/点评】羽毛未丰不能高飞，国家法律制度还不完善时不能征伐他国，对人民施恩不多时不能贸然使唤人民，政治教化还不顺人心时不能烦劳大臣。前一句以鸟羽不丰满不能高飞为喻，强调做大事要等待时机成熟，积蓄力量足够时才可进行，切不可在条件不具备的情况下轻举妄动。此四句意在说明这样一个道理：治国安邦既要重视建立完备的法律制度，修德惠民而收人心，又要注意政治教化而移风易俗、提高人民的素质，更要审时度势、相机而动（如在条件成熟时才决定征伐他国）。

美女破舌。

【注释】出自汉·刘向编《战国策·秦策一》引《周书》。

【译文/点评】此言美女会让君王听不进忠臣之谏。其意是提醒统治者要警惕女人对理性治国的干扰。中国古代有"红颜祸水"之论，虽然不甚正确，但也说出了一些道理。历史上包括现实中都有很多领导者因为美色而昏头，以致误国误民。其事实不胜枚举，便是证明。

猛虎在山，百兽莫敢侵；忠臣处国，天下无异心。

【注释】出自北周·燕射歌辞《商调曲四首》之二。处国，指当权、执政。

【译文/点评】此以猛虎在山的效果为喻，强调说明忠臣执政当权对于天下奸邪势力的震慑效果。

民安居足食，则有乐生自重之心。

【注释】出自宋·曾巩《救灾论》。则，就。

【译文/点评】老百姓居住安定、温饱无忧，就会有做人的快乐感与做人的自重感。此言治国安邦首先要注重物质文明建设，有了一定的物质文明基础，精神文明就会水到渠成地达到一定的水平。

民不可与虑始，而可与乐成。

【注释】出自先秦《商君书·更法》。

【译文/点评】做大事开始不能跟老百姓商量，但事情做成后可以与他们一起分享。从今天的角度看，这是蔑视人民的错误观点。但是，在中国先秦时代民智未开时，治国安邦由少数精英来执行，也未尝没有道理。

民归之，由水之就下，沛然谁能御之？

【注释】出自先秦《孟子·梁惠王上》。归，归附。之，他。由，通"犹"，好像。就下，往下。沛然，水奔流的样子。御，抵御、抵挡。

【译文/点评】老百姓都归附他，就像水往低处流，奔流不息，那么天下还有谁能抵挡得住他呢？这是孟子劝梁襄王实行"仁政"以争取民心的话。以水往低处流作比，强调实行仁政在争取民心方面的特殊作用。这个观点，在任何时代都是对的。因为民心归附，国家自然安定。

民可使由之，不可使知之。

【注释】出自先秦《论语·泰伯》。由，顺从，遵从。知，知道、了解。之，指示代词，它。

【译文/点评】对于普通老百姓，让他们按照政令去执行就可以了，大可不必跟他们说明为什么这样做。这是孔子关于治理人民的主张。按照现代的观点看，这是蔑视劳动人民的观点，有严重的等级思想。但是，放在先秦那种教育尚不发达、民智未开的时代，也自有一定的道理。

民贫则奸邪生。

【注释】出自汉·晁错《论贵粟疏》。则，那么、就。

【译文/点评】老百姓生活贫困无着落，那么就会生出歪心眼。此言治国安邦首先解决民生问题的重要性，强调法律秩序先要解决老百姓的温饱问题。否则，都是空谈。

民之所好，好之；民之所恶，恶之。

【注释】出自汉·戴圣《礼记·大学》。

【译文/点评】老百姓所喜欢的，就提倡它；老百姓所厌恶的，就禁止它。此言治国安邦要想老百姓之所想，爱老百姓之所爱，恨老百姓之所恨，以此赢得民心，从而实现国家的长治久安。

名不正，则言不顺。

【注释】出自先秦《论语·子路》。名，名分。则，就。言，说。不顺，不通。

【译文/点评】名分不正，道理就讲不通。这是孔子著名的"正名"论，是从政治角度讲名分的，目的在于恢复周公礼法。后世讲"正名"，多是泛化的概念，主要是指凡事找一个冠冕堂皇的理由。如日常所说的"明媒正娶",其实就是这种思想在现实生活中的反映。

明于古今,温故知新,通达国体,故谓之博士。

【注释】出自汉·班固《汉书·成帝纪》。博士,古代官名,源于战国时代。秦与汉初,主要职掌图书,通古今,以备顾问。汉武帝以后,则主要职掌经学传授。

【译文/点评】对古今之事了解得很清楚,回顾过去,便能把握现在与将来,并通晓国家体制的流变,这样的人叫做博士。此乃对古代博士作为一种官职所应具备的资格的解释。与我们今日所说的"博士"概念完全不同。现代作为学位名称的"博士",是日本人用汉字"博士"二字转译西方"doctor"的概念,汉语再转借日语写法的结果。

明主思短而益善,暗主护短而永愚。

【注释】出自唐·吴兢《贞观政要·求谏》载唐太宗语。

【译文/点评】开明的君主总是想着自己有什么不足,进而求得改进完善;昏庸之君则讳疾忌医,不肯接受别人指出自己的过失,结果只能是永远愚昧下去。此言意为做君主的要有虚心纳谏、勇于改正错误的胸襟。

谋泄者事无功,计不决者名不成。

【注释】出自汉·刘向编《战国策·齐策三》。

【译文/点评】计谋泄露的,举事就难以成功;谋划了而不能决断执行的,就不可能建功立业而成大名。此言做大事、建大功的人谋事需秘密,决策要果断。

木从绳则正,后从谏则圣。

【注释】出自唐·吴兢《贞观政要·求谏》载王珪语。绳,指木工用以裁弯取直的工具墨斗墨绳。则,就。后,指帝王。

【译文/点评】木料通过墨绳就能裁弯取直，帝王虚心纳谏就能圣明。此以墨绳能够裁弯取直为喻，说明帝王虚心纳谏的必要性。

内诲于家，外刑于邦。

【注释】出自唐·柳宗元《平淮夷雅》。诲，教诲。刑，同"型"，榜样。邦，国家。

【译文/点评】此言要为天下人做榜样，先要在家庭内部率先垂范，先为子女作出榜样。意谓要治国，先治家，即古人所谓的"修身，齐家，治国平天下"，也就是说"治国平天下"要以"修身齐家"为前提。

能备患于未形也，故祸不萌。

【注释】出自先秦《管子·牧民》。备，预防。未形，没有成形、没有发生。故，所以。萌，萌发、发生。

【译文/点评】能预防祸患在其未发生之时，所以祸患就不会发生。此言治国安邦要有防患于未然的意识与能力。

能为人则者，不为人下矣。

【注释】出自先秦《左传·昭公元年》。则，榜样。人下，指地位低的人。矣，句末语气助词。

【译文/点评】能为人作出榜样的人，不会久居人下。此言能为他人作出榜样的人，一定能有一番作为。今天我们提倡领导要以身作则，其意与此有相通之处。

能自治，然后可以治人；能治人，然后人为之用。

【注释】出自宋·王安石《洪范传》。治，管理、约束。

【译文/点评】能管理好自己，然后才能管好别人；能够管理好别人，然后才能使众人为其所用。此言做领导的要以身作则，为人做出表率。

盘石千里，不为有地；愚民百万，不为有民。

【注释】出自汉·韩婴《韩诗外传》。盘石，即"磐石"，巨石。不为，算不得。愚民，指智力未开的民众。千里、百万，都是夸张的说法，意谓数量极人。

【译文/点评】巨石遍地，算不得沃野千里；民智未开，算不得大国气象。此以引喻修辞法，说明教育民众、开发民智对于治国安邦的重要性。

溥天之下，莫非王土；率土之滨，莫非王臣。

【注释】出自先秦《诗经·小雅·北山》。溥（pǔ），同"普"。莫非，没有不是。王土，指周王的土地。率，自、从。率土之滨，指四海之内。古人认为中国四周都是海，从四面海滨开始的土地都是中国的。王臣，指周王的臣民。

【译文/点评】普天之下皆王土，四海之内皆王臣。这是宣扬周王朝的神圣性及其王权的神圣不可侵犯。历代统治者都引此语，目的只有一个，就是宣扬自己政权的合法性与神圣性，让其他人不要妄生非分之想，取而代之。

其民智巧，易以理服，难以力胜。

【注释】出自宋·苏轼《两浙转运副使孙昌龄可秘阁校理知福州》。

【译文/点评】此言对于开化有教养的民众应当跟他们讲道理，互相沟通；如果用武力，则难以令其顺从。意谓管理民众应当根据具体情况采取软硬不同的策略。

其身正，不令而行；其身不正，虽令不从。

【注释】出自先秦《论语·子路》。其，指示代词，此指当权者。身正，道德高尚。令，命令。行，畅通、顺利。虽，即使。从，服从、听从。

【译文/点评】当权者自身道德高尚，即使不疾言厉色地下命令，政令也畅通无阻，事情也办得顺顺利利；当权者自身若是无德之人，即使疾言厉色地下了命令，属下也不会听从而把事情办好。这是孔子有关为官之道的言论，强调当政者加强自身道德、以身作则的重要性。今天我们强调领导干部道德建设、强调领导干部率先垂范，正是孔子之论的现代版。

其始不立，其卒不成。

【注释】出自宋·苏轼《思治论》。立，规划好。卒，最终、结果。

【译文/点评】做事没有规划，就不会最终成功。此言治国安邦一切措施都要在开始时就要规划好，否则结果肯定不成功。

千羊之皮，不如一狐之腋；千人之诺诺，不如一士之谔谔。

【注释】出自汉·司马迁《史记·商君列传》引古语。诺诺，指听话、顺从的样子。谔谔（è），直言争辩的样子。

【译文/点评】一千只羊的皮加起来，也抵不上一只狐的腋毛暖和；一千个唯唯诺诺的人，也抵不上一个正言直谏之士。此以羊狐之皮的差异为喻，说明直言忠谏之士的难得。

强本而节用，则天不能贫；养备而动时，则天不能病；修道而不贰，则天不能祸。

【注释】出自先秦《荀子·天论》。本，指农业。则，那么、就。天，老天，指大自然。养备，物资储备。动时，按时而行动。修道，此指"循道"，遵守自然规律。

【译文/点评】巩固农业的基础地位，节省财政开支，那么老天也不能使国家贫困；积蓄必备的物资，按时进行生产活动，那么老天也不能使国家产生什么弊病；遵循自然规律，治国不乱折腾，那么老天也不会降祸的。此言治国要重视农业生产、节用储备、循道而为。

亲贤臣，远小人，此先汉所以兴隆也；亲小人，远贤臣，此后汉所以倾颓也。

【注释】出自三国蜀·诸葛亮《出师表》。先汉，指刘邦所建立的西汉王朝。后汉，指刘秀建立的东汉政权。所以……，……（的）原因。"……，……也"，古代汉语判断句的一种形式，相当于"……是……"。倾颓，衰亡、倾覆。

【译文/点评】亲近贤臣，疏远小人，这是先汉得以兴盛的原因；重用小人，疏远贤臣，这是后汉之所以灭亡的根源。这是诸葛亮劝说蜀汉后主刘禅之语，意在提醒他治国安邦要依靠贤能之士，而不能重用小人。这个道理对任何时代的统治者都是适用的，但却很少有统治者能够深刻理解，所以中国历史上才会出现那么多的王朝更替。

秦失其鹿，天下共逐之。

【注释】出自汉·班固《汉书·蒯通传》。鹿，喻指政权。

【译文/点评】此以政权比作受惊奔跑的鹿，描写秦国政权瓦解后，天下各路英雄争相角逐的生动情景。

求木之长者，必固其根本；欲流之远者，必浚其泉源；思国之安者，必积其德义。

【注释】出自唐·吴兢《贞观政要·君道》。木，树。根本，指树根。浚，疏浚。

【译文/点评】要想树木长得快，就一定要培固树根；要想水流源远流长，就一定要疏浚泉源；要想国家长治久安，就一定要积德修义。这是魏徵劝谏唐太宗李世民的话，是个引喻，以树木、泉水作比，讲明治国中积德修义的重要性，非常形象，富有说服力，是值得执政者汲取的。

人臣事主，顺旨甚易，忤情尤难。

【注释】出自唐·吴兢《贞观政要·慎终》载唐太宗语。事，侍奉。甚，很。忤（wǔ），违逆、抵触。尤，尤其、特别。

【译文/点评】大臣侍奉君主，顺从君主的意旨很容易，敢违逆君主之情而犯颜直谏就特别难。此乃唐太宗体察为臣之难的话，既表现了一代明主的开明之处，又说明了做忠臣的不易。

人欲自照，必须明镜；主欲知过，必借忠臣。

【注释】出自唐·吴兢《贞观政要·求谏》载唐太宗语。

【译文/点评】人想知道自己长得是什么模样，必须借助于明镜；君主要想知道自己的过失，就一定要借助于忠臣。此以明镜照影为喻，说明君主依靠忠臣之谏而明施政得失的重要性。

人之乱也，由夺其食；人之危也，由竭其力。

【注释】出自元·邓牧《伯牙琴·吏道》。人之乱，指人民之所以要起来反抗。人之危，指人民之所以感到危险。之，放在主谓语之间，取消句子的独立性。也，语气助词。由，因为。其，他。食，食物。竭，消耗尽。力，气力。

【译文/点评】人民之所以起来反抗政府，那是因为当权者夺了他们的食物；人民之所以会觉得自己到了最危险的境地，那是因为当权者让他们耗尽了气力。这话的意思，是在强调执政者应当明白"民以食为天"的道理，要把解决人民的温饱问题放在治国的首要位置上，并且要爱惜民力，不要轻易征发民役。

人之寿夭在元气，国之长短在风俗。

【注释】出自宋·苏轼《上神宗皇帝书》。之，结构助词，放在主谓语之间，取消句子的独立性。寿，长命。夭，短命。元气，精神状态。

【译文/点评】一个人寿命的长短在于人的精神是否饱满旺盛，一个国家国运的长短在于社会风俗是否淳厚朴实。此以人的寿命与元气的关系为喻，说明风俗淳厚朴实对于延长国运的重要意义，意谓治国安邦要加强社会风俗与风气的整顿、引导工作。

仁足以使民不忍欺，智足以使民不能欺，政足以使民不敢欺。

【注释】出自宋·王安石《三不欺》。仁，仁爱。政，政令、法令。

【译文/点评】此言治国理政要"仁爱"、"智慧"、"严法"三管齐下，使老百姓或感恩戴德而不忍心相欺，或敬畏其洞若观火的智慧而不敢相欺，或慑于法令政令的威严而不敢相欺。

任重者其忧不可以不深，位高者其责不可以不厚。

【注释】出自宋·王安石《节度使加宣徽》。

【译文/点评】此言担当国家重任的人对国事忧虑很深，处于权力高峰的人对国家兴亡的责任很大。意谓担大任就要忧国忧民，在其位必须谋其政。

三人共牧一羊，羊不得食，人亦不得息。

【注释】出自汉·刘向《新序·杂事二》。牧，放牧、管理。亦，也。不得，不能。

【译文/点评】三人共同放牧一只羊，羊吃不饱，牧羊的人也不能休息。此以牧羊为喻，形象地说明了官多扰民的危害性。

善为吏者树德，不善为吏者树怨。

【注释】出自汉·刘向《说苑·至公》。树，树立。

【译文/点评】善于做官的人重视树立自己良好的道德形象，不会做官的人只会与人结怨而自毁前程。此言要做官，先要修身养性。如此，才能以德从政，做个好官。用我们今天的话来说，就是做官先做人。如果人都没做好，做官的话肯定也不是个好官。

善则赏之，过则匡之。

【注释】出自先秦《左传·襄公十四年》。则，就。之，他。匡，匡正、纠正。

【译文/点评】做得好就奖赏他，有过错就纠正他。此言治国安邦要善于奖善纠过。

善政不如善教之得民。

【注释】出自先秦《孟子·尽心上》。

【译文/点评】良好的治国措施，不如善于教育民众崇德守法。此言教育对于治国安邦有正本清源的作用。

善政民畏之，善教民爱之。善政得民财，善教得民心。

【注释】出自先秦《孟子·尽心上》。畏，敬畏。之，指示代词。

【译文/点评】好的政令，老百姓都对它有敬畏之心；好的道德教化，老百姓对它都怀有喜好之情。好的政令，能得到老百姓的财富支持；好的道德教化，能赢得老百姓的心悦诚服。孟子这是谈"善政"、"善教"在治国安民中的重要作用。今天看来，仍有借鉴指导意义。

伤化败俗，大乱之道。

【注释】出自汉·班固《汉书·货殖传》。化，风化。

【译文/点评】此言风俗败坏是天下大乱的根源。意谓要保证国家长治久安，就要重视社会风俗的淳厚朴实，重视端正民风。

上不信，下不忠。上下不和，虽安必危。

【注释】出自汉·刘向《说苑·谈丛》。虽，即使。

【译文/点评】上级不讲信用，下级没有忠心。上下不和，国家即使表面看起来很安定，也一定潜伏着巨大的危机。此言治国安邦要讲究忠信、团结的重要性。

上多事则下多态，上烦扰则下不定，上多求则下交争。

【注释】出自汉·刘安《淮南子·主术训》。上，在上位之人；态，此指伪态；不定，思虑不定，不知所措；多求，贪求。

【译文/点评】官场之上，做下属的总是看上司的眼色行事，揣摩上司的心意而为。因此，居上位者喜欢没事找事，那么他的下属为了迎合，只能曲意逢迎。即使居上位者说的不对，他也要为其谬论找到合理性，替他说圆；即使居上位者做得不对，他也得想方设法替他找到决策正确的理据。如果上司是个没主张、优柔寡断的人，整天烦扰不断，那么做下属就苦矣，只好整天陪着小心，思虑不定，不知所措了。如果上司是个贪得无厌的家伙，那么做下属的，就有了学习跟进的榜样，于是大家交相争夺便开始了，正事儿就别指望他们了。不过，这也怪不得他们，中国古话说，"上梁不正下梁歪"，现代白话说，"榜样的力量是无穷的"。刘安集合一班文人编《淮南子》，本就是为了总结历史的经验。由上面的话看来，他的经验总结得不错，古今中外，官场之上，概莫能外。

上贵见肝胆，下贵不相疑。

【注释】出自唐·杜甫《奉送魏六丈佑少府之交广》。贵，重视。肝胆，此指真心相待。

【译文/点评】做领导的能够真心待人，那么他的下级就不会以怀疑的目光看人。此言领导者是否有对人肝胆相照的雅量，会直接影响到他的下级对人的态度。

上满下漏，患无所救。

【注释】出自先秦《尉缭子·战威》。满，指富。漏，指贫。上满下漏，指贫富不均。

【译文/点评】做官的人富可敌国，老百姓衣食不愁，那么祸患就无法避免了。此言贫富不均是造成社会动乱的根本原因。今日我们致力于"共同富裕"的目标，正是基于这一思想。

上赏赏德，其次赏才，又其次赏功。

【注释】出自明·冯梦龙《东周列国志》第三十七回。

【译文/点评】论奖行赏，首先应该先赏有德之人，其次是有才能之人，再次才是有功之人。此言行赏要分轻重缓急，要分主次。治国安邦要先赏有德之人，其次才是有才、有功之人。因为赏有德之人，是推崇道德，能带动天下人皆重道德修养。如此，天下便会"无为而治"，这自然是治国安邦的最高境界。而赏有才、有功之人，则是重视人的才干与努力，是"有为而治"，这当然是治国安邦的次一级的境界。

上无常操，下多疑心。

【注释】出自先秦《素书·安礼》。操，节操。

【译文/点评】统治者没有坚定的人格节操，一定会引起民众的疑惑。此言做领导的人要有坚贞的人格节操，为众人树立好的榜样。

上下不和，虽安必危。

【注释】出自先秦《管子·形势》。虽，即使。

【译文/点评】此言统治集团内部不团结，或统治者与广大人民不能同心同德，那么即使暂时天下无事，国家也一定会有危险。意在强调上下同心同德对于国家安危的重要性。

上下争利，国则危矣。

【注释】出自汉·司马迁《史记·魏世家》。则，那么、就。矣，了。

【译文/点评】执政集团上下都为了私利而你争我夺，那么国家就危险了。此言治国安邦必须胸怀国家与人民，而不能贪取自己的私利。

上邪下难正，众枉不可矫。

【注释】出自南朝宋·何承天《上邪篇》。枉，不正。矫，矫正。

【译文/点评】统治者行为不端，就会影响民众。一旦整个社会风气受到影响，那就无法改变了。这与俗语"上梁不正下梁歪"同义，都是提醒做领导的要率先垂范，为众人做个好榜样。

上医医国，其次疾人。

【注释】出自先秦《国语·晋语八》。上医，上等、第一流的医生。其次疾人，即"其次医疾人"，承前省略动词"医"，以与前句构成四字相对。

【译文/点评】国君治国就如医生治病一样，能够对症下药，便能药到病除，消除社会问题，天下太平；如果能做到这一点，那么天下第一流的医生便要算是治国之人了。如果仅仅是能治病救人，那充其量也只是二流的医生。因为治国水平高者，救的是一个国家，是万民；治病技能高者，救的是一人或百人。因此，如果以医生作比，好的治国者当然是第一流的"医生"。此言之妙，在于以"医者"为喻，形象生动，其所讲的道理更易于为人接受。中国自古便有一句话："不为良相，便为良医。"说的意思略同于此。

上因天时，下尽地利，中用人力。

【注释】出自汉·刘安《淮南子·主术训》。因，凭借。天时，时机、时势。

【译文/点评】此言治国安邦要善于顺应天时、善于利用地利、善于任用人才，才能把事情做好。孟子有言："天时不如地利，地利不如人和"，强调的正是"天时"、"地利"、"人和"对于保证做事成功的重要意义。

上有好者，下必有甚焉者矣。

【注释】出自先秦《孟子·滕文公上》。甚，超过。焉、者、矣，皆是句末语气助词。

【译文/点评】统治者有什么爱好，民众一定会群起而效仿，甚至会走得更远。此言统治者有爱好不妨，但必须是健康的，否则会带坏整个社会风气。意在强调统治者要谨慎其爱好。

上有素定之谋，下无趋向之惑，天下之事不难举也。

【注释】出自宋·李纲《议国是》。素定，既定。趋向，方向。也，句末语气助词。

【译文/点评】在上的统治者有了既定的治国谋略，那么在下的执行者就没有了行动方向的困惑，天下事也就不难办了。此言治国安邦要事先确定好大政方针，以便执行者执行时有章可循。

上之情达于下，下之情达于上，上下一体，所以为泰。上下之情壅而不通，天下之弊，由是而积。

【注释】出自明·王鏊《亲政篇》。上之情，指上面的政令。达于下，指政令贯彻顺畅，为民所了解。下之情，指民众的情况、社情民意。达于上，指民情民意能反映到执政者那里。泰，安泰、平安。壅，壅塞不通。弊，弊病、弊端。由是，因此。积，积聚、积累。

【译文/点评】国家的政令贯彻顺畅，民情民意及时为执政者所了解，上下一体，天下自然平安。政令不能下达，民情不能上达，天下的弊端因此也就积聚起来。这个观点确是治国的名言，今天我们仍在强调政令下达、民情上达的思想，其意与此同矣。

上之所好，下必有甚。

【注释】出自唐·吴兢《贞观政要·俭约》。之，结构助词，放在主谓语之间，取消句子的独立性。甚，厉害、严重。

【译文/点评】上级官员有所爱好，下级会效仿而走得更远。与《管子·法法》中"上之所好，民必甚焉"同义。意在提醒统治者要注意自己的个人爱好对国家政治、社会风气的影响。

上之为政，得下之情则治，不得下之情则乱。

【注释】出自先秦《墨子·尚同上》。上，指执政者。之，放在主谓语之间，取消句子的独立性。为政，治国。下之情，指民情民意。则，就。治，国家太平。乱，国家不太平、混乱。

【译文/点评】居上位的执政者治国理政，应当了解民情民意，了解者则能治平天下，不了解者则会天下大乱。这是墨子的观点，今天我们治国强调调查研究，了解社情民意，正是墨子这一思想的体现。

深思远虑，安不忘危。

【注释】出自南朝宋·范晔《后汉书·孝和孝殇帝纪》。

【译文/点评】此言治国安邦者应该对国家的前途安危有深刻的思考、长远的打算，还要有居安思危的忧患意识。

省事不如省官。

【注释】出自宋·苏轼《拟殿试策题二首》。

【译文/点评】与其为了节省国家开支而不办事，不如精兵简政，裁减冗员。意谓不能因为节省财政开支而采取不办事的消极办法，使有关国计民生的事业停滞不前；积极有效的办法，应该是任用贤官能吏，努力把事情做好。

圣代无隐者，英灵尽来归。

【注释】出自唐·王维《送綦毋潜落第还乡》。圣代，指政治清明的时代、盛世。英灵，指英才。

【译文/点评】此言政治清明的时代，杰出贤能之士都会主动投效明主，为国家社会贡献才智；而绝不会有英才愿意逃隐于山林之中、泛舟于江湖之上而不为世用。意谓有明主、有盛世，才能人尽其才，英雄有用武之地。

士不忘身不为忠，言不逆耳不为谏。

【注释】出自宋·欧阳修《论杜衍范仲淹等置政事状》。逆耳，不顺耳、不中听的直言。

【译文/点评】此言真正的忠臣会为了国家而奋不顾身，真正的谏言是不中听的直言。

事不当民务者，皆禁而不行。

【注释】出自宋·高弁《望岁》。当，适应、适合。务，要求得到、追求。

【译文/点评】事情凡是不符合人民追求的目标，都要禁止而不做。此言为政要一切顺从人民的利益。今天我们强调"人民的利益高于一切"、"一切为了人民",也是此意。

事有大小,有先后。察其小,忽其大,先其后,后其所先,皆不可以适治。

【注释】出自宋·程颢《论王霸札子》。适,至、达到。

【译文/点评】事情有大小,有先后。看到了小的,而忽略了大的,将可以暂缓的事先做,将急事后处理,都不能达到治理国家的目标。此言治国安邦要分清事情的轻重缓急,循序渐进,有条不紊地解决所要解决的问题。

事在四方,要在中央。圣人执要,四方来效。

【注释】出自先秦《韩非子·扬权》。要,关键。圣人,指贤明的君主。效,投效。

【译文/点评】事情发生在全国各地,但关键在于朝廷首脑机关。贤明的君主治国善于掌握关键问题,所以四方之人自然都来投效。此言贤明的君主治国要善于抓大放小,把握好治国的方向、制定好安民的政策,其他事情放手让下面的人大胆去干,自然"无为而治",天下太平。

守国之度,在饰四维。

【注释】出自先秦《管子·牧民》。守,守护、管理、治理。度,法度、准则。饰,通"饬",意为"整饬"、"整顿"。维,系物的大绳子。四维,这里特指"礼"、"义"、"廉"、"耻"行为规范。

【译文/点评】如果天下之人都知"礼"、"义"、"廉"、"耻",并恪守之,那么,天下自然也就只有"君子"而无"小人"了。如此,天下岂能不太平?治国、守国岂不易如反掌?这虽是管子"驭民"、"牧民"的理想,但也确实是说到治国的根本上了。因为加强法制,让百姓畏惧而不敢犯上作乱，那只是治标；而加强精神文明与道德文明的建设，让百姓知道"礼"、"义"、"廉"、"耻"而不愿犯法，那才是治本。很显然，加强精神文明与道德文明建设远比法律文明的建设更加高屋建瓴，也更要行之有效。不过，管子忘了强调一点，要想万民都知"礼"、"义"、"廉"、"耻"，当权者自己要先按此"四维"修身正己，率先作则垂范，否则整饬"四维"便是空话，要想实现其"守国"的理想，也只能是一厢情愿的幻想。因为"上梁不正下梁歪"，榜样的力量是无穷的，学好学坏都是一样。

书生之论，可言而不可用也。

【注释】出自宋·苏轼《诸葛亮论》。也，句末语气助词，帮助判断。

【译文/点评】此言书生的意见多带有不切实际的特点，可以姑妄听之，但不能付诸实践。

水浊，则无掉尾之鱼；政苛，则无逸乐之士。

【注释】出自先秦《邓析子·无厚》。则，那么、就。掉尾，摆尾巴。逸乐，安乐。

【译文/点评】水太混浊，鱼就没法存活；治民的政策太苛刻，那么天下就没有安乐的人了。此以水与鱼的关系为喻，形象地说明了治国不能用苛政的道理。

顺天者存，逆天者亡。

【注释】出自先秦《孟子·离娄上》。天，指天意。

【译文/点评】顺应天意的就能生存，违逆天意的就要灭亡。此言意在劝统治者顺应天意民心，不要逆历史潮流而动。

思所以危则安矣，思所以乱则治矣，思所以亡则存矣。

【注释】出自宋·欧阳修等《新唐书·魏徵传》载魏徵

语。所以……，……的原因。则，那么、就。矣，语气助词，相当于"了"。

【译文/点评】思考隐患存在的原因，那么国家就会安定；思考可能产生动乱的原因，那么天下就会太平；思考可能导致国家覆亡的原因，那么江山就能永固。这是魏徵劝谏唐太宗治国安邦的"三思论"，其主旨是强调治国安邦要有居安思危的意识，要有防患于未然的战略前瞻性。

所贵圣人之治，不贵其独治，贵其能与众共治。

【注释】出自先秦《尹文子》卷上。贵，以……为贵。

【译文/点评】圣人治世的可贵之处，不在以乾纲独断的专制作风执政，而在于能发挥众人智慧而共同治理天下。

太山不让土壤，故能成其大；河海不择细流，故能就其深。

【注释】出自秦·李斯《谏逐客书》。太山，即泰山。故，所以。就，接近。

【译文/点评】泰山不谢绝土壤的多少，所以能够堆积得那样高大；河海不选择洪流涓流，所以能够积水深不见底。这是李斯谏说秦王之语，以积土成山、积流成河海为喻，说明君主应该有谦虚宽大的胸怀，广纳天下英才，切不可拒绝客卿（非秦国的士人在秦国做官）的道理。

贪鄙在率不在下，教训在政不在民。

【注释】出自汉·桓宽《盐铁论·疾贪》。率，通"帅"，此指上级、上司、领导。教训，指教育、改造。

【译文/点评】贪婪卑鄙的风气源自处于上位的统治者，而不在下层民众；对民众的教育、对国民素质的改良在于执政者的措施是否得当，而不在于人民自身的素质。

天变不足畏，祖宗不足法，人言不足恤。

【注释】出自元·脱脱等《宋史·王安石传》载王安石语。畏，怕。法，效法。恤，顾忌、害怕。

【译文/点评】天道的改变不足以畏惧，前代既有的法律制度不必照搬，改革中出现的反对声音也不必害怕。这是王安石关于改革的名言，意谓治国安邦要有与时俱进的意识，要有力排众议的魄力，要有无私无畏的精神，根据已经变化了的社会现实，革新政治，建立起一套新的符合社会现实、有利于社会发展的政治法律制度。表现了一个勇于探索、锐意进取、大胆革新的政治家的胆魄。

天不变，道亦不变。

【注释】出自汉·班固《汉书·董仲舒传》。道，指儒家所提出的政治与思想主张。亦，也。

【译文/点评】只要天存在，"道"也就不应该变化。此乃强调儒家思想不可更易的神圣性。

天命反侧，何罚何佑？

【注释】出自先秦·屈原《楚辞·天问》。反侧，即反复无常。

【译文/点评】天命从来都是反复无常的，它到底会惩罚谁、会福佑谁，都是不得而知的。这是告诫人类要敬顺天命，慎勿妄为，自求多福。

天无二日，民无二王。

【注释】出自先秦《孟子·万章上》孟子引孔子语。日，太阳。

【译文/点评】天上没有两个太阳，人民没有两个天子。这是孔子以"天无二日"为喻，强调天下必须一统于周天子的合法性。中国封建时代许多割据政权长期混战，大家都想当大王，其实就是这种思想的体现。中国人骨子里永远不变的大一统思想，也是源于此。

天下不患无财，患无人以分之。

【注释】出自先秦《管子·牧民》。患，担心、怕。之，指天下财富。

【译文/点评】不担心天下没有财富，就怕没有善于分配财富的人。此言治国安邦的要务是要善于公平合理地分配天下财富，如此人心才能安定，社会才能稳定。

天下大乱，无有安国；一国尽乱，无有安家；一家之乱，无有安身。

【注释】出自先秦·吕不韦《吕氏春秋·有始览·谕大》。无有，没有。安，安定。安身，个人平安。

【译文/点评】天下大乱，就不会有一个国家是安宁的；一个国家全乱了，也就没有安定的家庭了；一家乱了，个人也就没有平安可言了。这是强调安定、安稳对于天下、国家、家庭、个人都有至关重要的作用。今天我们强调"稳定压倒一切"，其实正是这个中国传统思想的体现。

天下大势之所趋，非人力之所能移也。

【注释】出自宋·陈亮《上孝宗皇帝第三书》。移，改变。也，句末语气助词。

【译文/点评】天下时势发展的大势与方向，不是人力所能改变的。意谓治国安邦要顺应时势发展的趋势。此与"识时务者为俊杰"有相通之处。

天下动之至易，安之至难。

【注释】出自明·罗贯中《三国演义》第六回。动，动乱。之，它，指国家。至，极。

【译文/点评】把天下搞乱极易，但使天下安定下来就极难了。这是司徒杨彪劝说董卓之言。其意是强调安宁天下之不易，应以国计民生为重。这话在任何时代都是当权者所应牢记的。

天下兼相爱则治，交相恶则乱。

【注释】出自先秦《墨子·兼爱上》。兼相，相互。交相，相互。恶，厌恶、仇恨。则，就。治，国家太平。乱，国家混乱、不太平。

【译文/点评】天下人都有一颗兼容相爱之心，国家自然太平；反之，大家交相仇恨，天下自然大乱。这是墨子的观点，其意是呼吁大家彼此相爱，不要互相仇恨与残杀。墨子是个和平主义者，他的"兼爱"学说虽然不可能实现，但却是正直之士心灵的呼唤。

天下将兴，其积必有源；天下将亡，其发必有门。

【注释】出自宋·苏轼《策断二十三》。其，句首语气助词，表示推测。积，积累。发，爆发。门，门径、原因。

【译文/点评】天下将要兴盛，大概是各种因素积累的缘故；国家将要灭亡，灭亡的原因大概也是自有渊源的。这是苏轼关于国家兴亡的观点，认为国家的兴亡都有一个过程，有其自身内在的原因，不是无缘无故的。其意是强调执政者应该好好思索治国的政策与措施，从自身找原因。国家兴亡决非"天意"，而只能是"人意"。

天下犹人之体，腹心充实，四支虽病，终无大患。

【注释】出自晋·陈寿《三国志·魏书·杜畿传》。四支，即"四肢"。

【译文/点评】国家之事，有大有小，有大枝有末节。治国者应该分清主次，循其轻重缓急，有序处理之，国家机器的运转自然有条不紊，天下自然太平。这个道理虽然简单，但并不是人人都能懂得的。但是上面这句话，却能以人体为喻，通过"腹心"与"四肢"之于人体重要性的比较，将治国的主要矛盾与次要矛盾的关系作了形象生动的阐述，让人有醍醐灌顶、茅塞顿开之感。

天下之患，莫大于不知其然而然。不知其然而然者，是拱手而待乱也。

【注释】出自宋·苏轼《策略第一》。之，的。患，祸患。莫，没有。不知其然而然，不知道为什么是这样。是，这。拱手，两手在胸前相抱表示恭敬。也，句末语气助词。

【译文/点评】国家发生了变乱，还不知道是什么原因引起的，天下的祸患没有比这更大的了。不知国家变乱的原因，这是坐等变乱来临的行为。苏轼这话是强调治国应该有未雨绸缪、防患于未然的忧患意识。这一思想，今天看来仍然是正确的。

天下之患，莫大于举朝无公论，空国无君子。

【注释】出自宋·刘黻《率太学诸生上书》。

【译文/点评】天下最大的祸患，没有大于整个朝廷没有是非公论，整个国家没有正直的君子。此言官场有公论、天下有君子，国家才能有希望，社会才能安定。因为有公论才能是非分明，善恶分明；有君子，才有维系社会正常的良心。

天下之患，最不可为者，名为治平无事，而其实有不测之忧。

【注释】出自宋·苏轼《晁错论》。患，祸患。最不可为者，指最危险的情况。名，表面上。治平，太平。不测之忧，不可预测的忧患。

【译文/点评】天下的祸患，最危险的情况是表面上太平无事，实际上却隐藏了巨大的忧患。这话的意思是告诫宋朝统治者，治国应当要有忧患意识，不要为表面的太平所迷惑，要有防患于未然的措施。这话放在任何时代，都是治国不二的经验。

天下治乱，出于下情之通塞。

【注释】出自宋·苏轼《朝辞赴定州论事状》。治乱，指国家治理得好不好、太平不太平。下情，民情民意。之，的。通塞，通达与阻塞。

【译文/点评】天下是否能够太平，关键在于民情民意是否通达到执政者。这是苏轼的政治见解，今天看来仍是对的。只有下情上达，居上位者能够了解民间的疾苦，采取适当的措施，才能安定国家，为民造福。今天我们强调社情民意的调查，注意倾听来自民众的声音，正是这一思想的体现。

推恩足以保四海，不推恩无以保妻子。

【注释】出自先秦《孟子·梁惠王上》。推恩，推广恩德、仁政。四海，指天下。妻子，老婆和孩子。

【译文/点评】推行仁爱恩德，则足以安定天下；不推行仁爱恩德，恐怕连自己的妻子儿女也保护不了。这是孟子劝说齐宣王实行"推恩"保民的政治主张。用今天的话来说，就是要关爱老百姓，赢得老百姓的拥护，从而实现天下的安定和谐。这种"推恩"治国的理念，在任何时代都有借鉴意义。

万乘之国行仁政，民之悦之，犹解倒悬也。

【注释】出自先秦《孟子·公孙丑上》。万乘之国，万驾战车的国家，泛指大国。行，施行。之，前一个"之"，放在主谓语之间，取消句子的独立性。后一个"之"，指示代词。悦，高兴、喜悦。犹，好像。倒悬，倒吊着。也，句末语气助词。

【译文/点评】大国施行仁政，老百姓喜悦的程度，就像是解除了倒吊着的痛苦一样。这是孟子跟学生公孙丑谈治国之道时，述及百姓对君主施行仁政的渴望之情，于此阐明了他对于仁政的政治理想。

万全之利，以小不利而废者有之矣。

【注释】出自宋·苏轼《思治论》。万全，概指，即很大、很多之意。以，因为。

【译文/点评】任何事情总是有利有弊，再高明的治国之策，也不会只有利而无弊。承认利弊，同时权衡利弊的大小，然后避弊而取利，争取多向好的方向发展，自然成功。若因有一弊而弃其万利，见树不见林，因噎废食，必无治国之策可用，结果只能是无所事事，一事无成。苏轼的话，意在告诫北宋的统治者筹谋治国之策，不必求其十全十美，关键是要分清利弊主次。这一朴素的思想，今天看来仍然是正确的，闪耀着辩证法思想的光芒，值得我们借鉴。

万物之有灾，人妖最可畏。

【注释】出自汉·韩婴《韩诗外传》。人妖，指人为的祸害。

【译文/点评】这是说天灾并不可怕，最怕是人祸。

威恩参用以成化，文武相资以定业。

【注释】出自唐·王勃《平台秘略论·忠武》。成化，完全对民众的教化。资，助。

【译文/点评】严政与仁政参互运用以促成好的民风的养成，文韬武略相互配合以奠定大业。此言恩威并施、文武相兼才能治国平天下。

威行如秋，仁行如春。

【注释】出自唐·韩愈《与凤翔邢尚书书》。威行，指刚猛的治国之道。仁行，指仁爱的治国之道。

【译文/点评】苛政就像秋风扫落叶一样残酷无情，仁政就像春风拂面、春阳照人一样让人舒服。此言苛政与仁政给人民不同的感受，体现的是两种治国之道的不同境界。

威与信并行，德与法相济。

【注释】出自宋·苏轼《张世矩再任镇戎军》。济，帮助。

【译文/点评】此言做官既要有严厉的一面镇住属下，又要有诚信的一面让人心服；既要对属下关心体贴，又要依法公正办事，不徇私情。用今天的话来说，就是要恩威并施、软硬兼施，该软的软，该硬的硬。

为川者决之使导，为民者宣之使言。

【注释】出自先秦《国语·周语上》。为川者，指治理河流的人。治民者，治国的人。宣，畅达、公开。

【译文/点评】治理河流的人在危急时，都会决开河堤使洪水疏导分流出去；治国的人要让人民说话，使他们的不满有所宣泄。此以决堤分洪为喻，说明让人民表达意见对于社会安定的重要性。

为国不可以生事，亦不可以畏事。

【注释】出自宋·苏轼《因擒鬼章论西羌夏人事宜札子》。为国，治国。

【译文/点评】治国当刚柔相济，儒、道之术并用。对内应当宽轻简便，清静无为，不要穷折腾；对外要审时度势，于外敌当用猛则用猛，不可畏首畏尾。然而，这一简单的治国道理，宋朝的皇帝们却是不懂的，以至内有王安石变法不当而民益贫，政益乱；外有辽与西夏咄咄逼人之忧不断。苏轼感而生慨，确为至论。

为政以德，譬如北辰，居其所而众星共之。

【注释】出自先秦《论语·为政》。为政，从政、治理国家。譬如，好像。北辰，北极星。居其所，安处其本来的位置。共（gǒng），同"拱"，即环绕。之，它。

【译文/点评】以道德的力量治国从政，必然天下归心，万民拥戴，就像明亮的北极星安处其位不动，而满天星斗皆环绕拱卫其旁一样。这是孔子以众星拱北辰比喻以德治国的力量，形象生动，有力地阐明了其治国的基本主张。后世当权者强调以德治国，皆源于此。

为政犹沐，虽有弃发，必为之。

【注释】出自先秦《韩非子·六反》引谚语。为政，从事政治、治国。犹，像。沐，洗头。虽，即使。必，一定。

【译文/点评】治国从政，就像洗头一样，即使会掉下一些头发，但头发一定要洗。此以洗发为喻，形象地说明了这样一个道理：治国安邦的过程中，总会出现这样那样的问题，但只要有利于国家的长远发展，事情就一定要做下去，不可因噎废食，缩手缩脚，不敢有所作为。原文后面有句议论说"爱弃发之费，而忘长发之利，不知权者也"，可谓把此意说得再清楚不过了。

为政之要，曰公曰清。

【注释】出自宋·林逋《省心录》。为政，从政。之，的。要，关键、原则。曰，叫做。

【译文/点评】从政的关键就是要做到"公正"、"清廉"。此言"公正"、"清廉"在为官从政中的重要性。

为之于未有，治之于未乱。

【注释】出自先秦《老子》第六十四章。为，做、处理。于，在。未有，没有发生之时。治，治理。未乱，没有变乱之时。

【译文/点评】处理事情应当在问题还没出现的时候，治理国家应当在变乱还没发生的时候。这是老子的见解，其治国的理念非常清楚，即"防患于未然"，可谓真知灼见。

为治有道，生民有常业。

【注释】出自宋·曾巩《兜率院记》。为治，指治国。道，方法、规律。

【译文/点评】治国有一定的规律、方法，这就是要保障人民有固定的职业，能够解决温饱。此言解决人民的就业是治国者必须重视的重要问题。

为主贪，必丧其国；为臣贪，必亡其身。

【注释】出自唐·吴兢《贞观政要·贪鄙》。为，做。

【译文/点评】做君主的贪心，一定会亡国；做大臣的贪心，一定会丢掉性命。此言为君为臣，"贪"字都是大忌。修身养性，务须戒除贪欲之心。

文武并用，长久之术也。

【注释】出自汉·司马迁《史记·郦生陆贾列传》记陆贾谏汉高祖刘邦之言。

【译文/点评】太刚则易折，太柔则太弱，只有刚柔相济，才能无往而不胜。"文武并用"的治国之术，妙处就在于刚柔相济，所以它是保证国家长治久安的法宝，历代统治者都是心领神会，奉陆贾此言为圭臬。

无常乱之国，无不理之民。

【注释】出自唐·吴兢《贞观政要·公平》。不理，不能治理。

【译文/点评】天下没有常乱而不宁的国家，也没有不能治理的人民。这是魏徵劝谏唐太宗李世民的话，其意是在劝告李世民要用心治国，要有反躬自省之心。这话对天下所有执政者来说，应该都是适用的。

无君子莫治野人，无野人莫养君子。

【注释】出自先秦《孟子·滕文公上》。君子，指统治者、脑力劳动者；野人，指劳动大众、体力劳动者；莫，没有人。

【译文/点评】士、农、工、商，只是社会分工不同而已，本质上说，没有贵贱之分。孟子虽说过"劳心者治人，劳力者治于人"的话，颇有点等级观念与歧视劳动大众的味道，但上面这句话，倒是没有什么偏颇，只是强调了社会的分工，指出了智力劳动者与体力劳动者在社会分工中不可代替的角色价值。

无偏无党，王道荡荡；无党无偏，王道平平；无反无侧，王道正直。

【注释】出自先秦《尚书·洪范》。无，不要。偏，营私。党，结党。王道，称王天下之道。荡荡，平坦。平平，平坦。反，背反。侧，偏侧。正直，直。

【译文/点评】大臣不结党，不营私，不走反道、偏道，那么"王道"就会平坦笔直。只要大臣都正直做人，那么国君称王天下之道就平坦顺畅了。其意是要臣下遵纪守法。

无养乳虎，将伤天下。

【注释】出自汉·戴德《大戴礼记·保傅》。无养，不要养；乳虎，小老虎。

【译文/点评】治国之道，在于防患于未然。不利之事，应该将其消灭于萌芽状态。"无养乳虎，将伤天下"，以养乳虎将为患于将来作比，形象生动地说明了上述治国之理。今日我们还有"养虎为患"、"放虎归山，贻害无穷"等成语，其意同此。

无欲速，无见小利。欲速，则不达；见小利，则大事不成。

【注释】出自先秦《论语·子路》。无，不要。欲，想。速，快。则，反而。

【译文/点评】治国理政不要急于求成，不要只看到眼前利益。急于求成，反而达不到目的；贪图眼前小利，反而误了长久之计，失了大利。这是孔子在回答学生子夏问政时所提出的治国之道。这种正确处理眼前利益与长远利益、正确看待行政成效快慢关系的观点，在今天仍然有借鉴意义。成语"欲速则不达"，即源于此。

吴王好剑客，百姓多创瘢；楚王好细腰，宫中多饿死。

【注释】出自南朝宋·范晔《后汉书·马寥传》。创瘢，刀枪伤的疤痕。

【译文/点评】春秋时代的吴王喜欢剑客，百姓多不畏死，因此很多人身上都留下了伤疤；楚王喜欢细腰的女子，楚王宫里的女子为了讨得楚王喜欢，很多人因为节食而饿死。此以吴王与楚王的爱好之影响后果为喻，说明君主的爱好会影响到全体国民的行动。意在劝诫统治者要慎其所好。

五百年必有王者兴，其间必有名世者。

【注释】出自先秦《孟子·公孙丑下》。王者，指圣君。名世者，著称于当世的人，指治世之才。

【译文/点评】每过五百年必然会有圣君出现，这其间必有治世之才出现。这是孟子的历史观，带有明显的主观唯心主义色彩，但在中国封建时代却非常有名，常常成为意欲改朝换代、取而代之者征引的依据。

五亩之宅，树之以桑，五十者可以衣帛矣；鸡豚狗彘之畜，无失其时，七十者可以食肉矣；百亩之田，勿夺其时，数口之家可以无饥矣；谨庠序之教，申之以孝悌之义，颁白者不负戴于道路矣。

【注释】出自先秦《孟子·梁惠王上》。之，的。树，种。以，用。……者，……（的）人。衣，穿。帛，丝织品的总称。矣，了。豚（tún），小猪。彘（zhì），大猪。畜（xù），蓄养。无失，不失。勿夺，不侵夺。谨，使谨。庠（xiáng）序，古代的地方学校，泛指学校。申，告诫。悌（tì），敬重兄长。颁白，通"斑白"。戴，顶在头上。

【译文/点评】五亩大的宅地上，种上桑树，那么五十岁的人就可以穿丝绸了；鸡狗猪等牲畜的饲养，不错过时间，那么七十岁的人都可以吃肉了；有百亩田地，当权者不侵夺他们的农耕时间，那么数口之家就没有饥饿之忧了；用心办好学校教育，反复以孝悌的思想教育他们，那么头发斑白的老人就不必顶戴东西走在路上了。这是孟子与梁惠王论治国之道时所发表的见解，既表达了他的治国理想，又体现了他的"仁政"思想。

务广德者昌，务广地者亡。

【注释】出自唐·张九龄《对嗣鲁王道坚所举道侔伊吕科第二道》。务，追求。广，使广大。

【译文/点评】追求崇高道德的国家，就能兴盛；追求土地广大的国家，就会灭亡。此言以德治国就能国运昌盛；开疆拓土、穷兵黩武而不知停止就会亡国。

挟天子而令诸侯，此诚不可与争锋。

【注释】出自晋·陈寿《三国志·蜀书·诸葛亮传》。诚，确实。不可，不能。争锋，较量。

【译文/点评】此语与《战国策》中所说"挟天子以令天下，天下莫敢不听"同义，皆是说挟制天子在政治上占有很大的优势。

挟天子以令天下，天下莫敢不听。

【注释】出自汉·刘向编《战国策·秦策一》。挟（xié），挟制、用强力逼迫别人执行某事。莫，没有人。听，听从。

【译文/点评】挟制天子，打着天子的旗号、借天子之名对天下人发号施令，天下人没有敢不听的。此言奸佞之臣裹挟天子所占有的政治上的优势。这虽然是历来被人唾骂的手腕，却为中国历代强力政治家一再运作。因为表面理由冠冕堂皇，故能屡屡收效。

挟天子以令诸侯，四海可指麾而定。

【注释】出自晋·陈寿《三国志·魏书·武帝纪》。四海，指天下。指麾，即指挥。定，平定、安定。

【译文/点评】此语与《战国策》中所说"挟天子以令天下，天下莫敢不听"同义。

下不钳口，上不塞耳，则可有闻矣。

【注释】出自汉·荀悦《申鉴·杂言上》。钳（qián），用东西夹住。则，那么。矣，句末语气助词。

【译文/点评】民众的嘴不被封住，统治者的耳朵不被捂住，那么就能下情上达了。此言要想倾听来自民众的声音、了解民众的疾苦，一定要给民众以言论自由；同时，统治者也要有倾听民众声音的胸襟。这样才能有利于治国安邦。

先谋后事者昌，先事后谋者亡。

【注释】出自清·陈梦雷《古今图书集成·兵略部》引姜子牙语。谋，打算、谋划。事，做事。昌，兴盛、成功。亡，灭亡、失败。者，（的）人。

【译文/点评】先做好谋划，再做事的人，就会成功；先做事，然后再谋划的人，就会失败。这是姜太公的名言，其意是强调凡事要预作准备、筹划在先、未雨绸缪，才能做得成功；否则事到临头，手忙脚乱，必然以失败而告终。这话所包含的哲理永远是我们要记取的。

贤路当广而不当狭，言路当开而不当塞。

【注释】出自元·脱脱等《宋史·乔行简传》。

【译文/点评】此言举贤任能的途径要扩大，听取意见的渠道要畅通。如此，才能有利于任贤、纳谏而治国安邦。

兴必虑衰，安必思危。

【注释】出自汉·司马迁《史记·司马相如列传》。

【译文/点评】国家兴旺之时，一定要考虑到衰弱的危机；天下安定之时，一定要防止危局的出现。此言治国安邦须要有居安思危、防患于未然的意识。

兴国之君乐闻其过，荒乱之主乐闻其誉。

【注释】出自晋·陈寿《三国志·吴书·楼玄传》。

【译文/点评】圣明的君主乐于听取臣下对自己过失的直言指责，昏庸的君主则喜欢听臣下拍马奉迎的好话。此言明主与昏君对待自己过失的两种截然不同的态度，也说明了国家兴亡与君主是否能正确对待自己过失的关系。意在强调做君主的人要有闻过则喜的胸襟，不可讳疾忌医。

兴天下之利，除天下之害。

【注释】出自先秦《墨子·兼爱下》。

【译文/点评】此言治国安邦的目标就是使天下人得利，使天下人免除痛苦祸害。

行事见于当时，是非公于后世。

【注释】出自明·朱元璋《明太祖宝训》卷六载明太祖朱元璋语。

【译文/点评】执政者所采取的一系列治国安邦的政策与措施，付诸实施是在他施政的当时当代；但是，究竟得当与否，功过如何，后世自有公评。这是明太祖对于治国安邦的见解，意谓执政者治国安邦应该尽心尽力，政策与措施的出台都要谨慎为之，要经得起历史的检验。作为一代开国帝君，朱元璋的头脑可谓清醒矣。

悬衡而知平，设规而知圆，万全之道也。

【注释】出自先秦《韩非子·饰邪》。悬、设，皆指"设置"。衡，指秤重量的衡器。规，指画方圆的工具。之，的。道，方法。也，句末语气助词，帮助判断。

【译文/点评】设置衡器，就可以知道买卖是否缺斤短两而失公平；设置圆规，就可以看出所画的圆是否合乎要求。这是最可靠的办法。此以衡器、圆规的作用为喻，说明只有建立起一套行之有效的法律制度才能将国家治理得好。意在强调依法治国的重要性。

言室满室，言堂满堂，是谓圣王。

【注释】出自先秦《管子·牧民》。是，这。谓，叫、称作。

【译文/点评】在室内说话，要让满室的人都听到；在堂上说话，要让满堂之人都听清，这样才叫圣王。此言做领导者说话要公开无隐，不要窃窃私语，不要搞小集团，让众人有亲疏之别的疑惑。这样，才能同心同德，把国家治理好。

尧舜之道，不以仁政，不能平治天下。

【注释】出自先秦《孟子·离娄上》。道，治国之道。以，用。平治，安定。

【译文/点评】即使是尧舜的治国之道，如果不以仁政，也是不能安定天下的。这是孟子论仁政在治国中的特殊作用，与其一贯主张的"仁政"思想相一致。虽然有些不切当时的实际，但这一治国理念永远都是对的，因为只有仁政才能得人心。而得人心，则天下定。

业之即不争，理得则不怨。

【注释】出自汉·班固《汉书·公孙弘传》。业之，使他们有职业。即，就。则，就。

【译文/点评】使老百姓都各有其业，那么他们也就消除了相争之心；让老百姓有地方能讲理，那么他们也就没什么怨言了。此言治国安邦需解决两个问题：一是老百姓的就业问题，二是老百姓的言论自由问题。前者是生存问题，后者是话语权问题，都是人之为人的基本要求，也是不可剥夺的基本人权。

一轨九州，同风天下。

【注释】出自唐·房玄龄等《晋书·苻坚载记上》。一轨，统一车轨。九州，指中国、全国。同风，风俗相同。

【译文/点评】天下车同轨，则中央政府的触须就能覆盖天下，国家的政令、教化就能广达九州。如此，国家便能大一统。而国家大一统，则必能风俗趋同。可见，车同轨，并不仅仅是解决交通问题，其对国家统一的作用也是不言而喻的。除了道理深刻外，"一轨九州，同风天下"八字，对仗工整，形式优美，声音响亮，易记易诵，让人过目不忘。

一国三公，吾谁适从？

【注释】出自先秦《左传·僖公五年》。三公，有多种说法，周代有两种说法，一指司马、司徒、司空，一指太师、太傅、太保。西汉时指大司马（太尉）、大司徒（丞相）、大司空（御史大夫）。明清时代指太师、太傅、太保。吾，我。从，听从。

【译文/点评】一个国家有三个当家人，我到底该听从谁的呢？此言一国不能有多主，权力应该集中，责任应该清楚。

一国之政，万人之命，悬之于宰相，可不慎欤？

【注释】出自宋·王禹偁《待漏院记》。悬，系，这里有掌握之义。欤，表示反问语气，相当于现代汉语的"吗"。

【译文/点评】宰相只要不是虚衔，在历朝历代，都是一人之下、万人之上。位高自然权重，权重自然责任也大。因此，宰相之位虽是人皆羡之，但要坐好、坐稳这个位子并不容易。不仅要耐得住剧烦，还得有总揽全局、临机决断的能力，更要有如履薄冰、如临深渊的敬畏感与责任感。如此，才能于"一国之政，万人之命"处之恰当，保证天下的太平。如果是心术不正之徒，或是胆大妄为之人，或是无能之辈为相，那么国危矣，万民苦也。因此，自古以来不仅宰相本人执政处事要慎而又慎，皇帝选相也要慎重又慎重。中国历史上有无数的力不胜职的宰相，也有无数任相不当的帝王，结果都以国破家亡而告终。

一日万机，一人听断，虽复忧劳，安能尽善？

【注释】出自唐·吴兢《贞观政要·求谏》载唐太宗语。万机，指众多政务。听断，处理裁决。虽，即使。复，再。安，怎么。

【译文/点评】国家之大，政务之多，若以一人之力独断处理，即使再勤奋忧劳，也难做到尽善尽美。这是一代明君李世民的清醒认识。正因为他有如此清醒的认识，才会有"贞观之治"盛世出现。

一日行善，天下归仁；终朝为恶，四海倾覆。

【注释】出自南朝宋·范晔《后汉书·朱穆传》。行善，推行善政。归仁，归于仁厚。终朝，终日。四海，天下。倾覆，覆亡。

【译文/点评】此言推行仁政，则天下归心；推行恶政，则国家必亡。意在警醒统治者当以人民为念，修德爱民。

一张一弛，文武之道也。

【注释】出自汉·戴圣《礼记·杂记下》。张，指拉紧弓弦，此喻指治国用猛政。弛，指放松弓弦，此喻指治国用仁政。文武，指周文王与周武王。之，的。道，方法。也，句末语气助词。

【译文/点评】一个用猛政，一个用仁政，这是周文王与周武王治国的不同方法。此言治国不能一味用猛政、苛政，也不能一味用仁政、宽政，而应该根据实际情况，该宽则宽，该猛则猛，宽猛交替、严仁相济。后来引申之，则指工作或生活上劳逸结合，有严肃认真的时候，也有活泼放松之时。

衣服中，容貌得，则民之目悦；言语逊，应对给，则民之耳悦；就仁去不仁，则民之心悦。

【注释】出自汉·韩婴《韩诗外传》。中，此指适当、得体。得，此指端正。则，那么、就。之，的。悦，高兴、舒服。逊，谦逊。应对，问答。给，丰足，此指自如。就，接近。去，舍弃。

【译文/点评】衣服穿得大方得体，容貌端正没邪气，那么老百姓看了就觉得顺眼；说话谦虚客气，应对问答从容自如，那么老百姓就听得顺耳；实行仁政、舍弃暴政，那么老百姓就觉得顺心。此言不仅强调了政治家、执政者实行仁政赢得民心的重要性，也强调了其在穿衣、容貌、说话等仪表方面给老百姓留下好印象、作出好榜样的重要性。因为政治家吃饭、穿衣、说话，一举一动都关涉政治，甚至容貌长相都与从政有关。中国古人做官要看相貌，正是这个道理。

宜鉴于殷，骏命不易。

【注释】出自先秦《诗经·大雅·文王》。宜，应该、应当。殷，即商朝，商又称殷。鉴，镜，借鉴。骏，大。骏命，即天命。易，改变。

【译文/点评】以殷商的兴亡为借鉴，天命就不会改易，国运就会长久。这是先人痛定思痛的经验总结，也是治国安邦者必须要记取的教训。

以不忍人之心，行不忍人之政，治天下可运之掌上。

【注释】出自先秦《孟子·公孙丑上》。以，用。不忍人之心，即怜悯、同情他人之心。运，转动。

【译文/点评】以同情心施行同情人民的仁政，那么治理天下就像转动东西于手掌之上一样容易。这是孟子强调以同情心治理天下的意义，符合他一贯强调的"仁政"思想。这个思想用今天的话来说，就是做官要有同情心，时刻把百姓的冷暖挂于心上，才能万民拥戴，天下太平。

以德报德，则民有所劝；以怨报怨，则民有所惩。

【注释】出自汉·戴圣《礼记·表记》。则，那么。劝，激励。惩，警戒。

【译文/点评】以恩德报答恩德，那么老百姓就会得到激励；以怨恨回敬怨恨，那么老百姓就知道有所警戒。此言恩怨分明，才能使老百姓有清楚的是非标准，从而端正社会风气。

以德胜人者昌，以力胜人者亡。

【注释】出自南朝宋·范晔《后汉书·鲁恭传》。

【译文/点评】用道德的力量感化他人就能兴旺，用武力征服他人终究逃不过灭亡的下场。此言以德服人胜于以力服人。

以镜自照见形容，以人自照见吉凶。

【注释】出自唐·张九龄《进千秋节金镜录表》。形容，形体、面容，即人的样子。

【译文/点评】此以照镜为喻，说明认真听取别人的意见对于治国安邦如何趋利避害的重要性。

以救时行道为贤，以犯颜纳说为忠。

【注释】出自宋·苏轼《居士集叙》。道，指儒家所说的一种治国安邦的政治理念。

【译文/点评】能匡救时弊、推广儒道，这便是贤；能不计得失、犯颜直谏君主，这便是忠。此言贤与忠的标准。意谓能救时行道、犯颜直谏之臣才算贤忠，才是治国安邦的柱石。

以力服人者，非心服也，力不赡也；以德服人者，中心悦而诚服也。

【注释】出自先秦《孟子·公孙丑上》。"……者，……也"，古代汉语一种判断句形式，相当于"……是……"。非，不。赡（shàn），富足、充足。中心，衷心。

【译文/点评】以武力让人臣服，是不能让人心服的，因为武力的力量有所不足；以高尚的道德感化人，是能让人发自内心地表示臣服的。此言用武威来征服人，力量是有限的；而以道德感化人，则力量极大，最能撼动人心，可以让人心悦诚服。成语"心悦诚服",即源于此。民间有俗语说"软绳子捆得住人,硬绳子捆不住人",说的正是此理。

以清俭自律,以恩信待人,以夷坦去群疑,以礼让汰惨急,自上化下,速于置邮。

【注释】出自唐·刘禹锡《唐故相国赠司空令狐公集纪》。夷坦,坦然。汰,涤除。惨急,指严刑峻法。化,感化、教化。置邮,设置邮差。

【译文/点评】以清廉俭朴要求自己,以恩义诚信对待别人,以坦然无私消除群人的疑惑,以礼让涤除严刑峻法,最高层感化最下层的民众,那么治国效果会比设置邮路传递信息还要快。此言治国安邦要用道德礼让感化民众,要用恩义诚信取信于民,要用公正无私树立形象,要以清廉俭朴要求自己。意谓要以德治国、以信治国、以礼治国。

以铜为镜,可以正衣冠;以古为镜,可以知兴替;以人为镜,可以明得失。

【注释】出自唐·吴兢《贞观政要·任贤》。以铜为镜,古代磨青铜而为镜,故有此说。兴替,兴亡。明,了解。

【译文/点评】借助于铜镜,可以整理衣冠;吸取历史的教训,可以总结王朝兴衰的规律;听取别人的意见,可以了解自己的得失。此以"引喻"修辞法,通过"以铜为镜"、"以古为镜"意义的说明,形象有力地阐明了"以人为镜"对于君主明得失、治国家的重要性。

以威胜,不如以德胜。

【注释】出自明·冯梦龙《东周列国志》第十八回。威,指武力、强力。

【译文/点评】此言靠武力、强力只能征服他人一时,而以德服人才是最明智、最长久之策。

以武功定祸乱，以文德致太平。

【注释】出自宋·苏轼《书王巩所藏太宗御书后》。

【译文/点评】此言帝王的武略在于平定祸乱，文德在于能使天下清宁太平。意谓帝王的一切作为都要围绕安定天下的目标。

意莫高于爱民，行莫厚于乐民。

【注释】出自先秦《晏子春秋·内篇问下二十二》。意，指思想。莫，没有。行，行动、行为。乐民，使老百姓快乐。

【译文/点评】没有比爱民的思想境界更高的了，没有比使老百姓安乐的行为更仁厚的了。执政的理念没有比爱民更重要的，施政措施没有比使老百姓温饱快乐更好的。

意莫下于刻民，行莫贱于害民。

【注释】出自先秦《晏子春秋·内篇问下二十二》。刻，刻薄、苛刻。

【译文/点评】没有比刻薄地对待人民更低下的思想境界，没有比残害人民更低贱的行为。此言治国安邦要爱护人民、造福于民；切不可有"刻民"的思想，更不能有"害民"的行为。否则，便会为人民所抛弃。

懿德茂行，可以励俗。

【注释】出自唐·韩愈《祭薛中丞文》。

【译文/点评】美好的品德、高尚的行为，是可以激励民众而改变民风民俗的。此言统治者、居上者以实际行动表率垂范对社会风气、民俗习惯改变的重要影响作用。

因变制宜，以敌为师。

【注释】出自汉·班固《汉书·江充传》。因，根据。

【译文/点评】此言制定对策要根据变化了的形势，对于敌人要有以之为师的心态，认真研究它，师法其长，以补自己之短，从而克敌制胜。

因循苟且逸豫而无为，可以侥幸一时，而不可以旷日持久。

【注释】出自宋·王安石《上时政疏》。因循，沿袭。逸豫，安逸、快乐。旷，历时持久。

【译文/点评】因循守旧、得过且过、安于逸乐而无所作为，也许能国泰民安，但是可以侥幸一时，绝不可能一直能够如此幸运。此言治国安邦不可贪图安逸而无所作为，必须尽心尽力，励精图治，这样才能真正保证国运长久、国泰民安。

殷鉴不远，在夏后之世。

【注释】出自先秦《诗经·大雅·荡》。殷，即商朝。鉴，镜子。殷鉴，可以引为借鉴或教训的事。夏后，夏朝的君主，指夏桀。

【译文/点评】殷商教训尚不远，夏桀又是如何亡。这是以商纣王与夏桀亡国的教训，批评并告诫周厉王应吸取前代覆灭的教训，勤政爱民，而不可荒淫害民误国。可谓逆耳忠言、苦口良药。

永言配命，自求多福。

【注释】出自先秦《诗经·大雅·文王》。永言，永远、长久。言同"焉"，语气助词。配命，与天命相合，即顺应天命、顺应自然法则。配，比配、相称。

【译文/点评】顺应天命，永不相违，自强不息，求福即得。这是先人的明训，说出了一个万世不易的真理：人类要想幸福，一要靠自己自强不息的努力；二要遵循自然法则，不能逆天行事，更不可过分相信人类改造自然的能力，否则，必遭大自然的惩罚。人类工业革命所导致的地球环境的恶化，已经为此作了反面的注脚，当思之慎之！

用仁义以治天下，公赏罚以定干戈。

【注释】出自明·施耐庵《水浒传》第八十二回。以，承接连词，相当于"来"。干戈，代指战争。

【译文/点评】此言夺天下要靠公平赏罚，才能激励将士奋勇搏杀于战场；治天下要靠仁义安定人心而求天下太平。意谓夺天下与治天下要用不同的方法，马背上夺得的天下，不能在马背上治之。

用武则先威，用文则先德；威德相济，而后王业成。

【注释】出自明·罗贯中《三国演义》第六十六回。济，帮助、接济、补益。

【译文/点评】要动武，务必要先显出不可抗拒的威风，用《孙子兵法》的话说，就是"不战而屈人之兵"；要用文，则须修德，以德服人。武是刚，文是柔。用武有威猛、震慑之力，用文则有以德服人、笼络人心之效。如此，文武并用，威德相济，王霸之业自然不求而自立。

忧国唯知重，谋身只觉轻。

【注释】出自宋·陈公辅《李伯纪丞相挽诗》。谋身，为自己的生计而考虑。

【译文/点评】忧虑国事只觉得像有千斤重担压在身上，为自身考虑总是不放在心上。此言李伯纪丞相的一生是克己奉公的一生。这虽是称颂友人之辞，却也提出了一个从政者所应秉持的基本理念：克己奉公者才是好官。

忧劳可以兴国，逸豫可以亡身。

【注释】出自宋·欧阳修《伶官传序》。逸豫，指安逸。

【译文/点评】忧心于国事，国家就能兴盛；耽于安乐，连自己身家性命也难保。此言安国、保身都要有忧患意识，绝不可一味沉溺于享乐之中。

忧在内者本也，忧在外者末也。

【注释】出自宋·苏洵《审敌》。忧，忧患。内，国内、内政。外，国外、外敌。本，根本，主要的。末，枝节，次要的。

【译文/点评】一个人，如果身体内部有问题，那么便会百病缠身；一个国家，情况亦然。如果内政不修，混乱不堪，外敌便会乘虚而入，国家便有灭亡之忧。相反，如果内政修，天下安，国强民富，外敌何敢有觊觎之心？因此，对于一个国家来说，内忧是主要的，而外忧则是次要的。打个比方，外忧只是皮肤病，内忧则是心脏病。皮肤病会让人很难受，但无生命之忧，而心脏病则随时都有置人于死地之虞。

有道伐无道，无德让有德。

【注释】出自明·罗贯中《三国演义》第八回。有道，指符合道义。无道，不符合道义。

【译文/点评】讨伐别人不是不可以，但须师出有名，要以有道之师讨伐不义之师，才合乎正道；让他人让位也不是不能，但必须是以有德者代替无德者，而不是相反。此言征战要合乎道义，治国要以德服人。这虽是封建社会的标准，但在任何时代也都是适用的。

有谔谔争臣者，其国昌；有默默谀臣者，其国亡。

【注释】出自汉·韩婴《韩诗外传》。谔谔（è），直言争辩的样子。谀（yú），讨好、奉承。

【译文/点评】有忠言直谏之臣，国家便会兴盛；有阿谀奉承之臣，国家便会灭亡。此言治国安邦需要犯颜直谏的忠臣，不要拍马捧屁的佞臣。

有恒产者有恒心，无恒产者无恒心。

【注释】出自先秦《孟子·滕文公上》。恒产，固定的产业。

【译文/点评】有固定产业的人才会有坚持行善的恒心，没有固定产业的人是不会有坚持行善的恒心的。此言要人民遵纪守法、品德高尚，首先要解决他们的温饱问题，使他们的生活有保障。

有益于化，虽小弗除；无补于政，虽大弗与。

【注释】出自汉·王充《论衡·薄葬》。化，教化。虽，即使，弗，不。与，赞同。

【译文/点评】对教化有益，即使是很小的事也不排斥；对政治没有帮助，即使是再大的事，也不赞同去做。此言该做什么、不该做什么，一切以对教化、施政有没有助益为依据。用今天的话来说，就是一切围绕有利于治国安邦的大目标而行动。

于安思危，危则虑安。

【注释】出自汉·刘向编《战国策·楚策四》。于，在。思、虑，皆是考虑之意。

【译文/点评】在安全的时候要考虑到危险，在危险的时候要考虑到如何使国家获得安全的途径。这是虞卿引《春秋》之语所阐明的治国主张。其意与"居安思危"相同，也是要求执政者要有长远目光。

予其惩，而毖后患。

【注释】出自先秦《诗经·周颂·小毖》。予，我。其，句中语气助词。惩，警戒。毖，谨慎。

【译文/点评】吸取教训，自我警戒，谨慎处事，以防后患。这虽是周成王诛杀管叔蔡叔、平定内乱后告诫自我的自勉之语，却为后世统治者总结出一个千古不易的治国安邦经验：从失败中吸取教训，防患于未然。汉语成语中"惩前毖后"、"防患于未然"，也由此而来。

与百姓同乐，则王矣。

【注释】出自先秦《孟子·梁惠王下》。则，那么、就。王，称王。矣，了。

【译文/点评】如果一个国君能够与老百姓同乐，那么他就可以做天下之王了。这是孟子与齐宣王谈治国之道时所阐发的治国主张，其意是强调统治者应该与老百姓忧戚与共、苦乐与共，才能赢得天下民众爱戴，做天下之主。用今天的话来说，就是当权者要关爱民生，与民众同甘共苦，才能让民众心服、信服。这话在任何时代都是真理，永远都值得当权者牢记。否则，水能载舟，也能覆舟。

与其溺于人也，宁溺于渊；溺于渊犹可缓也，溺于人不可救也。

【注释】出自先秦《盥盘铭》。溺于人，指被小人蒙蔽。也（第一、二个），句中语气助词，帮助停顿。也（第三个），句末语气助词，帮助判断。

【译文/点评】与其被小人蒙蔽而失败，不如掉到深渊里；掉到深渊里还有被救的可能，被小人蒙蔽了，就必然身死事败。此以"溺于人"与"溺于水"作比较，说明"溺于人"的危害性。意在提醒执政者千万别被小人蒙蔽了，否则便会亡国亡身。

与治同道，罔不兴；与乱同事，罔不亡。

【注释】出自先秦《尚书·商书·太甲下》。道，方法。罔（wǎng），没有。

【译文/点评】采用太平之世的治国方略，天下没有不兴的；采用乱世的治国之策，天下没有不亡的。这是伊尹告诫太甲的话，意在强调治国要根据具体情况采取不同的方略。

玉屑满箧，不为有宝。诗书负笈，不为有道。要在安国家，利人民，不苟文繁众辞而已。

【注释】出自汉·桓宽《盐铁论·相刺》。玉屑，碎玉。箧（qiè），小箱子。不为，不算。诗，指《诗经》。书，指《尚书》。负笈，挑着书箱。要，关键。苟，苟且，这里有"满足于"之义。

【译文/点评】中国古代有句名言："宁为玉碎，不为瓦全。"但是，从实际来看，玉一碎，恐怕便毫无价值了。因此，碎玉一箩筐，终究也算不得有宝；整天诵《诗》、《书》，引经据典，行走到哪里，都挑着个书箱，摆着些书简，那也不能证明你是真正掌握了治天下之"道"。说一千，道一万，关键得有治国安邦、经世致用的真本事。只要能使国家得以安定，使人民得利，那就是英雄。至于是否会繁文缛节，动听的虚辞是否能说出一大套，那都是无关紧要的。中国人自古就是务实的，今日亦然，"不管黑猫白猫，抓住老鼠就是好猫"，虽然说得通俗，但与两千年前的桓宽的名言却有异曲同工之妙，皆可算是千古不易的真理。

原清则流清，原浊则流浊。

【注释】出自先秦《荀子·君道》。原，同"源"，河流的源头。则，那么、就。

【译文/点评】河流的源头清澈，那么它的下游就会水清；源头浑浊，它的下游也就水浊。此以河流源头的清浊为喻，说明治国安邦需要君主事事作出榜样，否则，就会"君不君，臣不臣"，天下混乱而无法收拾。

怨不在大，可畏惟人。载舟覆舟，所宜深慎。

【注释】出自后晋·刘昫等《旧唐书·魏徵传》。惟，只。

【译文/点评】怨恨不在于大小，值得敬畏的都只是人。就像水能载舟也能覆舟一样，人民也有这样的力量，因此执政者务须谨慎。此乃魏徵进谏唐太宗之语，意谓执政者的任何施政行为都要考虑人民的意愿，要顺从民心。

怨生于不报，祸生于多福，安危存于自处，不困在于蚤豫，存亡在于得人。

【注释】出自汉·刘向《说苑·敬慎》。困，困惑、困扰。蚤，通"早"。豫，准备。

【译文/点评】怨恨源于有恩不报，祸患源于只知享福而不虑隐忧，安危在于自处是否得当，消除困扰在于早作打算予以防备，存亡在于能否举贤任能。这是刘向关于治国安邦的名言，其意是强调执政者应当赏罚分明、居安思危、未雨绸缪、举贤任能。这一观点，永远都是执政治国者要记取的良言。

越王好勇，而民多轻死。楚灵王好细腰，而国中多饿人。

【注释】出自先秦《韩非子·二柄》。饿人，节食的人。

【译文/点评】越王勾践喜欢勇士，因此他的臣民多不畏死；楚灵王喜欢腰细的女子，所以楚国多有节食的人。此以越王勾践与楚灵王的爱好对其国家人民的影响为例，说明了统治者的爱好对整个社会风气的深刻影响。其意是强调统治者对于自己的爱好应该谨慎。

战战兢兢，如临深渊，如履薄冰。

【注释】出自先秦《诗经·小雅·小旻》。战战兢兢，形容因害怕而微微发抖的样子。如，像。履，踏、踩。

【译文/点评】政局危危心如焚，整天忧虑胆战兢，就像走到深渊边，又像过河踏薄冰。这句话本是写一位周大夫对周王昏庸误国的忧虑之情。后来成为三个成语，皆是形容做事非常谨慎、丝毫不敢有半点懈怠的心态。

政贵有恒，辞尚体要，不惟好异。

【注释】出自先秦《尚书·毕命》。恒，常规。尚，崇尚。体要，指切中根本。惟，只。

【译文/点评】为政贵有常法，布告天下臣民的公文应当切中根本，不能只追求花巧。这是周康王对大臣毕公说的话，意在要求大臣治理国家要按常规行事，昭告天下的文告也要简洁明了，不能追求奇巧。

政在德不在异。

【注释】出自宋·曾巩《尚书都官员外郎王公墓志铭》。

【译文/点评】此言从政在于树德，而不在标新立异。意谓做官不能为民造福而专搞花架子，是不可取的；只有务实施政，有德于民，才能赢得人民的拥护，树立好的口碑。

政者，正也。子帅以正，孰敢不正？

【注释】出自先秦《论语·颜渊》。"者……也"，古代汉语判断句的形式，即"……是……"。子，您。帅，即"率"，率领、带头。孰，谁。

【译文/点评】"政"就是"端正"。您以身作则，率先垂范走正道，谁还敢行事不正呢？这是孔子在回答鲁国大夫季康子有关从政问题时所发表的意见。这话用今天的话来说，就是做领导的要正人先正己，凡事应该以身作则，为他人作出好的榜样。应该说，孔子的话对古今所有从政者都是适用的。尊之从之，则为好官。反之，必是败类。

制治在未乱，保邦于未危。

【注释】出自先秦《尚书·周书·周官》载周成王语。

制，制定。治，指政教制度。邦，国。

【译文/点评】制定政教制度要在国家还没出现混乱之前，保证国家安宁要在国家未出现危机之前。这是周成王对于治国安邦的见解，其意是说治国安邦要"防患于未然"。这一治国理念是任何时代都通用的。

治大国若烹小鲜。

【注释】出自先秦《老子》第六十章。若，像。烹，煎。鲜，鱼。

【译文/点评】中国人讲究美食，相信很多中国人都有烹饪常识，烹鱼煎鱼，没有试过手艺，恐怕也是见过的。但是治国，特别是治大国，恐怕绝大部分的中国人都是没有概念的。虽然中国人自古以来崇尚"官本位"，但执政治国，很多人是没有经验的。那么，到底如何治国，特别是治大国呢？"治大国若烹小鲜"，老子的这句话以烹小鱼为喻，不仅生动，而且形象地给我们指明了方向与原则：治大国，就像烹煎小毛鱼一样，千万不可多折腾。也就是说，治大国，"清静无为"就好，让老百姓安适自谋，社会顺其自然发展就行了。这一治国理念虽然不一定人人都赞成，但中国历史上最强盛之一的汉代，其"文景之治"确确实实是这一理念实践的结果。可见，老子的话是有道理的。不然，两千多年了，我们怎么还会时时记起他的这句话呢？其实，这话永远都不会过时，中国的古代史、近代史、现代史都曾为它作过生动的反面注脚。

治大者不可以烦，烦则乱；治小者不可以怠，怠则废。

【注释】出自汉·桓宽《盐铁论·刺复》。治大者，指做大事的人。治小者，指做小事的人。怠，轻慢。

【译文/点评】做大事的人要有耐心，没耐心就会乱了方寸，误了大事；做小事的人不能有怠慢轻忽之心，否则事情就做不成。前句之意是说，做大事（如治国安邦）要有足够的耐心，不能有浮躁之气，不然思虑不周，定会坏了大事。中国古代帝王选任宰相，除了要求有才干、识见外，还有一条也必考虑在内，那就是要耐得住"剧烦"。这是有道理的，否则如何对天下之事都能事无巨细地予以恰当处理，对复杂的人事纠葛从中予以调和。后句是说，做小事需要认真，不能因事小而有轻忽之心，否则，事虽小，也是不能做好的。

治国常富，而乱国必贫。

【注释】出自先秦《管子·治国》。治国，治理得好的国家。乱国，治理得不好的国家。

【译文/点评】国家治理得好，自然太平无事，生产发展，社会安宁，国家与人民自然都会富足；反之，天下纷纷扰扰，不得太平，生产如何能发展，社会如何能进步，国家与人民必然贫困。这是自古以来反复为历史所证明的真理，管子言之不谬矣。

治国譬若张瑟，大弦絚，则小弦绝矣。

【注释】出自汉·刘安《淮南子·缪称训》。张，给乐器上弦。瑟，乐器。絚（gēng），粗索。这里是"紧"、"急"之义。绝，断。

【译文/点评】给琴瑟等弦乐器上弦，紧要的是大小之弦要上得松紧恰当，太紧则有弦断之忧，太松则不能弹奏成音。张瑟弹琴，乃是风雅之事，也是抒发情性之事，中国古人好之者众。因此，如何"张瑟"，知之者亦众。但是，如何治国才是恰当的，并不是人人都能知道的。上面这句话，其妙处是不直言治国安邦的大道理，而是以"张瑟"中大、小弦松紧的配置为喻，将治国应该"文武并重"、"一张一弛"、"宽猛相济"的道理形象生动地表达出来，使人人得而知之。

治国譬之于弈，知其用而置得其处者胜，不知其用而置非其处者败。

【注释】出自宋·欧阳修《周臣传论》。譬，好像、譬如。弈（yì），下棋。其，指棋子。置得其处，即棋子布放位置得当。置非其所处，即棋子布放位置不当。……者，……（的）人。

【译文/点评】治国就像下棋一样，下棋知道每粒棋子的作用而布局得当的人就会赢；不知棋子的用处而布局不当的人就会输。欧阳修以下棋喻治国，其意是强调治国要通盘考虑，要有大局观。这个观点今天我们仍然还在强调，今天我们说要"全国一盘棋"，要从大处着眼，说的就是这个意思。

治国犹如栽树，本根不摇，则枝叶茂荣。

【注释】出自唐·吴兢《贞观政要·政体》记唐太宗李世民语。本根，主根。

【译文/点评】中国封建社会强调以农为本，人民衣食无忧，安居乐业，社会就会稳定，天下就会太平，王朝就会强盛。唐太宗能够开创"贞观之治"的盛世格局，其实与唐初开始实行的"均田令"与"租庸调制"成功地解决了农民的土地问题、促进了农业生产的大发展有关。农业这一封建王朝的"根本"稳固了，李世民治下的唐王朝自然就会繁荣昌盛。唐太宗是明主，不仅会治国，还善于总结治国的经验，以"栽树"喻治国，将发展农业比作栽树的"固根"，将国家的繁荣昌盛比作树的"枝叶茂荣"，比得形象生动，道理讲得浅显易懂，为后世之君留下了一条千古不易的成功治国经验。明朝的开国之君朱元璋在立国之初，也曾有过与此相同的名言："天下初定，百姓财力俱困，譬犹初飞之鸟，不可拔其羽；新植之树，不可摇其根，要在安养生息之。"（《洪武实录》）也是强调农业的"根本"地位，与唐太宗可谓英雄所见略同。其实，农业之所以成为中国自古以来的国之根本，关键是个吃饭问题。"民以食为天",这是从汉代就口耳相传的古训。只不过,唐太宗与明太祖对此有更深刻的认识,这才有了治国如栽树之喻。

治国有常,而利民为本;政教有经,而令行为上。

【注释】出自汉·刘安《淮南子·氾论训》。常、经,皆指常规、原则。

【译文/点评】治理国家有一定的原则,而利民是根本;推行教化有一定的常规,而政令畅通是关键。此言治国安邦要以利民、行令为原则。

治国者,必以奉法为重。

【注释】出自明·罗贯中《三国演义》第九十六回。

【译文/点评】治国的人一定要以奉公守法为重。此言领导者带头奉公守法、不徇私情,才能促进自觉守法的良好社会风气的形成。

治乱存亡,其始若秋毫。察其秋毫,则大物不过矣。

【注释】出自先秦·吕不韦《吕氏春秋·先识览·察微》。其,它。若,像。秋毫,本指鸟兽在秋天长出来的细毛,此比喻极其细微的事物。察,观察。则,那么。大物,指大的方面、重要的方面。过,过错、过失。矣,了。

【译文/点评】国家的治与乱、存与亡,开始的征兆就像秋天鸟兽新长出的细毛一样,不易察觉。如果察觉了,并有所预防,那么大的问题就不会出现,国家就能化险为夷。这是讲治国要善于从细微处考察,以防患于未然。这个道理,在任何时代都应当是执政者要牢记的。

治世不一道,便国不必法古。

【注释】出自先秦《商君书·更法》。道,方法。便国,方便于治国。

【译文/点评】治理国家并不只有一种方法，有利于治国的措施就不必再效法古代的做法。此言治国安邦要根据时势的发展确定不同的方法，即要有与时俱进的观念。

治世以大德，不以小惠。

【注释】出自晋·陈寿《三国志·蜀书·后主传》裴松之注引《华阳国志》。

【译文/点评】此言治国安邦要以崇高的道德人格感化人民，而不是用小恩小惠收买人心。

治外者必调内，平远者必正近。

【注释】出自汉·陆贾《新语·怀虑》。

【译文/点评】征服外敌，一定要先协调好内部力量；平定远方，一定要先解决近处的隐患。此言治国安邦要处理好内外、远近的矛盾。

周虽旧邦，其命惟新。

【注释】出自先秦《诗经·大雅·文王》。邦，国。其，它的。惟，语气助词，无义。

【译文/点评】周原来虽然是商朝的一个属国，但现在它接受了新的天命。意谓周既是一个旧邦，又是一个新国，形势变化了，它就要承前启后、继往开来，担负起新的历史使命，使国家永续发展。

主大计者，必执简以御繁。

【注释】出自宋·苏辙《上皇帝书》。大计，国家大事。必，一定。简，简要。以，而。繁，复杂。

【译文/点评】主持国家大事的人，一定要抓住最根本的原则以统领纷繁复杂的具体事务。此言治国安邦的国君不必事必躬亲，只要把握好大方向与大政方针，就可以以不变应万变，游刃有余地治理国家了。也就是说，做皇帝要讲究领导的艺术，只要决策好，不必亲自做事。

筑城者先厚其基而求其高，畜民者先厚其业而求其赡。

【注释】出自汉·桓宽《盐铁论·未通》。畜，养、治理。赡（shàn），富足。

【译文/点评】修筑城墙，首先要打牢城墙的地基，然后再往上修高；治理人民，首先要让他们安居乐业，然后再进一步让他们变得富足。此以筑墙先固基为喻，说明治国安邦的首要任务是让人民安居乐业。

自古失国之主，皆为居安忘危，处治忘乱，所以不能长久。

【注释】出自唐·吴兢《贞观政要·政体》载魏徵语。失国，亡国。之，的。主，国君。

【译文/点评】自古亡国之君，都是身处盛世就忘了有危机之可能，身处治世就忘了有乱世之隐忧，因而国运就不能长久。这是魏徵从历史的教训中总结出的国家兴亡规律，意在从反面告诫唐太宗治国应当居安思危，时刻保持忧患意识的重要性。其实，这话不只是对唐太宗说的，更是对天下所有执政者说的。

自古在昔，治少乱多。

【注释】出自宋·苏轼《贺韩丞相启》。自古在昔，自古以来。治，国家治理得好、太平。乱，国家治理得不好、不太平。

【译文/点评】自古以来，国家都是太平时日少而动乱时日多。这是苏轼总结中国封建社会的历史而得出的结论，揆之于中国封建社会的历史，确是不刊之论。究其原因，乃在于每一个政权初立时，统治者还会有鉴于前代覆灭的教训，而有清醒的头脑与励精图治的精神。但一俟天下初定，稍有成就时，往往就会骄奢淫逸起来。因此，结果必然是治少乱多。试看唐代的历史便知，除了"贞观之治"与"开元盛世"几十年，中唐以后便都是乱世了。唐代尚且如此，其他朝代就更不足论矣。

足食，足兵，民信之矣。

【注释】出自先秦《论语·颜渊》。足，使足。之，指政府。矣，句末语气助词，相当于"了"。

【译文/点评】使国家粮食充足，军备充足，老百姓就能相信政府了。这是孔子回答学生子贡如何从政时所发表的见解，认为解决老百姓的温饱、提升国防实力就能保障国家安全，赢得人民的信任。这话不论在古代还是现代都是正确无疑的，只要还有国家存在，永远都是正确的。因为"足食"，国内局势就能稳定；"足兵"，国外之忧就能解除。内外无忧，人民何尝能不相信政府、相信当政者？

尊贤考功则治，简贤违功则乱。

【注释】出自汉·班固《汉书·谷永传》。考功，此指考察官员的工作成效。则，就。简，简慢。违功，指不考察官员的工作成效。

【译文/点评】尊重贤才，考核其任职的工作成效，那么天下就会太平；怠慢贤者，不考察官员的实际工作成效，那么天下就会大乱。此言尊重贤才与加强对官员工作成效的考察，对于治国安邦的重要性。

尊贤使能，俊杰在位，则天下之士皆悦。

【注释】出自先秦《孟子·公孙丑上》。使能，任用能人。则，那么。

【译文/点评】尊重贤者，任用能人，优秀人才处于领导岗位，那么天下之士都会高兴。此言尊贤使能对于安定天下士人之心、鼓舞天下人士气的重要性。

尊于位而无德者黜，富于财而无义者刑。

【注释】出自汉·陆贾《新语·本行》。黜（chù），罢免、罢黜。刑，此指惩罚。

【译文/点评】权位很高而没有道德的人就要罢免，有钱财而不讲道义的人就要予以惩处。此言位高权重者应该加强道德修养，为世人作出榜样；有财富的人要讲道义良知，不可见利忘义。

立法执法

安乐则生，痛则思死。棰楚之下，何求而不得？

【注释】出自汉·路温舒《尚德缓刑书》。棰（chuí），短木棍。楚，打人的荆条。棰楚，指刑具。

【译文/点评】人在安乐之时都会珍惜生命，但在痛楚之时自然会想到一死了之，以求解脱。因此，刑具拷打之下，想要什么口供，那是无求而不得的。此言意在强调执法时切不可滥施严刑以逼取口供，那样必然会造成屈打成招的冤案。

褒有德，赏有功，古今之通义。

【注释】出自汉·班固《汉书·张汤传》。褒，褒扬、表彰。之，的。通义，普遍的道理。

【译文/点评】表彰有德之人，奖赏有功之人，这是古往今来的普遍道理。此言褒赏有德、有功之人的正当性。

兵之胜负，实在赏罚。赏厚可令廉士动心；罚重可令凶人丧魄。

【注释】出自唐·韩愈《论淮西事宜状》。兵，战争。之，的。实，其实、实际。令，使。廉士，指清心寡欲、品行方正之人。凶人，凶恶之徒。

【译文/点评】战争的胜负，其实在于赏罚。奖赏丰厚，可以让清心寡欲的廉士也动心；惩罚严厉，能使桀骜不驯的凶恶之徒也为之丧魂落魄。此言赏罚在战争中的特殊作用。

不法法，则事毋常；法不法，则令不行。

【注释】出自先秦《管子·法法》。不法法，不制定法律而谈执法。则，那么。毋，不。常，常规、标准。法不法，制定了法律而不依法执法。行，推行。

【译文/点评】不先制定法律而空谈执法，那么遇事执法就没标准；有法不依，那么法令就没作用，根本推行不了。此言立法与执法二者都很重要的道理，强调治国要先立法，然后要严格依法行事。

不官无功之臣，不赏不战之士。

【注释】出自晋·陈寿《三国志·魏书·武帝纪》裴松之注引《魏书》。官，给官做。

【译文/点评】不授予无功之臣以官职，不奖赏不战斗的士卒。此言授官、奖赏都要根据一定的客观标准，要体现公平原则。

不能致功，虽有贤名，不予之赏。

【注释】出自汉·董仲舒《春秋繁露·考功名》。虽，即使。之，他。

【译文/点评】不能立功，即使有贤名，也不能给予他奖赏。此言奖赏要依功而行，而不能根据一个人的名誉好坏。

不赏私劳，不罚私怨。

【注释】出自先秦《左传·昭公五年》。私劳，指对自己有恩劳之人。私怨，指跟自己有怨恨之人。

【译文/点评】执法时不能枉法让那些对自己有私恩的人无功受赏，也不能让那些跟自己有私怨的人无过而受罚。此言强调赏罚要依法而行，不能凭个人恩怨，即公私要分明、赏罚要公正。

不赏无功，不养无用。

【注释】出自汉·桓宽《盐铁论·散不足》。

【译文/点评】不奖赏无功之人，不养育无用之人。此言奖赏要得当，意在激励人们立功上进、奋发有为。

不以私害法，则治。

【注释】出自先秦《商君书·修权》。私，私心、私情。害，妨害。则，就。治，安定、太平。

【译文/点评】执法不徇私情，不以私害公，那么天下也就太平了。此言执法要公正、公允，才能服人心。人心服，天下自然安定太平。

不因怒以诛，不因喜以赏。

【注释】出自先秦《太公阴谋》。以，而。诛，惩罚。

【译文/点评】不因个人一时之怒而随意惩罚人，不因自己一时之喜而随便奖赏人。此言执法不能凭感情用事，务必要依法办事、按功过的客观事实行赏施罚。

诚有功，则虽疏贱必赏；诚有过，则虽近爱必诛。

【注释】出自先秦《韩非子·主道》。诚，如果确实、真的。则，那么。虽，即使。疏贱，指关系疏远、身份低贱的人。必，一定。过，过错、罪过。近爱，指亲近、所爱的人。诛，惩罚。

【译文/点评】如果确实是有功，那么即使是跟自己关系疏远的人、身份低贱的人，也是一定要奖赏的；如果确实是有罪过，那么即使是自己亲近所爱的人，也是一定要惩罚的。此言赏罚要摒弃私情，依据客观的事实进行公正的赏罚。

敕法以峻刑，诛一以警百。

【注释】出自宋·苏轼《论河北京东盗贼状》。敕（chì），皇帝的诏书或命令。峻刑，严厉的刑法。诛，惩治、杀。警，警醒。

【译文/点评】皇帝诏告法律要用重刑，是要杀一以警醒更多违法乱纪之人。此言刑罚的意义在于惩治少数、警诫多数，以维护社会秩序的稳定。成语"杀一儆百"的意思与此相同。

锄一害而众苗成，刑一恶而万民悦。

【注释】出自汉·桓宽《盐铁论·后刑》。刑，施刑于。

【译文/点评】锄除一棵害苗，众多好苗才能长成；惩罚一个恶人，万民才会安心高兴。此以除害苗、保好苗为喻，说明惩罪保良民的意义。

穿窬不禁，则致强盗。

【注释】出自南朝宋·范晔《后汉书·陈忠传》。穿，穿过去。窬（yú），门边小洞，从墙上爬过去。穿窬，穿壁越墙，指偷窃行为。致，招致。则，那么。强盗，强行抢夺。

【译文/点评】小偷小摸的盗窃行为如果不予禁止，那么就会招致公开的明火执仗的抢夺行为。此言对于犯罪行为要防微杜渐，不能听任其发展。

大义灭亲。

【注释】出自先秦《左传·隐公四年》。

【译文/点评】为了维护正义而不顾亲情私情。这是执法无私的最高境界，在中国历史上虽然真能做到的人并不多，但这是一种司法公正的理想，无论何时我们都还是要大力提倡的。

当杀而虽贵重，必杀之。

【注释】出自先秦《尉缭子·武议》。虽，即使。贵重，地位高、作用大的人。必，一定。之，他。

【译文/点评】按照法律应当杀的人，即使他再尊贵、再重要，也一定要杀了他。此言法律面前人人平等，法律的尊严神圣不可侵犯。

当时而立法，因事而制礼。

【注释】出自先秦《商君书·更法》。当时，顺应时势。因事，依据世事。

【译文/点评】顺应时代形势而确立法律法令，依据世事推移情况而制定礼仪制度。此言立法与制礼作为治国安邦的两个重要措施，其内容要顺应形势与时代有所更张，不可泥古不化，墨守成规，一成不变。

道私者乱，道法者治。

【注释】出自先秦《韩非子·诡使》。道，循、从。

【译文/点评】从私情的原则出发治国，则国家必大乱；循着依法办事的原则治国，国家必然安定太平。此言摒除私情而依法治国的重要性。

断蛇不死，刺虎不弊，其伤人则愈多。

【注释】出自宋·苏轼《续欧阳子朋党论》。弊，倒下。其，它们，指蛇虎。则，就。愈，更。

【译文/点评】斩蛇不死，刺虎不倒，那么以后它们伤人就会更多。此以斩蛇刺虎为喻，阐明法律对于犯罪之人务必要严惩不贷，不可因为仁慈而使之继续为害社会。

发号施令，若汗出于体，一出而不复也。

【注释】出自唐·吴兢《贞观政要·赦令》。若，像。体，身体。复，返。也，句末语气助词。

【译文/点评】法令政令的发出，就像汗水从人体流出一样，只有出没有回的道理。此言法令政令既经发出，就要坚决执行。

罚不讳强大，赏不私亲近。

【注释】出自汉·刘向编《战国策·秦策一》。讳，避讳。强大，指有权势之人。私，偏私、私爱。

【译文/点评】惩罚不畏避权贵，奖赏不曲护亲近之人。此言赏罚要公平，不以权势与亲近作为赏罚的标准，一切基于法律与事实。

罚善必赏罪。

【注释】出自先秦《国语·晋语九》。必，一定。

【译文/点评】惩罚了好人，等于奖赏了恶人。此言赏罚分明的重要性。

法败则国乱。

【注释】出自先秦《韩非子·难一》。败，败坏。

【译文/点评】法律制度败坏，国家必然大乱。此言法律制度对维系国运的重要性。

法不阿贵，绳不挠曲。

【注释】出自先秦《韩非子·有度》。法，法律。阿（ē），偏袒、迎合。贵，指有权势的人。绳，木匠用以裁弯取直的墨绳。挠，同"桡"（náo），弯曲。挠曲，指随弯曲之物而弯曲。

【译文/点评】法令不迎合有权势的人，就像墨绳不迁就弯曲之木一样。此以类比之法，阐明了法律的执行应该公正，也就是要坚持法律面前人人平等的原则。

法不至死，无容滥加酷罚。

【注释】出自唐·吴兢《贞观政要·纳谏》。无容，不允许。

【译文/点评】按照法律还够不上死罪的人，不允许对他们滥施酷刑。此言强调不能滥用酷刑，以免置不应该死的犯人于死地，造成屈死的冤案。

法大弛，则是非易位，赏恒在佞，而罚恒在直。

【注释】出自唐·刘禹锡《天论》。弛，松弛。则，那么。易位，颠倒位置。恒，经常。佞，指奸邪的小人。直，指正直的好人。

【译文/点评】法律松弛，其结果必然导致是非颠倒，受赏的常是小人，受罚的常是君子。此言法律绝对不能松弛的原因以及法律对维护社会正义的重要性。

法大行，则是为公是，非为公非。

【注释】出自唐·刘禹锡《天论》。大行，指普及。则，那么。是，正确。为，是。公是，公认的正确。非，错误。公非，公认的错误。

【译文/点评】法律普及了，那么是非都有了一个客观的标准，一人的是非观也就是大家的是非观。此言法律普及对于确立人们普遍正确的是非观的重要性。

法繁而人轻，其弊也，人得苟免，而贤不肖均。

【注释】出自宋·苏轼《私试策问》。法繁，指法律条文详尽。人轻，指执法人解释法条的空间小。也，句中语气助词，帮助停顿。人得苟免，指侥幸求免的人少。不肖，指不好的人。

【译文/点评】法律条文规定清楚详尽，执法人释法空间小，其弊端是犯法而能侥幸逃脱者少，但贤人与不肖之人在法律面前都一样了（意谓贤人不能被宽恕，坏人不能被严惩）。此言法繁人轻的弊端，其意是强调法条过于详尽，不利于执法者执法时酌情处理。语气中带有留恋"人治"的意味。

法贵止奸，不在过酷。

【注释】出自北魏·郭祚《奏奸吏逃刑止徙妻子》。贵，贵于。止，制止。奸，奸邪之事。

【译文/点评】法令贵于能制止奸邪之事的发生，而不在过分严酷。此言法令的惩处力度要有适度性。

法简而人重，其弊也请谒公行，而威势下移。

【注释】出自宋·苏轼《私策问》。法简，指法律条文简约。人重，指执法人解释法条的空间过大。也，句中语气助词，帮助停顿。请谒，请托、走关系。

【译文/点评】法律条文规定过简，而执法人释法空间过宽，执法权力过大，其弊端是人情请托就会成为一种风气。这样，法律的威势就转移到了执法人身上。此言法简人重的弊端，意在强调法律条文规定要清楚详细，执法人释法空间要充分压缩，也就是要法治，而不要人治。

法禁者，俗之堤防；刑罚者，人之衔辔。

【注释】出自南朝宋·范晔《后汉书·虞诩传》。俗，社会习俗。之，的。衔辔，节制马的嚼子与笼头。

【译文/点评】法律禁令是建立一种良好社会习俗的基础，就好像是阻挡洪水袭击的堤防；刑罚规则是防范民众犯罪的工具，就像是节制马儿撒野的嚼子与笼头。此以比喻修辞法生动形象地阐明了法律刑罚对于防止犯罪，维护稳定的社会秩序的重要作用。

法立而不犯，令行而不逆。

【注释】出自汉·班固《汉书·贾谊传》。逆，违背。

【译文/点评】法律制度一旦确立下来，就不允许触犯；政令一旦发出，就不允许违背。此言法律与政令神圣不可侵犯的地位。

法立有犯而必施，令出惟行而不返。

【注释】出自唐·王勃《上刘右相书》。施，施行。返，返回、收回。

【译文/点评】法律制度确立之后就要严格执行，有犯必究；政令发出之后就要坚决执行，决不能因受阻而收回。此言有法必依、违法必究，政令既出就要贯彻下去的道理。

法立于上，教弘于下。

【注释】出自晋·陈寿《三国志·魏书·钟会传》。教，教化。弘，弘扬。

【译文/点评】此言既要高屋建瓴地建立完整的法律制度，又要扎实细致地对民众进行教化。这样，上下配合，法律与教化齐头并进，国家才能实现长治久安。

法立于上，则俗成于下。

【注释】出自晋·陈寿《三国志·魏书·钟会传》。法立，法律制度的确立。上，指国家的统治阶层。则，那么、就。俗，习俗。下，指下层，老百姓阶层。

【译文/点评】国家建立了完备的法律制度，良好的社会习俗才能形成。此言法律有移风易俗、导邪归正的作用。

法令明具，而用之至密，举天下惟法之知。

【注释】出自宋·苏轼《策别第八》。法令，法律条文。明具，明确具体。至密，最精密。举天下，全国。惟法之知，只知道法。

【译文/点评】法律条文明确而具体，而又最为严密地执行，那么天下人就会只知有法，而不知有执法之人了。此言法律条文明确具体的好处在于让天下只知有法，而不知有人。也就是说国家是法治，而不是人治。

法令所以导民，刑罪所以禁奸。

【注释】出自汉·司马迁《史记·循吏列传》。所以，用来。刑罪，以法追究、处罚犯罪之人。

【译文/点评】法令是用来引导百姓向善的，刑罪是用来禁止百姓作奸犯科的。意思是制定法令与依法执法都是导民以善、禁民以非的，不是为了立法而立法，更不是为了处罚而处罚。

法令者，民之命也，为治之本也。

【注释】出自先秦《商君书·定分》。"者，……也"，是古代汉语判断句形式，即"……是……"。之，的。为，是。治，国家安定、太平。本，根本、基础。

【译文/点评】法令就是老百姓的生命，也是国家安定太平的基础。此言法令对治国安邦的特殊作用。

法令者示人以信，若成而数变，则人之心不安。

【注释】出自唐·李彭年《论刑法不便第二表》。示，给人看。若，如果。成，制定完成。数变，屡次更改。则，那么。之，的。

【译文/点评】法令要显示其信用给人看，如果制定完成而又屡次更改，那么人心就会不安，民众就会不知所从。此言法律规定既要严格执行，又要前后一致，保持相对的稳定性。

法令者，所以抑暴扶弱，欲其难犯而易避也。

【注释】出自汉·班固《汉书·刑法志》。"者，……也"，古代汉语的判断句形式，即"……是……"。所以，用来、用以。抑暴扶弱，抑制强暴、扶助弱者。欲，想。其，指民众。难犯，以违犯为难事，即不敢违犯。易避，以规避为易事，即想规避。

【译文/点评】法令是用以除暴安良的，是要让民众畏惧而不敢触犯，从而自觉地规避法令禁止的事情。此言立法的目的不是为了立法而立法，而是为了建立合理的社会秩序。

法莫大于私不行，功莫大于使民不争。

【注释】出自先秦《邓析子·转辞》。莫，没有。私，私心、私利。行，推行、通行。

【译文/点评】推行法制，没有比谋私利的事不能通行于世更好的了；立法执法有功，没有比让老百姓不争更大的了。此言国家实行法制，若能让大家都去除私心，都有不争之心，则就是立法执法的最高境界了，也是治国的最高境界了。

法设而民不犯，令施而民从。

【注释】出自汉·班固《汉书·元帝纪》。设，设立。令，法令。施，施行、推行。从，遵从。

【译文/点评】法律制度建立之后，老百姓才会知法而不犯禁；政令施行后，老百姓才会有令便于遵从。此言国家设立法律制度与推行政令的重要性。

法施于人，虽小必慎。

【注释】出自宋·欧阳修《春秋论下》。施，施行、执行。虽，即使。必，一定。

【译文/点评】法律是执行到具体的人，因此，即使是很小的案件也要谨慎处理。此言执法要谨慎，防止对无辜者造成物质上或精神上乃至生命上无可挽回的损失。

法虽不善，犹愈于无法，所以一人心也。

【注释】出自先秦《慎子·威德》。法，法律、法令。虽，即使。犹，还。愈于，好于、强于。所以，用以、用来。一，统一。也，句末语气助词。

【译文/点评】法律法令即使有不完善的地方，但总比没有法律法令强，因为它可以起到统一人心的作用。此言法律制度在统一规范人们思想行为方面的重要性。

法相因则事易成，事有渐则民不惊。

【注释】出自宋·苏轼《辩试馆职策问札子二首》之二。法，法律制度。因，沿袭、继承。渐，渐进性。

【译文/点评】法律制度有延续性，那么事情就易于成功；做事情有渐进性，那么老百姓就不会受惊扰。此言法律制度要有一定的延续性、稳定性，对于前代前朝的法律制度不可变革太多，合理的应该继承；治国办事不可急躁冒进，要遵从循序渐进的原则。

法行于贱而屈于贵，天下将不服。

【注释】出自宋·苏辙《上皇帝书》。行，施行、执行。贱，贫贱，此指贫贱之人，即普通老百姓。屈，屈从。贵，富贵，此指富贵之人，即有权势的达官贵人。

【译文/点评】法律的执行只针对普通老百姓而屈从于有权势者，天下人心将会不服。此话意在强调在法律面前要一视同仁，不分富贵贫贱，一律按一个标准执法。

法修则安且治，废则危且乱。

【注释】出自宋·曾巩《唐论》。法，法律制度。修，指制定与实施。则，那么、就。安，安定。且，又。治，天下太平。废，废除、废弃。危，危险。乱，混乱。

【译文/点评】法律制度制定并实施了，国家就会安定太平；法律制度被废除或弃而不用，那么国家必然出现危机并引发大乱。此言法律制度存在的重要意义。

法严而奸易息，政宽而民多犯。

【注释】出自北魏·崔鸿《费羊皮张回罪议》。奸，奸邪之事。息，停息。政宽，政令宽大。犯，触犯。

【译文/点评】法律严苛，人民惧怕，则奸邪之事就少；政令过于宽大，民众恐惧心少，就易触犯法律。此言强调治国要用重典，严法纪以防患于未然。

法有明文，情无可恕。

【注释】出自宋·欧阳修《论韩纲弃城乞依法札子》。

【译文/点评】法律上有明文规定禁止的，就不能因为人情的缘故而对犯罪之人予以宽恕。此言有法就必须严格依循，绝不可法外施恩。

法与时转则治，治与世宜则有功。

【注释】出自先秦《韩非子·心度》。法、治（第二个"治"），皆指法律制度、法令。转，流转、变动。治（第一个"治"），国家安定、太平。宜，适宜。有功，有成效。

【译文/点评】法律制度要与时俱进，根据变化了的时势有所更张，这样国家才会安定太平，法治才有成效。此言法律制度要与时俱进，根据形势变化作适当的修订。今日我们不时修订法律法规，正是这个道理。

法者，所以禁民为非，而使其迁善远罪也。

【注释】出自宋·欧阳修《剑州司理参军董寿可大理寺丞制》。"者，……也"，古汉语判断句形式，相当于"……

是……"。所以，用以、用来。为非，做坏事、犯罪。使，让。其，他们，指人民。迁，移向。远，远离、疏离。

【译文/点评】法律是用以禁止老百姓犯罪，而让他们一心向善、远离罪恶的。此言法律有两个作用：一是禁非，二是劝善。

法者，所以适变也，不必尽同；道者，所以立本也，不可不一。

【注释】出自宋·曾巩《战国策目录序》。法，法律制度、治国的方法。"者，……也"，古汉语判断句形式，相当于"……是……"。所以，用以、用来。适变，适应变化了的形势。不必，不一定。尽同，完全相同。道，治国的基本思想。立本，建立根本的体制。不可，不能。不一，不统一。

【译文/点评】法律制度是用以适应不同时代的形势而建立的，因此每个时代可以有不尽相同的法律制度或治国方法；而治国的理念与基本思想，则是用来确立国家体制的，因此不能不统一。此言治国可以有不同的方法，根据形势变化确立不同的法制制度，但是立国的基本思想应该是相同的。

法正则民悫，罪当则民从。

【注释】出自汉·汉文帝刘恒《议除连坐诏》。法正，执法公正。则，就。悫（què），诚实、谨慎。罪当，处罚得当。从，信服、服从。

【译文/点评】执法公正无私，那么老百姓就诚实；处罚得当，没有畸轻畸重之嫌，那么老百姓就信从。此言执法公正对老百姓态度的影响。

法之不行，自上犯之。

【注释】出自汉·司马迁《史记·商君列传》。

【译文/点评】法律的不能推行，是因为统治者自己首先不执行，立法而又自己带头犯法。此言强调要想推行法律制度，就要从统治者自己带头守法，为万民做知法守法的榜样开始。

法之不行，自于贵戚。

【注释】出自汉·司马迁《史记·秦本纪》。之，放在主谓语之间，取消句子的独立性。

【译文/点评】法律不能推行，是源自于贵戚带头犯法。此言强调法律制度的推行，要从统治者自己开始。如果立法者不守法，而想依法治国，那是不可能的。

法之功，莫大使私不行。

【注释】出自先秦《慎子》逸文。法，法律、法令。之，的。功，功劳、功用。莫大，没有大于。私，指谋私利之事。不行，行不通、杜绝。

【译文/点评】法律的功用，没有比杜绝谋私利之事更大的了。此言法律的最大功用是保证公平、公正，不能徇私。

凡法始立必有病。

【注释】出自唐·韩愈《钱重物轻状》。始立，刚制定好、刚成文。必，一定。病，毛病、缺陷、瑕疵。

【译文/点评】凡是法律法令，刚开始制定成文时总是不完善的。此言法律制度是要逐步完善的，任何完备的法律制度或法律条文都不可能一步臻至完美、无懈可击。正因为如此，才有了与时俱进、不断修法的必要性。

芳饵之下必有悬鱼，重赏之下必有死夫。

【注释】出自南朝宋·范晔《后汉书·耿纯传》。芳饵，指诱人香味的鱼饵。必，一定。悬鱼，被钓上来的鱼。死夫，不怕死的人。

110

【译文/点评】此以芳饵易于引鱼上钩为喻，强调重赏对人的吸引力。

奉法者强，则国强；奉法者弱，则国弱。

【注释】出自先秦《韩非子·有度》。奉法者，执法者。强，指执法意识强、执法态度坚决。国强，指国力强大。弱，指执法意识弱、执法态度不坚决。国弱，国力弱小。

【译文/点评】执法者执法态度坚决，国家就会强大；反之，国力就会弱小。此言执法者态度的坚决与否和国家的强弱有着密不可分的关系，可谓言之有理。因为执法态度坚决，国家就会安定；国家安定了，社会生产就会稳步发展，国力岂能不强。反之，有法不依，国家动乱不已，社会生产如何能够进行，国力岂能增强？今天我们强调"稳定压倒一切"，正是这个道理。不过，要想真正实现稳定，还是要"奉法者强"才有可能。一切依法而行，社会秩序井然，国家岂能不稳定？

服罪输情者虽重必释，游辞巧饰者虽轻必戮。

【注释】出自晋·陈寿《三国志·蜀书·诸葛亮传》。服罪，认罪。输情，交代犯罪实情。……者，……的人。虽，即使。重、轻，指犯罪情节的重、轻程度。释，开释、释放。游辞巧饰，用虚浮不实之词巧妙掩饰。必，一定。戮，杀、处罚。

【译文/点评】认罪态度好，并主动坦白罪行，即使犯罪情节较重，也是可以轻处甚至释放的；认罪态度不好，又为了掩盖罪行而狡辩，即使犯罪情节较轻，也要用重罚甚至处以极刑。此言司法中可以根据犯罪人认罪态度的好坏进行或轻或重的量刑处罚。现代司法制度仍然是这样。"文革"期间的一句流行语"坦白从宽，抗拒从严"，其义与此略同，看来这个观念是由来已久的。

高墙狭基，不可立矣；严法峻刑，不可久也。

【注释】出自汉·桓宽《盐铁论·诏圣》。狭，狭窄。基，地基。矣，句末语气助词。严法峻刑，严厉的法律、酷烈的处罚。不可，不能。也，句末语气助词。

【译文/点评】高墙建在狭窄的地基上，那是立不住的；法律过严、刑罚过重，那是不能长久的。此言治国安邦不能仅靠严法峻刑，还得施以仁义，加强教化，刚柔并济，软硬兼施，这样才能保证国家的长治久安。

功当其事，事当其言，则赏；功不当其事，事不当其言，则罚。

【注释】出自先秦《韩非子·二柄》。当，与之相当、相称。

【译文/点评】功劳与他所做的事相称，所做的事与他所说的话相称，就奖赏；否则便要惩罚。此言论功行赏、论过行罚，都要察其事功且听其言论。

功盛者赏显，罪多者罚重。

【注释】出自汉·董仲舒《春秋繁露·考功名》。盛，大。显，显著。

【译文/点评】对于功大的人奖赏要显著，对于罪多的人惩戒要严厉。此言赏罚要依功过实际进行。

古者以仁义行法律，后世以法律而行仁义。

【注释】出自宋·苏洵《议法》。行，推行。

【译文/点评】以仁义而行法律，是通过怀柔的手段让老百姓在感恩的心态下自觉遵从统治者所制定的行为规范；以法律而行仁义，是通过法律的形式确立人们的行为规范，让老百姓因畏惧而自觉遵从统治者制定的行为规范。此言古今统治者的目的是一致的，只是统治手段有所变化而已。

古者诛罚不阿亲戚，故天下治。

【注释】出自汉·司马迁《史记·三王世家》。古者，古代的人。诛罚，杀戮、判罪。阿（ē），偏袒、迎合。故，所以。治，安定、太平。

【译文/点评】古代的人执法不偏袒自己的亲属，所以天下就能大治。此言执法公正乃是国家安定太平的关键。

贵而犯法，义不得宥；过而知改，恩不废叙。

【注释】出自宋·苏轼《叔谅》。贵，指地位高、有权势的人。义，道义。不得，不能。宥（yòu），宽容、饶恕、原谅。过，过错。恩，恩义。叙，叙用、委用。

【译文/点评】有权有势的人犯法，从道义上说是不能宽恕的；但是能够知错而改，从恩义上讲也不能完全弃而不用。此言执法要坚持法律面前人人平等的原则，对所有犯法之人都一视同仁，予以处罚；但对于知错能改者，则不能一棍子打死，要给他改过自新、重新做人的机会，从而达到立法执法所应该达到的预期目标。

国家大事，惟赏与罚。赏当其劳，无功者自退；罚当其罪，为恶者咸惧。

【注释】出自唐·吴兢《贞观政要·封建》。惟，只。当，恰当、与之相称。其，他的。劳，功劳。咸，都。

【译文/点评】国家大事，只有赏和罚两件。奖赏与受赏者的功劳相称，无功之人自然无话可说而知趣地退避；惩罚与受罚人的罪行相当，作恶的人都不敢存侥幸之心，自然对法律心生敬畏而不敢为非。此言赏罚得当对于治国安邦的重要性。

国家法令，惟在简约。

【注释】出自唐·吴兢《贞观政要·赦令》记唐太宗李世民语。惟在，只在。

【译文/点评】国家法令简约，才能让老百姓易知而易于遵从。如果法令过于繁杂，老百姓不知所措，则立法的目标反而达不到。

国无常治，又无常乱。法令行则国治，法令弛则国乱。

【注释】出自汉·王符《潜夫论·述赦》。治，指天下太平。则，就。

【译文/点评】国家没有常太平的，也没有常混乱的。法令执行得好，国家就会太平；法令松弛，国家就会动乱。此言建立法律制度、严格执法对于国家安定的重要性。

过不可以贰，赦不可以幸。

【注释】出自宋·欧阳修《前光禄寺丞王简言复旧官制》。过，过错。不可以，不能。贰，指再犯。赦，宽恕、赦免。幸，侥幸。

【译文/点评】相同的过错不能再犯，赦免的事不能总抱侥幸心态。此言警告世人知过而改，不要希望能够再次被赦免，要对法律时时怀有敬畏之心。

号令不虚出，而赏罚不滥行。

【注释】出自宋·欧阳修《准诏言事上书》。

【译文/点评】此言政令、法令的出台要谨慎，而根据法令确立的赏罚原则一定要兑现，要赏罚分明。如此法令、政令才有号召力与权威性。

和民一众，不知法不可。

【注释】出自先秦《管子·七法》。和，使团结。和民一众，使老百姓万众一心。不可，不能。

【译文/点评】如果使民众团结一心，那么不知道法令之下还有什么事情不可做到。此言法令须在万民认可的情况下才能发挥其巨大的作用。

厚发奸之赏，峻欺下之诛。

【注释】出自唐·刘禹锡《答饶州元使君书》。厚，使……厚，此指厚赏。发，揭发。奸，指奸邪之人。之，的。峻，严峻、严厉。欺下，欺压百姓。诛，惩罚。

【译文/点评】对揭发奸邪之辈的要厚赏，对欺压百姓的要严惩。此言对于恶人要用重刑。

寄治乱于法术，托是非于赏罚。

【注释】出自先秦《韩非子·大体》。法术，指法律制度。

【译文/点评】用法律制度解决治乱问题，用赏罚体现是非标准。此言治国安邦要重视建立法律制度，确立是非标准。

家有常业，虽饥不饿；国有常法，虽危不亡。

【注释】出自先秦《韩非子·饰邪》引谚语。常业，固定的产业。虽，即使。饥，荒年。饿，饿死。常法，固定的法令，即成文法。危，危险、危机。亡，亡国。

【译文/点评】家中有固定的产业，即使遇到荒年，也不至于饿死；国家有成文法，即使有时出现危机，也不至于亡国。此言建立完备的法律制度对于保证国家长治久安的重要意义。

剪恶如草，扬奸如秕。

【注释】出自唐·皮日休《手箴》。剪，剪去、铲除。恶，罪恶。如，像。扬，扬弃、抛弃。秕（bǐ），不饱满的谷粒。

【译文/点评】铲除罪恶要像剪除杂草一样，抛弃奸邪就像扬弃空壳或不饱满的谷粒一样。此言以除草扬秕为喻，强调对于罪恶与奸邪要坚决予以清除的决心。

见危授命，士之美行；褒善录功，国之令典。

【注释】出自宋·王安石《故内殿承制宋士尧等赠官》。授命，献出生命。之，的。美行，美德。褒，褒扬、褒奖。录，记录。令，好。典，法律制度、典章制度。

【译文/点评】看到国家有危难，挺身而出，不惜献出自己的生命，这是有志之士的美好品行德操；褒奖行善之人、叙录有功之人，这是国家好的典章制度。此言强调好人受到褒扬、功臣受到奖赏，这才是好的法律制度或典章制度。

将兵治民，宽简有法。

【注释】出自宋·王安石《冯鲁公神道碑》。将，带领、统率。

【译文/点评】不论是带兵打仗，还是从政治民，宽大简约是可以的，但要有一定的法度。此言执法可以刚柔并济、宽猛结合，但是从宽从简执法时，务必要有一定的法度，不能没有限制。否则，就是枉法纵容了。

教笞不可废于家，刑罚不可捐于国。

【注释】出自汉·司马迁《史记·律书》。笞（chī），竹板、荆条。不可，不能。捐，弃。

【译文/点评】家中不能废了教育子弟用的荆条，国家不能少了惩戒犯法之人用的刑罚制度。此言管教、管理对于治家治国的重要性。

进退无仪，则政令不行。

【注释】出自先秦《管子·形势解》。进退，指一切行动。仪，礼仪。则，那么。行，推行。

【译文/点评】行动不符合礼仪，那么政令就难以推行开来。此言统治者要为民作表率，一切行动都要带头遵守礼仪规范。这样，上行下效……

禁必以武而成，赏必以文而成。

【注释】出自先秦《尉缭子·治本》。禁，法律禁令。以，依靠、凭。成，成功。必，一定。武，武力、强力。赏，奖赏、鼓励。文，教化、收拢人心的手段。

【译文/点评】法律禁令要靠强力武力才能推行，奖赏鼓励要靠教化或笼络人心的软手段来实现。此言禁与赏两种不同的统治方略得以实现的不同手段。用今天的话来说，就是治国安邦要软硬兼施，禁赏并举，该硬的要硬起来，该软的要软下去。

禁胜于身，则令行于民。

【注释】出自先秦《管子·法法》。禁，禁令。胜于，战胜于。身，自身，指统治者自己。则，那么。令，政令、法令。行，通行、推行。

【译文/点评】统治者自己严格遵守法律规范，那么法令才能推行到老百姓。此言统治者率先垂范的重要性。用今天的话来说，叫做"法律面前人人平等"、"正人先正己"。

举事不私，听狱不阿。

【注释】出自先秦·吕不韦《吕氏春秋·内篇问上七》。听狱，断案。阿，偏袒。

【译文/点评】做事不带私心，断案不徇私枉法。此言执法与做事都要秉持公正无私的原则。

举天下以赏善者，不足；举天下以罚其恶，不给。

【注释】出自先秦《庄子·在宥》。举天下，尽天下之力。以，来。不足，不够。不给，不能供给。

【译文/点评】竭尽天下之力来赏善者、罚恶人，都是力所不能及的。此言治国光靠赏罚来劝善止恶还不能解决所有问题。意谓教育民众，让他们有明确的是非标准并自觉地遵守道德规范，才是最重要的。

爵不可以无功取，刑不可以贵势免。

【注释】出自晋·陈寿《三国志·蜀书·张裔传》。爵，爵位、富贵。以，因为。刑，刑罚。贵势，权贵、势力。

【译文/点评】爵位富贵不能无功而取得，刑罚不能因为权贵势大而豁免。此言赏罚要根据客观事实，不能滥赏，也不能滥免。

君子为国，正其纲纪，治其法度。

【注释】出自宋·苏轼《新论下》。为国，治国。正，端正，整顿。纲纪，纲常、纪律。法度，法律制度。

【译文/点评】中国百姓都喜欢说这样一句话："国有国法，家有家规。"家有家规，才能父慈子孝，兄友弟恭，尊卑长幼秩序井然，家和万事兴。国家之有纲纪、法度，是维护其统治秩序，让君臣万民都有一套可以遵之守之的行为规范。大家都在纲纪、法度之内活动，自然社会稳定，天下太平。国只是放大了的家，治国与齐家，道理一矣。因此，孔子说"修身、齐家、治国、平天下"，"齐家"在"治国"之前，道理就在此。

峻法严刑，非帝王之隆业；有罚无恕，非怀远之弘规。

【注释】出自晋·陈寿《三国志·吴书·陆逊传》。峻，苛严、苛刻。严，严酷。非，不是。之，的。隆业，隆盛的功业。恕，宽恕。怀远，怀抱远大之志。弘规，宏大的规划。

【译文/点评】苛法酷刑，不是帝王隆盛的功业；只有惩罚而无宽恕之心，不是胸怀大志的宏策良谋。此言治国安邦当然离不开法制，但是用法与用恕要配合进行，亦即要宽猛相济，既要严厉惩罚作奸犯科之辈，又宽恕可以教育得好的人。

相结合。

苦身为善者，其赏厚；苦身为非者，其罪重。

【注释】出自先秦《晏子春秋·内篇·谏下》。苦，劳苦。身，自己。为善者，做好事的人。其，他的。为非者，作恶的人。

【译文/点评】竭尽全力做好事的人，对他的奖赏就应当加大；竭尽全力为非作歹的人，对他的惩罚就要加重。此言赏罚要分明，还要看其动机、态度作适度的浮动，从而达到止恶扬善的目的。

劳臣不赏，不可劝功；死士不赏，不可励勇。

【注释】出自唐·陈子昂《答制问事·劝赏科》。劳臣，有劳绩之臣。不可，不能。劝，鼓励、激励。死士，不怕死的勇士。

【译文/点评】有劳绩之臣得不到奖赏，就不能激励他们再立新功；为国家奋不顾身的勇士得不到奖赏，就不能激励众人奋勇报国。此言奖赏对于人的激励作用。

礼禁未然之前，法施已然之后。

【注释】出自汉·班固《汉书·司马迁传》。礼，礼仪、教化。禁，禁止。未然，还没有成为事实、还未发生的事情或情况。施，施行、执行。已然，已经成为事实、已经发生的事情或情况。

【译文/点评】建立礼仪制度，目的在于教化民众，防患于未然；建立法律制度，则是为了纠正已然发生的罪恶，防止犯罪现象的蔓延。此言礼仪制度与法律制度在治国安邦的过程中是互为表里的。

礼乐为本，刑政为末。

【注释】出自宋·苏辙《河南府进士策问三首》之二。礼乐，礼乐制度。本，根本、基础。刑政，刑法政令。末，次要、下策。

【译文/点评】以礼乐教化民众，这是治国的根本和基础；以刑罚与政令处罚民众，那已是下策。此言治国的最高境界是防患于未然，即对民众的事先教育、教化，使他们免于犯罪，这要比他们犯了罪用重刑惩罚好得多、高明得多。

理国要道，在于公平正直。

【注释】出自唐·吴兢《贞观政要·公平》记房玄龄语。理，治。要，关键。

【译文/点评】为人要正直，才能赢得众人的信赖；为官特别是治国的宰执之相，则不仅要正直，坚持原则，更要处事公平。如此，才能赏罚分明，让百官万民心服口服。如此，才能让僚属服帖，万民拥戴，天下太平。

立法贵严，而责人贵宽。

【注释】出自宋·苏轼《刑赏忠厚之至论》。贵，贵于。责，责备、处理。

【译文/点评】立法以从严为好，而依法处理犯法之人则不妨从宽。此言强调以严法威慑人，以宽恕笼络人的统治策略。

立法设禁而无刑以待之，则令不行。

【注释】出自宋·苏辙《河南府进士策问三首》之三。禁，禁令。刑，刑罚。待，等待。之，指犯法之人。则，那么。令，法令。不行，不能推行。

【译文/点评】国家立法设置禁令，如果没有严格的刑罚处理犯法之人，那么法令就很难贯彻执行下去。此言有法要依，有令要行的重要性。也就是，法律重在执行。

立武以威众，诛恶以禁邪。

【注释】出自汉·班固《汉书·胡建传》。立武，建立武力。以，来。威，威慑。诛恶，惩治恶人。禁邪，禁止奸邪之人作恶。

【译文/点评】建立武力是用以威慑民众的，惩治恶人是为了禁止邪恶之事再生的。此言建立法律制度有两个方面的作用：一是威慑人心，以防患于未然；二是惩前毖后，以防罪恶继续滋生。

厉法禁，自大臣始，则小臣不犯矣。

【注释】出自宋·苏轼《策别第六》。厉，使严厉。法禁，法律禁令。大臣，指高级官员。则，那么。小臣，下层官员。矣，句末语气助词，相当于"了"。

【译文/点评】如果从朝廷大臣开始，使法令得到严格的执行，那么下层官员就不敢有所触犯了。此言执法要从源头开始，居上位者要作出榜样，否则必然是"上梁不正下梁歪"。

吏不良，则有法而莫守；法不善，则有财而莫理。

【注释】出自宋·王安石《度支副使厅壁题名记》。吏，官吏。不良，指素质不好。则，那么。莫，没有人。守，遵守。不善，不完善、不好。理，管理。

【译文/点评】官吏素质不好，那么国家有法律制度也没人遵守；法律制度不好，那么国家有财富也没人能管理。此言治国与理财既需要好的官吏，又需要完善的法律制度。

令苛则不听，禁多则不行。

【注释】出自先秦·吕不韦《吕氏春秋·离威·适威》。令，法令。苛，苛严。则，就。听，听从。禁，禁令。行，执行。

【译文/点评】法令苛酷，老百姓就不听从；禁令过多，老百姓就不执行。此言立法时设刑要适当，设禁时要适度，否则令酷令繁，不能适用，不能推行，等于无法。

令行禁止，王始也。

【注释】出自先秦《逸周书·文传》。王，称王。也，判断语气词。

【译文/点评】下令去做的就立即行动，下令禁止做的就立即停止，能够做到这一点，才是称王于天下的开始。此乃强调政令通畅对于治理国家的重要性。

令在必信，法在必行。

【注释】出自宋·欧阳修《司门员外郎李公谨等磨勘改官制》。令、法，皆指法令。必，一定。信，讲信用。行，推行、执行。

【译文/点评】此言法令确立后就一定要有法必依，违法必究。

令者，所以教民；法者，所以督奸。

【注释】出自汉·桓宽《盐铁论·刑德》。令，政令。所以，用以、用来。法，法律、法令。督，监督、纠弹。奸，指奸邪之人。

【译文/点评】政令是用以指导民众的，法律是用以纠弹奸邪之人的。此言法律制度有两个方面的作用：一是教民，二是督奸。前者是事前防范，后者是事后惩罚。

令之不行，禁之不止。

【注释】出自汉·刘安《淮南子·本经训》。令，法令。之，放在主谓之间，取消句子的独立性。行，执行。禁，指禁令之事。止，停止。

【译文/点评】法令不执行，禁令之事就会不停止。此言强调执法要严格，务必做到令行禁止，才能发挥法律的威力，体现法律的尊严。

令重于宝，社稷先于亲戚。

【注释】出自先秦《管子·法法》。令，法令、法律制度。社稷，国家。

【译文/点评】法令重于宝贝，国家利益先于亲戚私谊。此言法令与法律制度对于治国安邦的重要性，阐明了在执法过程中要坚持国家利益重于一切的原则。

律设大法，礼顺人情。

【注释】出自南朝宋·范晔《后汉书·卓茂传》。律，法律制度。礼，礼仪教化。

【译文/点评】法律制度的建立是为了确立一种规范，从而让民众有一个明确的行动指南；礼仪制度的建立是为了对民众进行一种潜移默化的教化作用，从而让他们在心里默认现存社会秩序的合理性。此言法律制度建设与礼仪教化二者不可偏废，在治国安邦中要并用。

明必死之路，开必得之门。

【注释】出自先秦《管子·牧民》。

【译文/点评】此言严刑重赏的重要性。前句言严格执行刑罚，让老百姓有所畏惧；后句言严格信守奖赏制度，使老百姓一心向善。

明法制，去私恩。

【注释】出自先秦《韩非子·饰邪》。明，明白、了解。去，摒弃。私恩，指个人间的恩怨。

【译文/点评】深刻地理解法令，执行中要摒去个人的恩怨。此言依法执法中既要深刻地理解法令法规的内涵，准确地依法执法，同时又要不带个人感情与偏见，公正、公允地执法。中国人常说的"铁面无私"，就是这种境界。

庆赏以劝善，刑罚以惩恶。

【注释】出自汉·班固《汉书·贾谊传》。庆赏，即奖赏。以，表示目的，相当于"以便"、"是为了"。劝，鼓励。

【译文/点评】奖赏是为了鼓励人们行善，刑罚是为了惩戒人们作恶。此言赏罚的作用在于劝善惩恶。

曲木恶直绳，奸邪恶明证。

【注释】出自汉·王符《潜夫论·考绩》引谚语。曲木，弯曲的木头。恶，厌恶、怕。绳，木匠用以裁曲取直的墨绳。明证，明确的证据。

【译文/点评】坏人做了坏事，法律可以制裁他。但是法律是要讲证据的。被害人或公诉人若是拿不出明确的证据，要惩办坏人也就失去了依据。这是古今一理的。此以曲木怕直绳作类比，说明奸邪之人虽奸，在确凿的证据面前也是无可逃遁的。其重点是强调证据是惩恶扬善、伸张正义的唯一标准。

曲木恶直绳，奸邪恶正法。

【注释】出自汉·桓宽《盐铁论·申韩》。曲木，弯曲的木头。恶，厌恶、怕。绳，木匠用以裁曲取直的墨绳。奸邪，奸邪之人。正法，公正无私的法律。

【译文/点评】此以曲木畏直绳作类比，说明公正无私之法对奸邪之人的威慑作用。

人命至重，难生易杀。

【注释】出自晋·陈寿《三国志·魏书·王朗传》。

至，最。

【译文/点评】人命最为重要，杀一个人容易，但让一个人死而复生就难了。此言司法过程中要慎判死刑，以免错杀枉杀。现代司法对于判处死刑者往往要反复审核，原因正在于此。

人心似铁，官法如炉。

【注释】出自明·冯梦龙《警世通言》卷十四《一窟鬼癞道人除怪》。

【译文/点评】此以铁喻人心，以熔炉喻法律，强调法律对于不良人心的威慑、消熔作用，充分肯定了建立法律制度的意义。

任法而不任人，则法有不通，无以尽万变之情；任人而不任法，则人各有意，无以定一成之论。

【注释】出自宋·苏轼《王振大理少卿》。任，凭借、依靠。不通，难以适用。无以，无法。尽，穷尽。万变之情，指纷繁复杂的情况。人各有意，各人的思想与看法不同。定，确定、形成。一成之论，统一、客观的结论。

【译文/点评】依靠执法之人而不依靠法律条文本身，法律条文如果有不能适用的情况，那么纷繁复杂的情况就无法解决了；反之，靠人而不靠法，如果执法之人意见不尽相同，那么对于同一法律问题就难以形成统一的结论了。此言"任人"与"任法"的两难情况，意在强调要作适当地处置，调和两者的矛盾之处，以求法律制度与执法者之间合理的平衡。今天世界各国都设有释法机构，正是基于这种矛盾。

任人而不任法，则法简而人重；任法而不任人，则法繁而人轻。

【注释】出自宋·苏轼《私试策问》。任，凭借、依靠。

则，那么。法简，法律条文规定简略、粗疏。法繁，法律条文规定细致、苛严。人重，执法之人作用重要。人轻，执法之人作用轻微。

【译文/点评】重人而不重法，那么法律条文简略粗疏，执法之人就显得特别重要了；靠法而不靠人，那么法律条文的规定就要苛细严密，执法之人的作用就小了。此言法简、法繁各有利弊。法简的弊端在于执法之人自由发挥的空间过大，有可能失之主观或枉法徇私；法繁的好处在于执法之人的重要性小了，受到的限制多了，就不易偏离轨道。按照现代的司法观点，应该主张"法繁"，这样司法才能客观公正，法制大于人治。

儒以文乱法，侠以武犯禁，而人主兼礼之，此所以乱也。

【注释】出自先秦《韩非子·五蠹》。儒，儒生、读书人。文，文辞，指扰乱国家法令的言辞。法，法律、法令。侠，游侠、武士。武，武力。犯禁，触犯法律禁令。人主，君王、国君。兼，都。礼之，尊重他、以礼相待。所以……，……（的）原因。也，句末语气助词。

【译文/点评】儒生摇唇鼓舌，以花言巧语扰乱国家的法度；游侠仗血气之勇，公然不守国家的法度而任意行事，而做国君的对这些人却还谦恭有礼，这正是造成国家混乱的原因。此言强调要以严厉手段打击一切扰乱国家法度的人，以维护法律制度的权威性与神圣性。

若号令烦而不信，赏罚行而不当，则天下不服。

【注释】出自宋·欧阳修《准诏言事上书》。若，如果。烦，多。信，讲信任。行，执行。则，那么。

【译文/点评】如果号令（法令）多而不讲信任，赏罚虽然执行，但赏罚不当，那么天下人心会不服。此言立法不在繁多，而在有法必依；法律重在执行，但执行中务必要赏罚分明，否则人心不服，立法执法也就达不到预期的治国安邦目标。

杀人而死，职也。

【注释】出自汉·司马迁《史记·越王勾践世家》。职，职分，此指本分、应当。也，句末语气助词，帮助判断。

【译文/点评】因杀人而被判处死刑，那是应当的。此言"杀人偿命"是法律的基本原则。

杀人者死，伤人及盗抵罪。

【注释】出自汉·司马迁《史记·高祖本纪》。及，和。盗，盗窃。抵罪，依罪行轻重抵偿。

【译文/点评】此乃汉高祖刘邦攻入秦都咸阳后与父老们约法三章的名言，虽然是简易之法，但在战争年代容易操作执行，这也是刘邦之所以在秦末群雄争霸中胜出的重要原因。

杀人者死，伤人者刑，是百王之所同。

【注释】出自汉·班固《汉书·刑法志》。……者，……的人。死，被处死。刑，被判刑。是，这。百王，代指所有国君。之，的。

【译文/点评】杀人偿命，伤人受刑，这是所有国君治国所相同的执法原则。此言依法量刑是治国的通则。

善惩不如善政，善赏不如善教。

【注释】出自汉·李固《对策后复对》。

【译文/点评】善于执法惩罚犯罪之人，不如善于施政理政不让人犯罪；善于奖赏守法行善之人，不如善于教育、教化民众，提高他们的自觉性。此言赏罚不是目的，关键是要把国家治理好，把人民教育好，使天下没有犯罪之人，这才是最高境界。

善人赏而暴人罚，则国必治。

【注释】出自先秦《墨子·尚同下》。赏，受赏。暴人，指恶人。罚，受罚。则，那么。必，一定。

【译文/点评】好人受赏而恶人受罚，那么国家必然治理得好。此言赏罚分明对于治国的重要性。

善为国者，赏不僭而刑不滥。

【注释】出自先秦《左传·襄公二十六年》。为国，治国。僭（jiàn），僭越、超越本分。

【译文/点评】善于治国的人，奖赏不超越本分应得，刑罚不乱不滥。此言治国要赏罚得当，才能使人心服、天下治。

善无微而不赏，恶无纤而不贬。

【注释】出自晋·陈寿《三国志·蜀书·诸葛亮传》。微，小。纤，细。无微、无纤，皆是不论多么细小的意思。贬，贬斥。

【译文/点评】善行无论多么细小也要奖赏，恶行无论多么不起眼也要贬斥。此言赏罚不论大小，都要严格执行。

善有章，虽贱，赏也；恶有衅，虽贵，罚也。

【注释】出自先秦《国语·鲁语上》。章，通"彰"，明。虽，即使。也，句末语气助词。衅，征兆。

【译文/点评】有分明的善行，即使是贫贱之人，也要奖赏；有作恶的征兆，即使地位显贵，也要严格处罚。此言在法律面前应当人人平等，赏罚要分明。

赏必加于有功，刑必断于有罪。

【注释】出自汉·刘向编《战国策·秦策三》。必，一定。加于，施加于。断于，判决于。

【译文/点评】奖赏一定要施加给有功之人，刑罚一定要判决给有罪之人。此言赏罚要分明，一切依据客观的标准。

赏不避仇雠，诛不择骨肉。

【注释】出自汉·班固《汉书·东方朔传》。雠（chóu），同"仇"。骨肉，代指最亲的人、至亲。

【译文/点评】即使是自己的仇人，如果确实应该奖赏，也不规避而不给；即使是自己的骨肉至亲，如果确实应该惩罚，也毫无选择地执行。此言强调赏罚要依法而行，根据客观事实进行，不可徇私舞弊。也就是说，执法要铁面无私。

赏不当功，则不如无赏；罚不当罪，则不如无罚。

【注释】出自宋·张孝祥《缴成闵按劾部将奏》。当，与之相当、相称。则，那么、就。

【译文/点评】奖赏如果不与功劳相称，那么还不如不赏；处罚如果不与其过错相称，那么还不如不罚。此言赏罚一定要恰当，要与其功过相称，才能服人，才能发挥赏罚应起的作用。

赏不当，虽与之，必辞；罚诚当，虽赦之，不外。

【注释】出自先秦·吕不韦《吕氏春秋·离俗·高义》。当，适当、恰当。虽，即使。与，给。之，他。必，一定。辞，辞谢、拒绝。诚，如果确实。赦，赦免。不外，不例外。

【译文/点评】奖赏不得当，即使给赏，也一定要拒绝不受；惩罚如果恰当，即使法外施恩而赦免，也推辞而不接受宽免。此言对于赏罚所应该抱持的正确态度。当然，这只是君子的崇高境界，虽然一般人很难做到，但是应该提倡。

赏不当贤而罚不当暴，则是为贤者不劝而为暴者不沮。

【注释】出自先秦《墨子·尚贤中》。当，与之相称。贤，指贤者。暴，指恶人。则，那么。是，这。为贤者，做好事的

129

人、有贤德的人。为暴者，指坏人、恶人。劝，受鼓励。沮，
沮丧、被阻止。

【译文/点评】不赏贤者，不罚恶人，那么这就是让做善
事的人不受鼓励，让为恶的人不受惩罚而不停止其恶行。此言
赏罚的意义在于劝善止恶。

赏不过，刑不滥。

【注释】出自汉·刘向《说苑·善说》。过，过分。滥，
无选择、无节制。

【译文/点评】奖赏不过分，刑罚不滥施。此言赏罚要恰
如其分。

赏不加于无功，罚不加于无罪。

【注释】出自先秦《韩非子·难一》。加，施加。无功，
指无功之人。无罪，指无罪之人。

【译文/点评】奖赏不滥施于无功之人，刑罚不滥施于无
罪之人。此言赏罚要根据事实，不可妄自施与。

赏不空行，罚不虚出。

【注释】出自汉·董仲舒《春秋繁露·保位权》。行，执
行、施行。

【译文/点评】奖赏不能凭空施行，惩罚不能无根据地施
加。此言赏罚都要有客观依据，从而保证赏罚与法律的严
肃性。

赏不隆则善不劝，罚不重则恶不惩。

【注释】出自汉·王充《潜夫论·三式》。隆，隆重、丰
厚。则，那么。善，指行善之人。劝，受鼓励。恶，指恶人。
惩，惩罚。

【译文/点评】奖赏不丰厚，那么行善之人就得不到应有

的鼓励；处罚不严厉，那么作恶之人就不能受到应得的惩罚。此言从厚奖赏、从重惩罚对于止恶扬善的重要性。

赏不劝，谓之止善；罚不惩，谓之纵恶。

【注释】出自汉·荀悦《申鉴·政体》。劝，受鼓励。谓，叫做。之，它。止善，阻止、抑制善行。纵恶，放纵罪恶。

【译文/点评】有功、有善不赏，有功、有善之人受不到鼓励，这无异于是抑制人们行善的行为；有罪之人得不到应有的惩罚，这无异于放纵罪恶之举。此言赏罚对于劝善抑恶的意义。

赏不行，则贤者不可得而进也；罚不行，则不肖者不可得而退也。

【注释】出自先秦《荀子·富国》。行，施行。则，那么。贤者，指有德的人。不可得，不能。进，劝进。不肖，不贤之人。退，被斥退。

【译文/点评】不施行奖赏，那么贤者不能得到鼓励而上进；不施行惩罚，那么不贤之人就不能被斥退。此言赏罚是劝贤斥不肖的一种重要手段。

赏不遗疏远，罚不阿亲贵。

【注释】出自唐·吴兢《贞观政要·择官》。遗，遗漏。疏远，指关系疏远的人。阿（ē），偏袒、曲护。亲贵，亲近之人与权贵。

【译文/点评】奖赏不遗漏与自己关系疏远的人，刑罚不曲护与自己亲近的人或达官权贵。此言赏罚要依事实，法律面前人人平等，执法者不能徇私情。

赏不遗远，罚不阿近。

【注释】出自晋·陈寿《三国志·蜀书·张裔传》。遗，遗漏。远，指关系疏远之人。阿，偏袒、迎合。近，指亲近之人。

【译文/点评】奖赏不遗漏关系疏远之人，惩罚不偏袒亲近之人。此言赏罚要公正。

赏不逾日，罚不还面。

【注释】出自先秦《孙膑兵法·将德》。逾日，超过当天。还面，转过脸，指时间极短。

【译文/点评】奖赏或惩罚都要及时。此言军队里行赏罚一定要及时，不能拖拉，否则便会影响士气。

赏赐不加于无功，刑罚不施于无罪。

【注释】出自汉·刘向《说苑·政理》。加，施加。

【译文/点评】赏赐不施加于无功之人，刑罚不施于无罪之人。此言赏罚要根据功过而定，不能任意而为。

赏当则贤人劝，罚得则奸人止。

【注释】出自汉·刘向《说苑·君道》。当，得当、恰当。则，那么、就。劝，受鼓励。得，恰当。止，受遏制。

【译文/点评】奖赏得当，那么贤人就会受到激励而继续行善；处罚得当，那么奸人就会惧怕而停止作恶。此言赏罚对于劝善抑恶的作用。

赏罚必信，无恶不惩，无善不显。

【注释】出自晋·陈寿《三国志·蜀书·诸葛亮传》。必，一定。信，讲信任。显，使显、彰显。

【译文/点评】赏罚一定要讲信任，有恶必予以惩处，有善必予以彰显。此言赏罚贵在严格执行，言而有信。

赏罚不可轻行，用人弥须慎择。

【注释】出自唐·吴兢《贞观政要·择官》载唐太宗语。

弥，越、更。

【译文/点评】赏罚不能轻率，任用人才更要谨慎选择。此言赏罚要起激励或惩戒作用，就必须公平客观，该赏就赏，该罚就罚。否则，便失去赏罚的意义。用人是为了治国安邦，所以必须谨慎挑选，官得其人，不然便会误国害民。

赏罚不明，百事不成；赏罚若明，四方可行。

【注释】出自明·冯梦龙《东周列国志》第四十二回。百事，代指所有的事。若，如果。四方，代指到处。

【译文/点评】赏罚不明，什么事也成不了；如果赏罚公正分明，那么到处都可以行得通。此言赏罚分明的重要性。

赏罚不信，则禁令不行。

【注释】出自先秦《韩非子·外储说左上》。信，讲信任。禁令，法律禁止某些事的条令。行，推行、被执行。

【译文/点评】赏罚不讲信任，那么想令行禁止是做不到的。因为立法者可以不讲信任，有法不依、有令不行，那么要大家守法也就没有说服力了。

赏罚信乎民，何事而不成？

【注释】出自先秦·吕不韦《吕氏春秋·似顺·慎小》。信乎，取信于。

【译文/点评】赏罚分明以取信于民，那么还有什么事办不成呢？此言执法取信于民对于治国安邦的重要性。

赏勉罚偷，则民不怠。

【注释】出自汉·韩婴《韩诗外传》。勉，勤勉。偷，马虎、得过且过。则，那么。怠，懈怠。

【译文/点评】奖赏勤勉之人，惩罚马虎之人，那么老百姓就不会做事懈怠了。此言赏罚对于改变民风的重要作用。

赏莫如厚而信，使民利之；罚莫如重而必，使民畏之。

【注释】出自先秦《韩非子·五蠹》。莫如，不如。厚而信，丰厚而守信任。利，觉得有利。重而必，加重而坚决。畏，怕。

【译文/点评】奖赏不如丰厚些，说了就要兑现，使老百姓觉得能得利；惩罚不如从重而坚决，使老百姓感到有所畏惧。此言以厚赏劝民、以严罚惧民的意义。

赏善而不惩恶则乱，罚恶而不赏善亦乱。

【注释】出自唐·元结《辩惑》。则，就。亦，也。

【译文/点评】奖赏善人而不惩治恶人，国家会乱；只惩罚恶人而不奖赏善人，国家同样也会乱。此言赏罚一体，要兼施并行，不可偏废，才能对治国安邦有效。

赏所以存劝，罚所以示惩。

【注释】出自先秦《太公六韬·文韬·赏罚》。所以，用以、用来。劝，鼓励、激励。惩，惩戒。

【译文/点评】奖赏之意在于给人以激励，惩罚的目的在于示人以惩戒。此言赏罚并不是目的，而是手段，它们的目的是鼓励人们行善弃恶。

赏无功谓之乱，罪不知谓之虐。

【注释】出自先秦《晏子春秋·内篇·谏上》。无功，指无功之人。之，它。乱，混乱。罪，加罪于、处罚。不知，指无知之人。虐，残暴。

【译文/点评】奖赏无功之人，可说是制造混乱；处罚无知之人，可说是残暴。此言赏罚要分明的道理。

赏无功之人，罚不辜之民，非所谓明也。

【注释】出自先秦《韩非子·说疑》。不辜，无罪。非，不是。明，明智。也，句末语气助词。

【译文/点评】奖赏无功之人，惩罚无罪之民，这不是所谓的明智。此言赏罚分明才是明智之举。

赏务速而后有劝，罚务速而后有惩。

【注释】出自唐·柳宗元《断刑论》。务，务必、一定要。速，快、及时。劝，鼓励、激励。惩，惩戒。

【译文/点评】奖赏和惩罚都一定要及时，然后才能发挥激励或惩戒作用。此言赏罚及时的重要性。

赏须功而加，罚待罪而施。

【注释】出自汉·王充《论衡·非韩篇》。加，施加。

【译文/点评】奖赏必须要有功才能施与，刑罚须有罪才能施加。此言赏与罚都要有功过事实依据，不能任意而为。

赏一人而天下劝。

【注释】出自宋·苏洵《上皇帝书》。天下，指天下之人。劝，鼓励、激励。

【译文/点评】奖赏一个人而天下的所有人都会受到激励。此言奖赏的政治价值与社会效应。

赏一人而万人悦。

【注释】出自唐·陈子昂《答制问事·劝赏科》。一人，指代少数人。万人，指代多数人。悦，高兴。

【译文/点评】奖赏一人而万人都感到高兴。此言奖赏的作用在于激励众人，而并非仅仅是针对受赏者个人。

赏一以劝百，罚一以惩众。

【注释】出自隋·王通《文中子·立命》。一，代指少数人。百，代指多数人。以，表示目的的连词。劝，鼓励、激励。惩，惩戒。

【译文/点评】奖赏少数人是为了激励多数人，处罚个别人是为了惩戒大多数。此言赏罚的目的在于劝惩众人。

赏以劝善，罚以惩恶。

【注释】出自汉·荀悦《申鉴·政体》。以，表示目的，相当于"是为了"。劝，鼓励。

【译文/点评】奖赏是为了鼓励人们行善，刑罚是为了惩治人们作恶。此言赏罚的目的在于劝善惩恶。

赏有功，褒有德。

【注释】出自汉·司马迁《史记·平津侯主父列传》。褒，表彰、褒扬。

【译文/点评】奖赏有功之人，表彰有德之人。此言褒奖的目的是激人立功、劝人向善。

少目之网，不可得渔；三章之法，不可为治。

【注释】出自汉·桓宽《盐铁论·诏圣》。目，网眼。不可，不能。三章之法，指汉高祖刘邦在战争年代所约定的"杀人者死，伤人及盗抵罪"三条简易之法。

【译文/点评】法律制度太粗疏难以治国，就像网眼太少的渔网往往网不到鱼一样。此以比喻之法说明立法要周全、精细，不能失之粗疏，否则不易于执法者依法操作。而不能操作，执法者就有了太大的自由度，这就等于没有法律了。

赦其旧过，开以新图。

【注释】出自明·施耐庵《水浒全传》第八十九回。其，他，指犯错之人。

【译文/点评】赦免他的旧过，是为了让他改过自新，另有一番发展。此言对于犯错之人不可一棍子打死，要给其改过的机会，这才是挽救人的本意。

圣人贵措刑，不贵烦刑。

【注释】出自唐·陈子昂《答制问事·请措刑科》。圣人，此指圣明的君主。贵，以……为贵。措刑，搁置、放弃刑罚。烦刑，过多过烦地使用刑罚。

【译文/点评】此言治国安邦的圣明之君不以频繁用刑为能事，而是使天下没人犯罪，搁置刑罚不用。

圣人之行法也，如雷霆之震草木，威怒虽盛，而归于欲其生。

【注释】出自宋·苏轼《乞常州居住表》。之，用在主谓语之间，取消句子的独立性。行法，推行法律制度。也，句末、句中语气助词，无义。如，像。盛，大。归于，归结于。欲其生，想使它活。

【译文/点评】圣人推行法律制度，好像是雷霆万钧震荡于草木之上，看似威怒无比，本质上是想行云布雨，使草木得雨而生存。此言以雷霆行雨为喻，说明圣人推行法律制度的苦心在于维护社会秩序，以造福于全体民众的道理。

胜法之务，莫急于去奸；去奸之本，莫深于严刑。

【注释】出自先秦《商君书·开塞》。胜法，施行法治。之，的。务，事。莫急于，没有比……急迫。去奸，除去奸邪。本，根本、关键。莫深于，没有比……高。严刑，加重刑罚。

【译文/点评】以法治国，当务之急是首先铲除奸邪；铲除奸邪的关键，没有比严刑峻法更有效的。此言治国须用重典酷刑。这一思想在非常时期是可行的，历史已经一再证明过。

使法择人，不自举也；使法量功，不自度也。

【注释】出自先秦《韩非子·有度》。使法，运用法律。

择人，举荐人才。自举，凭自己好恶而荐举人才。量功，考评功绩。自度，凭一己之见推断。也，句末语气助词。

【译文/点评】运用法律，依法为国举才，千万不能凭自己的好恶而荐人；运用法律，依法考评官民的劳绩，应该客观公正，绝对不可凭一己之推断而决定。此言运用法律要出于公心。

使为恶者不得幸免，疑似者有所辨明。

【注释】出自宋·欧阳修《春秋论下》。为恶者，作恶的坏人。不得，不能。幸免，侥幸逃脱。疑似者，犯罪行为不能确定的人。辨明，辨别分明。

【译文/点评】法律要使真正的犯罪者得到应有的惩罚，而对于案情复杂不能确认的嫌疑人也要给予他们辨明的机会。此言既要对真正的坏人严惩不贷，又要对疑似者谨慎判决，以免出现冤假错案。

使冤者获信，死者无憾。

【注释】出自宋·苏辙《宋子仪大理寺丞》。信（shēn），通"伸"，昭雪。憾，遗憾、不满意。

【译文/点评】使含冤受屈者的冤屈得以昭雪，让被害者死而无憾。这是立法的真谛，也是执法者所要坚持实现的基本目标。

世不患无法，而患无必行之法。

【注释】出自汉·桓宽《盐铁论·申韩》。患，忧虑、怕、愁。必行之法，一定执行的法律。

【译文/点评】世上不愁没有法律制度，而只怕有法不依、有法而不按法坚决执行。此言立法不难，难在严格执法。今日我们批评"有法不依"、"执法不严"的现象，正是此意。

世之专于法者，不患于不通而患于刻薄。

【注释】出自宋·欧阳修《剑州司理参军董寿可大理寺丞制》。之，的。专于法者，精通于法律的人。患，怕、担心。不通，不精通。刻薄，苛刻、冷酷。

【译文/点评】世上精通法律的人，不担心他们不精通法律条文，而是担心他们执法过于苛刻冷酷。此言世上酷吏多、良吏少，执法者往往以滥施酷刑为乐。

是非明辨而赏罚必信。

【注释】出自宋·苏轼《赵清献公神道碑》。必，一定。信，信任。此指令人信服。

【译文/点评】先辨清是非，然后再行赏罚，那样才能赏罚得当而令人信服。此言行赏罚先辨是非的重要性。

是非明，而后可以施赏罚。

【注释】出自宋·王安石《九变而赏罚可言》。

【译文/点评】是非分明，然后才能实施赏罚。此言执法先要明辨是非、了解实情，如此才能保证赏罚分明、赏罚得当，发挥其应有的作用。

是非随名实，赏罚随是非。

【注释】出自先秦《尸子·发蒙》。随，依据。

【译文/点评】是非依据客观实际，要名实相副，名实相副则为是，否则便为非。是该赏还是该罚，要依是非而定。此言行赏罚先要明确是非标准，然后依是非标准进行赏罚。这个观点，在任何时代都是对的。

释规而任巧，释法而任智，惑乱之道也。

【注释】出自先秦《韩非子·饰邪》。释，放弃。规、法，皆指法律、法令。任，任凭、听任。惑乱，迷惑混乱。之，的。道，途径。也，句末语气助词。

【译文/点评】放弃法律、法令而靠一些所谓的巧与智，这是造成国家迷惑混乱的根源。此言治国一定要依法行事，绝不可凭一己之智巧。

守法持正，嶷如秋山。

【注释】出自唐·刘禹锡《故吏部侍郎奚公神道碑》。守法，执法。嶷（nì），高。如，像。秋山，秋天的山，比喻肃杀、严峻的样子。

【译文/点评】执法秉持公正的原则，庄重严肃就如秋山一般肃杀。此虽是赞颂碑主之词，也是对执法官员品德的要求。

庶狱明则国无怨民，枉直当则民无不服。

【注释】出自晋·陈寿《三国志·魏书·毛玠传》注引孙盛语。庶狱，指平民百姓的官司。明，指判决公正。则，那么。枉直，曲直，指无理与有理。

【译文/点评】平民百姓的官司判决得公正无偏颇，那么天下就不会有抱怨的民众；是非曲直者判明清楚，那么老百姓就没有不服的。此言执法判决的公正对于安定天下的意义。

私道行，则法度侵。

【注释】出自先秦《管子·七主七臣》。私道，指徇私枉法的风气。行，通行、畅行。法度，法律制度。侵，被侵害。

【译文/点评】徇私枉法之风盛行，那么法律制度就会受到侵害。此言要抑制徇私之风才能使法度发挥作用。

私情行而公法毁。

【注释】出自先秦《管子·八观》。行，盛行。毁，毁弃。

【译文/点评】此言私情对公法的危害作用，意在强调要抑私弘法。

死者不可再生，用法务在宽简。

【注释】出自唐·吴兢《贞观政要·刑法》。用法，执法。务，务必、一定。宽简，宽大简约。

【译文/点评】人死不能复生，因此执法时对于要判处犯人死刑的情况务必要宽简些。此言要慎用死刑，以免错杀好人。

同罪异罚，非刑也。

【注释】出自先秦《左传·僖公二十八年》。非刑，不是刑法的原则。也，句末语气词，帮助判断。

【译文/点评】犯同样的罪，处罚却有不同，这不是刑法的原则。此言应该同罪同罚，执法应该坚持同一个标准，在法律面前人人平等。这样，法才能发挥它作为法的作用。

枉桡不当，反受其殃。

【注释】出自汉·戴圣《礼记·月令》。枉桡（náo），指违法曲断。殃，祸殃。

【译文/点评】枉法曲断而致执法不当，是要反受其祸的。此话意在警告执法者执法时不能枉法而任私，以致执法犯法而受到严厉的处罚。

为善者日以有劝，为不善者月以有惩，是驱天下之人而从善远罪也。

【注释】出自唐·柳宗元《断刑论》。为善者，好人。日、月，每天、每月，此非实指，而是说"及时"之意。劝，鼓励、激励。为不善者，坏人。是，这。驱，驱使、驱动、激励。从善远恶，一心向善、远离罪恶。也，句末语气助词，这里是帮助判断。

【译文/点评】对行善者与作恶者都赏罚得及时，这是激励天下人努力行善、远离罪恶的方法。此言赏罚要及时，否则便会使其惩恶扬善的效果大打折扣。

为赏罚者非他，所以惩劝者也。

【注释】出自唐·柳宗元《断刑论》。非他，没有别的。所以，用来。惩，惩戒。劝，鼓励、激励。者也，放在句末，帮助构成判断句。

【译文/点评】建立赏罚制度，没有别的目的，是用来惩戒作恶违法者、鼓励行善守法者。此言建立赏罚制度的目的。

为政之本，莫若得人；褒贤显善，圣制所先。

【注释】出自南朝宋·范晔《后汉书·孝安帝纪》。为政，从事政治。之，的。本，根本、基础。莫若，不如。褒，褒扬。显，彰显。圣制，圣人所制定的制度。

【译文/点评】治国安邦的根本，最重要的便是得到贤德之人；褒扬贤人、彰显善人，这是圣人制定的制度所优先考虑的。此言奖赏贤善之人对于治国安邦的重要意义。

为之度，以一天下之长短；为之量，以齐天下之多寡；为之权衡，以信天下之轻重。度量权衡法，必资之官。资之官，而后天下同。

【注释】出自宋·苏洵《申法》。之，指天下。一，统一。度，计量长短的标准。量，指计量多少的器具。齐，使整齐、划一。权衡，计量轻重的秤。权，秤锤。衡，秤杆。信，使准确。资，凭助、借助。

【译文/点评】为天下制定度量衡的标准，是为了使天下的长短、多少、轻重的计量都有一个统一明确的依据。而统一度量衡则必须借助官员，通过行政官员的行政操作，最后才能实现天下一同的目标。此言度量衡标准制定的必要性，意在说明确立法律制度对于统一人们言行规范的重要性以及官员在行政操作中所发挥的作用。

惟教之不改，而后诛之。

【注释】出自宋·苏辙《新论中》。惟，只有。教，教育。之，他，指犯法之人。诛，谴责、处罚、杀死。

【译文/点评】对于违法之人，首先应当予以教育，如果教而不改，然后再行处罚。此话意在强调对于轻度违法之人要先行批评教育，允许人犯错误，也要允许人改正错误。也就是说，法律制度的真谛在于让人不违法，而不只是处罚人。

诬服之情，不可以折狱。

【注释】出自晋·陈寿《三国志·魏书·司马芝传》。诬服，因诬陷而服刑。之，的。情，案情。不可以，不能。折狱，结案定罪、判定罪名。

【译文/点评】如果有因诬陷而服刑的案情，那是不能据此而结案定罪的。此言判刑要慎重，特别要防止冤假错案的发生。

无功不赏，无罪不罚。

【注释】出自先秦《荀子·王制》。

【译文/点评】此言乃是从反面立论，强调有功必赏、有罪必罚的道理。

无功而厚赏，无劳而高爵，则守职者懈于官，而游居者亟于进。

【注释】出自汉·刘安《淮南子·主术训》。爵，爵位。则，那么。守职者，忠于职守的人。懈于官，对于其所担任的职守懈怠、轻慢。游居者，不安心于本职工作的人。亟（jí），急。亟于进，急于冒进，即投机钻营。

【译文/点评】没有功劳而给予厚赏，没有劳绩而给予高官厚禄，那么忠于职守、兢兢业业的人就会觉得寒心而懈怠于他们的职守，而不安心于本职工作的人就会因此而起投机钻营之邪心。此言赏罚分明对营造官场良好风气的重要性。

无简不听。

【注释】出自先秦《尚书·吕刑》。无简，未经核实。不听，不听断、不定案。

【译文/点评】审理案件，没有核查过实情，就不要轻易定论结案。此言意在强调审案判决必须讲究证据，以免造成冤假错案。这个执法理念任何时代都是要坚持的。

吾心如秤，不能为人作轻重。

【注释】出自三国蜀·诸葛亮《书》。吾，我。如，像。

【译文/点评】我的心像一杆秤，自有定准，不能因人而异而作畸轻畸重的赏罚。此以秤作比，说明赏罚要有统一的标准。

务理天下者，美在太平，太平之美者，在于刑措。

【注释】出自唐·陈子昂《谏刑书》。务，务力、从事。美，指最高境界。之，的。刑，刑罚。措，置、搁置。

【译文/点评】从事治国安邦的人，以天下太平为最高境界；而天下太平的最高境界是刑罚搁置不用（意指无人犯罪）。此言法律最终所要达到的崇高目标。

喜乐无羡赏，忿怒无羡刑。

【注释】出自先秦《晏子春秋·内篇·问下》。羡，多余、羡余。忿（fèn），生气、怨恨。

【译文/点评】高兴快乐之时不滥施奖赏，生气愤怒之时不滥施刑罚。此言执法者施行赏罚时不能凭感情用事，一定要依据法律和客观规定的赏罚标准进行。

喜无以赏，怒无以杀。

【注释】出自先秦《管子·版法》。无，不。以，因为。

【译文/点评】不因为自己的喜悦而滥赏，不因为自己的愤怒而滥杀。此言赏罚一定要坚持客观的标准，不能依执法者的喜怒而感情用事。

小功不赏，则大功不立；小怨不赦，则大怨必生。

【注释】出自先秦《素书·遵义》。则，那么、就。

【译文/点评】小的功劳不奖赏，那么就激发不起他奋发有为之志而建立大功；小的仇怨不赦免，那么就一定会引发日后大的仇怨。此言奖小功是为了激发其立大功，赦小怨是为了阻止其生大怨。

小人以无法为奸。

【注释】出自宋·苏轼《策别第八》。小人，指道德不好的人。以，因为。无法，没有法律。为奸，做坏事。

【译文/点评】小人因为没有法律制度的约束就会作奸犯科、为非作歹。此言道德不好的人尤其需要有法律制度予以约束，以防患于未然。

小则随事酬劳，大则量才录用。

【注释】出自宋·苏轼《上神宗皇帝书》。则，就。

【译文/点评】如果有小的成绩，就根据情况随时予以适当地奖励；如果有大的贡献，就考察其才能而加以任用。此言授职与奖励要分开，官职不可随便作为酬劳。有功劳可以奖励，但不能以官职相授，否则便变成了酬庸。这个任人的原则从理论上说是完全正确的，但实际上往往行不通。因为人是感情动物，易为感情所左右。故而我们常常于现实中看到接近当权者的平庸小角色青云直上的现象，究其原因，乃是这种小角色有机会讨当权者欢心。

信义行于君子，刑戮施于小人。

【注释】出自宋·欧阳修《纵囚论》。信义，信任与仁义。行于，施加于。刑，刑罚。戮（lù），杀。君子，道德高尚者。小人，道德低下者。

【译文/点评】对于君子要施以信义，对于小人要施以刑罚甚至杀戮。此言对于品德不同的人要施以不同的刑罚。这似乎与现代司法制度中考察犯罪人一贯的表现与作案动机、认罪态度等因素而量刑的情况有些类似，其实质还是在于激励品德好的人。

刑称罪则治，不称罪则乱。

【注释】出自先秦《荀子·正论》。称，相称、相宜。则，就。治，天下安定、太平。

【译文/点评】所犯罪行与应受到的处罚相称，天下就会大治；所犯罪行与应受到的处罚不相称，畸重畸轻，就会引发天下大乱。此言司法公正对于国家安定的重要性。

刑罚不能加无罪，邪枉不能胜正人。

【注释】出自南朝宋·范晔《后汉书·桓谭传》。加，施加给。无罪，指无罪之人。邪枉，指奸邪不正之人。

【译文/点评】刑罚不能施加给无罪之人，奸邪不正之人不能战胜正人君子。此言刑罚要公正，要保护好人、惩治恶人。

刑罚不中，则民无所措手足。

【注释】出自先秦《论语·子路》。中，恰当。则，那么。措手足，放置手脚。

【译文/点评】刑罚不恰当，那么老百姓就不知所措了。

此言强调执法务必要公允，这样才能发挥法律杀一儆百的效果。

刑罚不足以移风，杀戮不足以禁奸。

【注释】出自汉·刘安《淮南子·主术训》。

【译文/点评】依靠刑罚是不能完全改变社会风气的，依靠杀戮是不能完全禁绝奸邪之人的。此言刑罚虽有威慑作用，但也有其局限性，必须强化教育、教化，才能达到天下大治、奸邪不生、民风淳朴的境界。

刑法明则奸宄息，贤能用则功绩著。

【注释】出自北魏·王睿《疾笃上疏》。宄（guǐ），犯法作乱的人。息，消歇。著，显著、表现出来。

【译文/点评】国家刑法严明，那么奸邪与犯法作乱的人就会惧怕而停止犯法作乱；贤能的人才被重用，那么治国安邦就会成绩斐然。此言严刑法、用贤能对治国安邦的效果。

刑烦犹水浊，水浊则鱼喁；政宽犹防决，防决则鱼逝。

【注释】出自唐·白居易《策林四》。烦，繁杂。犹，就像。则，那么。喁（yóng），鱼口向上，露出水面。防，堤坝。决，决口、崩堤。逝，逃掉。

【译文/点评】刑法繁杂，老百姓就无所适从，就像鱼生活于浊水之中，透不过气来一样；政令过于宽容，老百姓就有可能行为失范，就像堤坝崩决了，鱼儿都要逃光一样。此以比喻修辞法，说明政令刑法既不能过严过繁，也不能过宽过简，应该宽严恰当、繁简得宜。

刑过不避大臣，赏善不遗匹夫。

【注释】出自先秦《韩非子·有度》。刑过，惩罚有罪之人。遗，遗漏。匹夫，指最平常的百姓。

【译文/点评】依法惩罚有罪之人要不避权贵，奖赏有功之人要不遗漏贫贱普通之人。此言赏罚要依据一定的客观标准，坚持法律面前人人平等的原则。

刑期于无刑。

【注释】出自先秦《尚书·大禹谟》。

【译文/点评】实施刑罚的目的是为了今后不用刑罚。此言制定刑罚的目的在于示警于先，让人知法知禁而不犯法。

刑赏之本，在乎劝善而惩恶。

【注释】出自唐·吴兢《贞观政要·刑法》。之，的。本，根本。在乎，在于。劝，鼓励、激励。惩，惩戒。

【译文/点评】刑罚与奖赏的根本，在于激励善人而惩戒恶人。此言道出了刑赏的根本目的。

刑一而正百，杀一而慎万。

【注释】出自汉·桓宽《盐铁论·疾贪》。刑，惩罚。一，此代指少数人。百、万，皆代指大多数人。正，使正、使规范。慎，使慎重。

【译文/点评】处罚少数人是为了规范大多数人的行为，杀戮个别人是为了威慑大多数人。此言刑罚的目的在于杀一儆百，让人民对法律有畏惧之心，从而使大家都能遵守法律，克制自己的言行。

刑一则人畏而不干，政简则俗齐而不伪。

【注释】出自唐·张说《对词摽文苑科策·第二道》。一，统一。则，那么、就。畏，畏惧。干，干犯、触犯。齐，整齐、一致。

【译文/点评】统一刑罚标准，法律面前人人平等，那么民众就有所畏惧而不敢贸然干犯了；政令简明，易知易行，那么社会习俗就会趋于一致而民无伪态了。此言统一刑罚标准、简化政令的重要性。

刑在必澄，不在必惨；政在必信，不在必苛。

【注释】出自唐·张说《对词摽文苑科策·第二道》。刑，刑罚。在，在于。必，一定。澄，澄明。惨，残酷。政，政令。信，信用。苛，苛刻、苛酷。

【译文/点评】施用刑法一定要澄明，依法判罪量刑，而不在于残酷；发布政令一定要讲信用，而不在于政令一定要严苛。此言执法要有透明度、依法量刑，政令务求言而有信，才能取信于民。

刑在禁恶，法本原情。

【注释】出自宋·欧阳修《论大理寺断狱不当箚子》。刑，刑罚。在，在于。恶，罪恶。本，根本。原，推究。情，实情、案情。

【译文/点评】刑罚的目的在于禁止罪恶，法律的真谛在于推究实情。此言执法要本着实事求是的精神，探明每一个案子的真相，以便正确判决与量刑。

刑者政之末节，非太平之资。

【注释】出自唐·陈子昂《谏刑书》。刑者，指，刑罚。政，治国、从政。资，凭借、依靠。

【译文/点评】靠使用刑罚维持社会秩序，那只是治国的最低境界，不是造就太平盛世的凭借。此言治国仅靠刑罚威慑还不够，还应该寻找别的更佳策略（如制定好的政策、加强教化等）。

刑之有赦，其来远矣。

【注释】出自宋·苏洵《上皇帝书》。之，放于主谓语之间，取消句子的独立性。赦，赦免、宽恕。其，它的。来，由来。矣，句末语气助词，相当于"了"。

【译文/点评】刑罚而有赦免一途，由来已久了。此言法外施恩的做法，在中国已有悠久的历史。这说的是历史的事实，也道出了中国历来之所以人治大于法治的由来。

行赏不遗仇雠，用戮不违亲戚。

【注释】出自晋·陈寿《三国志·魏书·武文世王公传》。遗，遗漏。雠（chóu），仇敌、仇人。用戮，指施用刑罚。违，规避。

【译文/点评】此言赏赐、刑罚都要有一个标准，坚持公平、公正的原则，不论仇家还是亲戚，都要该赏者赏，该罚者罚。

选之艰，则材者出；赏之当，则能者劝。

【注释】出自宋·欧阳修《国子博士陈淑等磨勘改官制》。选，选择、选用。之，放在主谓语之间，取消句子的独立性。艰，难、严格。则，就。材者，指有才能的人才。当，恰当。能者，有才能的人。劝，鼓励、激励。

【译文/点评】人才选用程序严格，优秀的人才就能脱颖而出；奖赏有功者恰当，有才干的能人就能受到激励。此言选才要从严、奖赏要恰当的道理。

勋劳宜赏，不吝千金；无功望施，分毫不与。

【注释】出自晋·陈寿《三国志·魏书·武帝纪》。勋劳，有功勋与劳绩。宜，应该。吝，吝啬。望施，希望得到赏赐。与，给。

【译文/点评】有功勋劳绩应该奖赏的，即使所费千金，也在所不惜；没有功劳而希望得到赏赐的，即使是分毫，也不能滥施。此言奖赏要有根据，不能滥施，否则便失去了奖赏的真正意义。

言不中法者不听也，行不中法者不高也，事不中法者不为也。

【注释】出自先秦《商君书·君臣》。言，言语。中法，合乎法制。不听，不听从。者，代词，指人、物、事、时间、地点等，可译为"的"、"的人"。也，语气助词。行，行为。不高，不推崇。为，做。

【译文/点评】出语措辞不合乎法度的，不听从；行为不合乎法度的，不推崇；事情不合乎法度的，不去做。此言意在强调治国一切要以法律为依据。中国历来是个人情大于法的国家，几千年来都是人治多于法治的，而在两千多年前的秦代，商鞅却把法治推崇到如此至高无上的地位，实在是值得我们称道的。

言多变则不信，令频改则难从。

【注释】出自宋·欧阳修《准诏言事上书》。则，那么。频，频繁。从，遵从。

【译文/点评】说过的话屡次改变，那么就难以让人相信；法令频繁修改，那么老百姓就难以遵从。此言意在强调法律制度要有相对的稳定性。

言无法度不出于口，行非公道不萌于心。

【注释】出自唐·杨炯《杜袁州墓志铭》。

【译文/点评】言语不合于法度不出于口，不合于法律公道的事想都不应该想。此言虽是称赞墓主之言，却也由此提出了一个做人的原则，那就是人的一言一行都应该依据法律规范。

一民之轨，莫如法。

【注释】出自先秦《韩非子·有度》。一民，统一人民的思想与行为。之，的。轨，法则、法度。莫，没有。法，法律、法度。

【译文/点评】此言法律、法令在统一人民思想、规范人民行为和维护国家稳定方面的重要性。任何社会都强调法制，原因正在于此。

一人一心，万人万心，若不以令一之，则人人之心各异矣。

【注释】出自唐·白居易《策林一》。若，如果。一，统一。之，它。则，那么。矣，句末语气助词，相当于"了"。

【译文/点评】此言法律政令在统一人们思想、凝聚人心、规范人们行为及有效管理国家方面的重要作用。今天我们强调"依法治国"，正是这一思想的体现。

一再则宥，三则不赦。

【注释】出自先秦《管子·立政》。再，第二次。宥（yòu），饶恕。赦（shè），赦免。

【译文/点评】犯错一次两次都是可以宽免原谅的，但是到了第三次，就是屡教不改了，那就必须严惩不贷。此言执法要宽猛相济，既要有人情味，又要坚持原则。

以物与人，物尽而止；以法活人，法行无穷。

【注释】出自宋·苏轼《乞免五谷力胜税钱札子》。以，用。与，给。活人，使人活。行，推行。

【译文/点评】以实物救济人，用完也就用完了；但是，若是以立法帮助人，法律推行开去，就能无限地帮助人。此言建立起一套好的法律制度远比施舍实物帮助一两个人要有效得多，强调的是立法的意义。

以至详之法晓天下，使天下明知其所避。

【注释】出自宋·苏轼《御试重巽申命论》。以，用。至详，最详细。晓，晓谕、使知道。天下，指天下之人。

【译文/点评】用最具体详细的法律法条知晓天下之人，使天下之人都知道哪些是法律所禁止的，这样他们就知道知法而规避，从而免除犯罪了。此言法律应该具体详尽，让民众对法律所禁止的事有详尽的了解，从而避免因不知法而犯罪。

用赏者贵信，用罚者贵必。

【注释】出自先秦《太公六韬·文韬·赏罚》。贵，贵于。信，讲信任。必，坚决。

【译文/点评】行赏的人贵于讲求信任，施罚的人贵于执行坚决。此言赏罚贵在执行到位。

有法不行，与无法同。

【注释】出自宋·苏轼《放榜后论贡举合作事状》。

【译文/点评】此言法律的制定重在执行，有法不依、有法不行，等于无法。

有功不赏，为善失其望；奸回不诘，为恶肆其凶。

【注释】出自南朝宋·范晔《后汉书·杜乔传》。为善，指做善事的人。失其望，感到失望。回，奸邪。诘，责问、追问、查办。为恶，指作恶的人。肆其凶，肆意妄为。

【译文/点评】有功劳而得不到奖赏，行善的人会感到失望；奸邪之举得不到法律追究，作恶的人就会肆意妄为，无所顾忌。此言赏善罚恶对于劝善抑恶的作用。

有功不赏，有罪不诛，虽唐虞犹不能以化天下。

【注释】出自汉·班固《汉书·宣帝纪》。诛，惩罚。虽，即使。唐虞，即唐尧、虞舜，传说中的远古圣君。犹，还。以，以此。化，教化。

【译文/点评】有功不赏，有罪不罚，即使是唐尧、虞舜这样的圣君再世，也无法教化天下万民。此言赏罚对于治国安邦的重要意义。

有功而不赏，则善不劝；有过而不诛，则恶不惧。

【注释】出自汉·刘向《说苑·政理》。则，那么。善，指行善之人。劝，受鼓励。诛，处罚。恶，指恶人。惧，怕。

【译文/点评】有功劳而不奖赏，那么行善之人就受不到鼓励；有过错而不处罚，那么恶人就不会有所畏惧。此言强调赏罚对于惩恶扬善的作用。

有金鼓，所以一耳也；同法令，所以一心也。

【注释】出自先秦·吕不韦《吕氏春秋·审分·不二》。金鼓，钟鼓。所以，用以、用来。一耳，统一听闻、号令。一心，统一意志、思想。也，句末语气助词。

【译文/点评】军队鸣金而退、击鼓而进，是用以统一军事号令的；国家统一法律制度，是用以统一全国民众意志的。此言军规、法令对于统一、规范人们的行动，从而获得军事胜利与实现国家安定的重要性。

有事不避难，有罪不避刑。

【注释】出自先秦《国语·晋语七》。难，死难。刑，刑罚。

【译文/点评】此言为了道义而不避死难与刑罚，强调的是一种勇于赴义的大无畏精神。

有所取必有所舍，有所禁必有所宽。

【注释】出自宋·苏轼《策别第十》。禁，禁止。宽，宽容、宽恕。

【译文/点评】此言治国安邦要正确处理好取与舍、禁与宽之间的关系。这是具有辩证法思想的，因为一味求取而不舍，则所取必竭；一味严禁而无宽容，则犯禁者必多，终则禁无所禁。

有正法则依法，无正法则原情。

【注释】出自宋·欧阳修《论韩纲弃城乞依法劄子》。正法，正常的法律。原情，推究情由。

【译文/点评】有正常的法律条文可依，就依律令严格执行；如果没有正常的法律条文可以作为审判的依据，那么就推究其中的情由，酌情予以合情合理的判决。此言执法中适应情况变化灵活处理的道理。这种情况在中国古代是常有的，但按照现代的司法精神，没有法律依据，法官是不能发挥自己的主观能动性灵活处理的。如果是这样，那就变成了人治，而不是法治了。

有罪者优游获免，无罪者妄受其辜，是启奸邪之路，长贪暴之心。

【注释】出自北魏·拓跋濬《案诏迁代前通诏》。优游，悠闲自得之貌。妄，胡乱、荒诞、荒谬。辜，罪。是，这。启，开启。之，的。

【译文/点评】有罪的人逍遥法外、悠然自得，而无罪的人却反受其罪，这是开启奸邪之路，助长贪暴之心。此言强调要严格执法，有罪者必严究、无罪者必受保护，这才能发挥法律锄奸除暴、安民导良的作用。

宥过无大，刑故无小。

【注释】出自先秦《尚书·大禹谟》。宥（yòu），宽恕。宥过，宽恕过失犯罪。无大，无论多大。刑故，处罚故意犯罪。无小，不论多小。

【译文/点评】对于过失犯罪，无论多严重都可以赦免宽恕；对于故意犯罪，无论情节多么轻微，也要严惩不贷。此言执法中要视犯罪动机而量刑，这在现代司法中也是如此。

与其杀不辜，宁失不经。

【注释】出自先秦《尚书·大禹谟》。不辜，指无罪之人。宁，宁可。失，放掉。不经，指违法之人。

【译文/点评】与其枉杀无辜，不如对违法之人网开一面。此言乃是强调执法中千万不可冤枉好人的道理。

约之以礼，驱之以法。

【注释】出自宋·苏洵《张益州画像记》。约，约束。之，指老百姓。驱，驱使、治理。

【译文/点评】以礼仪制度来约束老百姓，以法律制度来治理老百姓。此言对老百姓的统治要礼制与法制并用，二者可以互相配合，从而共同完成维护封建统治秩序的目标。

章有德，序有功。

【注释】出自宋·王安石《磨勘转官三道》。章，通"彰"，表彰。有德，指有德之人。序有功，根据功劳大小排列受赏顺序。

【译文/点评】对有德之人要予以表彰，对有功之臣要论功行赏。此言好人要奖励，行赏要论功。

执法而不求情，尽心而不求名。

【注释】出自宋·苏洵《上韩枢密书》。求，讲求。

【译文/点评】执法务要严格，而不能讲私情；奉职要尽心尽力，而不能追求虚名。此言执法官员要以公正、敬业之心对待自己的职业，克己奉公、为国效力。

只愁堂上无明镜，不怕民间有鬼奸。

【注释】出自明·冯梦龙《警世通言·老门生三世报恩》。

堂上，指公堂之上。明镜，比喻公正无私的执法官员。

【译文/点评】此言犯法之人的奸诈并不可怕，怕的是执法之人不能秉公执法。意在强调社会风气的好坏系于司法的公正。

至赏不费，至刑不滥。

【注释】出自汉·刘安《淮南子·泛论训》。至，最。费，浪费、虚费。滥，无节制、无选择。

【译文/点评】最高的奖赏不虚给，一定要赏给应得之人；最重的刑罚不滥施，一定要加于应罚之人。此言最重的赏罚要格外小心，务必要赏罚得当，适得其人，才能发挥赏罚的效果。

制法而自犯之，何以帅下。

【注释】出自晋·陈寿《三国志·魏书·武帝纪》注引《曹瞒传》。制法，制定法律。之，指法律。何以，凭什么。帅，统领。下，指下属。

【译文/点评】制定法律的人自己违犯法律，怎么能统领下属呢？此言立法者要带头守法，才能发挥法律令行禁止的作用。

治国无法则乱，守法而弗变则悖。

【注释】出自先秦·吕不韦《吕氏春秋·慎大览·察今》。弗，不。悖（bèi），违背、荒谬。

【译文/点评】治国没有法律制度就会乱，但是有了法律制度只知拘守而不知变化，那就有违立法的精神，更不符合与时俱进、与世推移的治国之道。此言法律制度需要适应时代社会的发展进行不断的修改完善。

治身莫先于孝，治国莫先于公。

【注释】出自宋·苏轼《司马温公行状》引司马光语。治身，修身。莫，没有。公，公平、公正。

【译文/点评】中国封建社会的礼法，常常要求以"孝"为标准来考察一个人、评价一个人。做皇帝的，不管如何弑父杀兄而夺位，却都要在口头上标榜"以孝治天下"。之所以有此思维，那是为了"驭百官"、"牧万民"的统治需要。皇帝既为天子，就要风仪天下，为天下人做表率。如果皇帝都是"孝子贤孙"，那百官万民岂能不望风而从之？如此，满天下都是孝子贤孙，人人为人处世都要顾及父母，自然行动谨慎，不敢胆大妄为，更不敢犯上作乱了。如此一来，何愁百官万民不驯服，何愁天下不太平？司马光是北宋王朝的宰执，自然知道这一统治之术的妙处所在。不过，司马光并不是第一个强调"孝"的作用的人，孔子早就说过"修身、齐家、治国、平天下"的话，其中说到的"修身"，便包含"孝"的内容。司马光的高明之处是将修身讲"孝"，治国讲"公"并举。明确告诫为天下人君者，有了一个"孝"字，只能算是做了"修身"的基本功课，而要"治国、平天下"，那还得有一个"公"字。公平、公正地处理一切，才能让百官万民心服口服。如此才能君臣和谐，上下同心，万民拥戴，天下太平。

治事不若治人，治人不若治法。

【注释】出自宋·苏轼《应制举上两制书》。不若，不如。

【译文/点评】治理事情不如治理人，治理人不如制定好法律制度。此言制定好法律制度才是解决治事、治人的根本。其意在于强调立法的重要性。

治狱者得其情，则无冤死之囚。

【注释】出自晋·陈寿《三国志·魏书·王朗传》。治狱者，主持审判定罪的司法官。得其情，了解案件的真实内情。则，那么。囚，囚徒。

【译文/点评】司法官了解案件的真实内情，那么狱中便没有冤死的囚徒。此言强调司法官了解案件实情对于囚徒生死的重要性。

诛不避贵，赏不遗贱。

【注释】出自先秦《晏子春秋·内篇·问上》。诛，此指刑罚。贵，指权贵。遗，遗漏。

【译文/点评】刑罚不可规避权贵，奖赏不能遗漏贫贱之人。此言在法律面前人人平等，赏罚只能依客观的事实，而不能看富贵贫贱的身份。

罪疑惟轻，功疑惟重。

【注释】出自先秦《尚书·大禹谟》。

【译文/点评】对有罪之人进行处罚，若有怀疑之处，不妨从轻量刑；对有功之人进行表彰，如果对其功劳有疑问，则不妨从重奖赏。此言不冤枉有罪者，不亏待有功者。奖惩分明，才能彰显法律的作用。

罪至重而刑至轻，庸人不知恶矣，乱莫大焉。

【注释】出自先秦《荀子·正论》。至，最。庸人，庸俗之辈，指普通民众。恶（wù），厌恶，此指畏惧。莫，没有。焉，于此。

【译文/点评】所犯罪行很重，所判刑罚很轻，民众不知有畏惧，国家法治的混乱没有比这更大的了。此言司法一定要量罪定刑，从而突显司法的公正性与权威性，实现除恶扶正、导邪归正的目标。

经济民生

安民之本，在于足用；足用之本，在于勿夺时。

【注释】出自汉·刘安《淮南子·诠言训》。之，的。本，根本、关键。足用，用度充足（即衣食无忧）。勿，不。夺时，指在农忙时节征调老百姓服劳役。

【译文/点评】安定老百姓的关键在于使他们衣食无忧；使老百姓衣食无忧的关键是不要在农忙时节征发劳役。此言保证农民的农耕时间是国家丰衣足食的前提条件，其意是强调治国要爱护民力。

安民之术，在于丰财。丰财者，务本而节用也。

【注释】出自晋·陈寿《三国志·魏书·杜畿传》。之，的。术，方法。丰财，使财富增加。"者……也"，古代汉语判断句形式。相当于"……是……"。务本，从事农业。节用，节省开支、用度。

【译文/点评】安定民众的方法，在于增加财富。增加财富，就要注重发展农业，而且注意节省开支。此言增加财富的两个途径：一是发展农业生产，二是节省开支。虽然现代是工业化的时代，增长财富主要不是靠农业，但发展农业仍然是非常重要的。至于节省开支，那是任何时代都必须坚持的理念。

百里不贩樵，千里不贩籴。

【注释】出自汉·司马迁《史记·货殖列传》。百里、千里，皆是虚指，泛指路途遥远。贩，贩卖。樵，柴。籴（dí），买进粮食。

【译文/点评】不做长途倒卖柴禾的生意，不做长途买卖粮食的生意。这是中国古人总结出来的经商经验。究其原因，大概是因为柴禾是卖不出大价钱的物品，长途运输会增加成本，更使赢利空间缩小；长途贩卖粮食不仅成本大，而且风险大，一旦遭雨受潮，便会血本无归。

卑宫室而尽力乎沟洫。

【注释】出自先秦《论语·泰伯》。卑，低、使低。乎，于。洫（xù），田间的水道。

【译文/点评】宫室建得低矮简陋些，把主要力量放在整理沟渠、发展农业生产上。此言是劝谏统治者应把农业放在首位，多关心些民生问题，少在宫室营造上铺张浪费。

备之以储蓄，虽凶荒而人无菜色。

【注释】出自唐·白居易《策林一》。之，指荒年所需。以，用。虽，即使。凶荒，指荒年、歉收之年。菜色，人因饥饿而呈现于脸上的那种营养失调的颜色。

【译文/点评】用储蓄粮食来应付荒年所需，这样即使是遇到荒年，百姓也不会面有菜色。此言积蓄备荒的重要性。

不以高危为忧惧，岂知稼穑之艰难。

【注释】出自唐·吴兢《贞观政要·教戒太子诸王》。高危，指权位高而危险性大。稼，种庄稼。穑（sè），收割庄稼。稼穑，指从事农业生产。之，的。

【译文/点评】不以自己位居天子诸王之高位为忧惧，哪里会想到农业生产的劳苦艰难呢？此言身居高位要有忧患感，要对国家和天下负起责任，才会觉得自己担子重，才会体会到农民耕作的辛苦。

财者，为国之命，而万事之本。

【注释】出自宋·苏辙《上皇帝书》。之，的。命，命脉。

万事，指所有事情。本，根本、基础。

【译文/点评】财富是国家的命脉，是做好所有事情的基础。此言财富对于维护国家命运的重要性。

仓廪实则知礼节，衣食足则知荣辱。

【注释】出自先秦《管子·牧民》。廪（lǐn），储藏谷物的仓库。实，殷实、充满。则，就。

【译文/点评】粮食满仓，老百姓就会懂得礼节；衣食无忧，老百姓就会知道荣辱。此言精神文明必须建立在一定的物质基础之上。

从农论田田夫胜，从商讲贾贾人贤。

【注释】出自汉·王充《论衡·程材篇》。从，和、跟。农，农民。田，指农耕之事。田夫，农民、农夫。商，商人。贾（gǔ），经商、做生意。贾人，商人。胜、贤，都是"好"、"优秀"、"内行"之意。

【译文/点评】跟农民谈农耕之事，那么肯定是农民内行；跟商人谈论生意经，肯定是商人经验丰富。此言"术业有专攻"、"行行出状元"的道理。

但使仓库可备凶年，此外何烦储蓄？后嗣若贤，自能保其天下；如其不肖，多积仓库，徒益其奢侈，危亡之本也。

【注释】出自唐·吴兢《贞观政要·辩兴亡》记唐太宗语。但，只。凶年，歉收之年、荒年。后嗣，后代。若，如果。不肖，不贤。徒，徒然。益，增加。之，的。本，根本、关键。

【译文/点评】只要让国库的粮食能够应付荒年之用就可以，此外不必再多做储蓄。后代子孙如果贤能，自然能够保住天下。如果子孙不贤，多积蓄粮食财富，只能徒然助长其奢侈之风，这是国家危亡的关键。唐太宗的这番话是在总结隋朝灭亡的教训时所发出的由衷感叹，可谓明君之言。

凡理国者，务积于人，不在盈其仓库。

【注释】出自唐·吴兢《贞观政要·辩兴亡》。凡，大凡、凡是。理国者，治国的人。务，一定。积，此指积粮。人，指人民。盈，满。

【译文/点评】大凡善于治国的君主，一定会积粮于老百姓之手，而不会只管把国家的仓库储满。此言藏富于民的道理，不仅体现了民本思想，而且颇具经济头脑。让民众储粮，既可以节省国家储粮的开支，又减少了储粮中的风险。

方今之务，在于力农。

【注释】出自汉·班固《汉书·食货志》。方今，当今。之，的。务，事务、事情。力农，努力发展农业。

【译文/点评】当今最重要的事情是大力发展农业生产。此言虽是两千年前汉人的观点，但在今天的中国仍然没有过时，因为无论何时，吃饭问题都是中国人的头等大事，"民以食为天"的古训，说的正是这个道理。

丰凶相济，农末皆利。

【注释】出自宋·苏轼《乞免五谷力胜税钱札子》。丰凶，丰年与荒年。济，接济、帮助。农末，指农业与工商业。古代认为农业是"本业"，工商等业皆为"末业"。

【译文/点评】丰年与荒年相互接济，对于农业与工商业都有利。此言农业与工商业在国计民生中都有重要意义。此与古代社会普遍视工商业为"末业"并予以排斥的狭隘思想不同，颇具进步意义。

斧斤以时入山林，材木不可胜用也。

【注释】出自先秦《孟子·梁惠王上》。斤，斧头。以时，按时。胜用，用不完。也，句末语气助词。

【译文/点评】刀斧按时进入山林，材木可以取之不尽。此言林木不可滥伐，如此才有可持续性。今天我们强调封山育林、节制伐木，正是这个观点的体现。

富国有道，无所不恤者，富之端也。

【注释】出自宋·苏辙《上皇帝书》。道，办法、途径。恤（xù），体恤、怜惜、怜悯。"……者，……也"，古代汉语判断句形式，相当于"……是……"。之，的。端，开端、开始。

【译文/点评】使国家富裕起来也是有办法的，爱惜民力、物力，是国家富裕起来的开端。此言规劝统治者要想富国就必须爱惜人力、物力，不能多征劳役而夺农时，不能奢侈而多耗天下财富。

耕织之民日耗，则田荒桑枯矣。

【注释】出自宋·高弁《望岁》。日耗，一天天地减少。则，那么。矣，句末语气助词。

【译文/点评】耕种纺织的老百姓一天天地减少，那么田园就要荒芜、桑蚕之树就要枯死了。此言强调农业不可荒废。

苟无恒心，放辟邪侈，无不为已。

【注释】出自先秦《孟子·梁惠王上》。苟，如果。恒心，指安居守本分的善心、守"道"不变的思想。放、侈，二词同义，皆指放荡、越出常轨的行为。辟，通"僻"，与"邪"同义。不为，不做。已，句末语气助词。

【译文/点评】一个人如果没有一颗安居守分的善心，就会胡作非为，没有什么事做不出来。这是孟子与齐宣王谈治国之道时阐发的政治主张，其意是强调道德建设的重要性。但是，这话有一个前提，就是统治者首先要解决民众的温饱问题

（即"恒产"）。也就是说，要想让老百姓坚守道德底线，先要解决他们的生存温饱问题。这符合物质第一位、精神第二位的哲学思想，也是现实主义与实事求是的治国理念。今天仍有其参考借鉴意义。

谷太贱则伤农，太贵则伤末。

【注释】出自宋·苏轼《乞免五谷力胜税钱札子》。则，那么。农，农民。末，指工商业者。

【译文/点评】谷物价格太低，那么势必对种粮的农民造成伤害；谷物价格太贵，那么对工商业的冲击太大。此言谷物的定价要合理，从而保证农业与工商业都能平衡发展。

谷足食多，礼义之心生；礼丰义重，平安之基立。

【注释】出自汉·王充《论衡·治期篇》。丰，多。

【译文/点评】谷物充足，食物丰裕，老百姓的礼义之心自然产生；老百姓重视礼义，那么国家的平安基础就建立起来了。此言物质文明是精神文明的基础，而精神文明的建设又能促进国家的安定。

贵出如粪土，贱取如珠玉。

【注释】出自汉·司马迁《史记·货殖列传》。出，指卖出。取，指买进。

【译文/点评】货物价格贵到极点时，就要像对待粪土一样将货物出清；货物贱到极点时，就要像对待珠玉一样将其买进。此言经商买进卖出的经验，这正是今天的期货与股票市场的生意经。早在两千多年前，中国古人就总结出这个经营之道，实在是伟大。美国前总统尼克松说中国人是天生的经营家，看来还真是说到了点子上。

国离寇敌则伤，民见凶饥则亡。

【注释】出自先秦《墨子·七患》。离，通"罹"，遭受。

寇敌，敌人入侵。凶，指凶年，歉收之年。则，就。亡，逃亡。

【译文/点评】国家遭受敌国入侵，就会伤及国家元气；人民遇到荒年吃不饱肚子，就会逃亡到他国。这是墨家反对战争、重视农耕的治国主张。这是任何时代都适用的治国之道。

国无三年之食者，国非其国也。

【注释】出自先秦《墨子·七患》。之，的。食，粮食。非，不是。

【译文/点评】国家没有三年的粮食储备，那么国家就不成其为国家了。此言吃饭问题对于维系国家命运的重要性。今天我们说"手里有粮，心中不慌"，也正是强调吃饭问题对于国家稳定的重要性。

国之所以兴者，农战也。

【注释】出自先秦《商君书·农战》。"者……也"，是古代汉语的一种判断句形式。农，农业。战，战争。

【译文/点评】国家得以兴盛的原因，靠的是农业与战争。这是两千多年前商君（商鞅）的观点，在他那个时代，这确是强国之道的妙语。中国是农耕社会，有了农业作为根本，人民才能有温饱；有了温饱，天下就能太平。而通过战争，才能开疆拓土，消灭敌人，强大自己。

合升鼓之微以满仓廪，合疏缕之纬以成帷幕。

【注释】出自先秦《晏子春秋·内篇·谏下》。升、鼓，都是古代的度量衡单位。之，的。以，而。廪（lǐn），储藏谷物的仓库。缕，丝线。纬，织物的横线。

【译文/点评】积聚一升一鼓之粮，便可积少成多而满仓库；一针一线纵横交织，便可由小到大而成帐幕。此言国家储备应该重视积少成多的道理。

合天下之众者财，理天下之财者法。

【注释】出自宋·王安石《度支副使厅壁题名记》。"……者"，古代汉语判断句形式之一，即"……是……"。

【译文/点评】把天下之众联系到一起的是财富，管理天下财富的是法律制度。此言财富是联系全体民众的纽带，法律是管理国家财富的保障，颇具现代商业意识。

积之涓涓，而泄之浩浩。

【注释】出自宋·王安石《风俗》。之，指财富。涓涓，水流细小的样子。泄，排泄。浩浩，水势盛大之貌。

【译文/点评】此以水流比喻财富的积累需从一点一滴聚起，非常不易；但是，花费起来却如奔腾之水，一去而不复返。此言财富聚之不易，意在强调注意节用。

瘠地之民多有心者，劳也；沃地之民多不才者，饶也。

【注释】出自汉·刘安《淮南子·修务训》。瘠，贫瘠。之，的。有心，指有上进之心。劳，劳苦。沃，肥沃。不才，此指没出息。饶，富裕。"……者，……也"，古代汉语判断句形式，相当于"……是……"。

【译文/点评】贫瘠土地上的老百姓大多有上进之心，这是因为他们生活劳苦；肥沃土地上的老百姓大多没志向，这是因为他们生活富裕安逸。此言逆境往往促人奋发有为，顺境往往消磨人的上进心。

计较府库，量入为出。

【注释】出自晋·陈寿《三国志·魏书·卫觊传》。计较，盘点、清查。

【译文/点评】盘点府库中所有，估量收入的多少而作支出的预算。此言理财要量入为出、不可寅吃卯粮的道理。

计口而受田，家给而人足。

【注释】出自宋·欧阳修《原弊》。计口，计算人口。受田，分得土地。给（jǐ），丰足。

【译文/点评】按人口分配土地，家家丰足，人人富裕。此言土地对农民生活的重要性。

节用储蓄，以备凶灾。

【注释】出自南朝宋·范晔《后汉书·肃宗孝章帝纪》。节用，此指节约粮食。凶，指荒年。灾，灾难。

【译文/点评】节约粮食，多作储蓄，以备荒年或灾难时所用。此言储蓄备荒的道理。

节欲则民富，中听则民安。

【注释】出自先秦《晏子春秋·内篇·问下》。节欲，节制骄奢淫逸的欲望。则，就。中听，指判决案件公正。

【译文/点评】统治者节制骄奢淫逸、任意挥霍的欲望，老百姓的负担就会减轻，生活才能富裕起来；统治者对于民事诉讼判决公正，老百姓就会感到心安。此言意在规劝统治者治国要一切多从老百姓的角度着想，具有较鲜明的民本思想。

决千金之货者不争铢两之价。

【注释】出自汉·刘安《淮南子·说林训》。决，决定、议定。千金，代指非常大的数目。铢（zhū），古代重量单位，二十四铢为一两。铢两，指代非常小的数目。

【译文/点评】做大生意的人不在小的方面计较。此言做生意要着眼大节的道理，用在为人处世方面也是如此。

开春理常业，岁功聊可观。

【注释】出自晋·陶渊明《庚戌岁九月中于西田获早稻》。理，从事。常业，日常事务，此指农耕事务。岁功，一年的收成。聊，勉强。可观，可以预见。

【译文/点评】如果开春时节就勤勉耕种，那么一年的收成差不多还可以预见。此言有耕耘才有收获的道理。

利之所在，天下趋之。

【注释】出自宋·苏洵《上皇帝书》。趋，快走、奔向。

【译文/点评】利益所在的地方，就是大家奔走争夺的方向。此言好利、趋利乃是人类的本性，可谓一针见血。

敛之于饶，而民不以为暴；施之于不足，而官有羡谷。

【注释】出自宋·高弁《望岁》。敛，征收。之，指赋税。饶，富。此指丰年。暴，残暴。施，施与。不足，指荒年。羡，多余。

【译文/点评】丰年多征收点赋税，而老百姓不会认为官府残暴；荒年多向老百姓施舍救济，而官府仍有多余的谷物。此言治国要考虑丰年与荒年，并作合理的调度，取之于民、用之于民。

良农不以水旱不耕，良贾不为折阅不市。

【注释】出自先秦《荀子·修身》。良农，好的农民。以，因为。良贾（gǔ），好的商人。折（shé）阅，亏损、折本。市，经营、经商。

【译文/点评】好的农民不会因为有水旱灾害而不耕种，好的商人不会因为可能有亏损而不经商。此言农商都有风险，但要坚持为之，因为农商是人类的生存之道。

林中不卖薪，湖上不鬻鱼。

【注释】出自汉·刘安《淮南子·齐俗训》。薪，柴。鬻（yù），卖。

【译文/点评】在伐木的现场不卖柴，在捕鱼的现场不卖鱼。虽然只是一种约定俗成的风俗习惯，但其中也寄寓着相当的经济学原理：产地价总是低于异地价。这其中节省了运输成本，虽于购买者有利，但却影响了买卖的中间环节，减少了商人的赢利空间。用我们今天的观点看，这不利于创造更多的就业机会，以让更多的人都有饭吃。大概古人有此习俗，多少也考虑到这一层吧。

民寡则用易足，土广则物易生。

【注释】出自汉·荀悦《申鉴·时事》。寡，少。则，就。用，资财。足，充足。土，土地。广，大。

【译文/点评】老百姓少，资财就易于满足他们的需要；土地广阔，万物就易生而丰饶。此言人少地广容易满足大家对财富分配的追求，与今天我们所说的"人少好吃饭"同义。

民恶忧劳，我佚乐之；民恶贫贱，我富贵之。

【注释】出自先秦《管子·牧民》。恶（wù），厌恶、不喜欢。佚（yì），通"逸"，安逸、安闲。之，他们，指老百姓。

【译文/点评】老百姓不喜欢忧劳，我就想办法使他们安逸快乐；老百姓不喜欢贫穷低贱，我就想办法使他们富裕尊贵起来。此言统治者要想人民之所想，想办法尽量满足他们的意愿，才能赢得人民的拥护。

男耕女织，天下之大业。

【注释】出自汉·桓宽《盐铁论·园池》。之，的。

【译文/点评】男人耕种，女人纺织，这是天下伟大的事业。此言耕织对于中国古代社会治国安邦的重要性。

男解牵牛女能织，不须邀福渡河星。

【注释】出自宋·范成大《四时田园杂兴六十首》。解，懂得。牵牛，指耕作。不须，不必。邀福，祈福。渡河星，即传说中每年七月七日牛郎与织女渡天河相会的神话。

【译文/点评】此言只要男女勤于耕织，幸福可以自己创造，不必祈求神仙。这是鼓励人们勤于耕织。

农不出则乏其食，工不出则乏其事，商不出则三宝绝，虞不出则财匮少。

【注释】出自汉·司马迁《史记·货殖列传》引《周书》。农，指农民。不出，指工作。则，那么、就。乏，缺。工，工匠。商，商人。虞，古代掌管山林河泽的官员。三宝，指多种财富。"三"在古代是"多"的泛称。财，通"材"，指材料。匮（kuì），缺乏。

【译文/点评】农民不耕种，那么就没粮可吃；工匠不做工，那么建筑工事就不能成；商人不经商，那么物产就不能流通，财富就无由致之；管理山林河泽之官不理事，那么国家就无材料可用。此言农、工、商、官各司其职，国家才能运转正常，社会才能正常发展。

农夫去草，嘉谷必茂。

【注释】出自南朝宋·范晔《后汉书·范滂传》。农夫，农民。必，一定。

【译文/点评】农民把地里的杂草剪除，好的谷物才能长得茂盛。此言耕种必重除草的道理。

农广则谷积，用俭则财畜。

【注释】出自晋·陈寿《三国志·魏书·高柔传》。农广，农业发展。则，就。用俭，开支、用度节俭。畜，同"蓄"，积蓄。

【译文/点评】农业发展了，谷物就会有所积蓄；开支节省了，财富就能聚起来。此言治国应当注意发展农业、积蓄粮食、节约开支的道理。

农事伤则饥之本，女红害则寒之原。

【注释】出自汉·班固《汉书·景帝纪》。伤，受伤害。之，的。本，根源。女红，女工，指纺织之事。原，即"源"。

【译文/点评】农耕之事受到影响是挨饿的根源，纺织之事受到妨碍是受冻的原因。此言耕织之事不能妨害，否则便有饥寒之虞，这是强调耕织对于人类生存的重要性。

农，天下之本，务莫大焉。

【注释】出自汉·司马迁《孝文本纪》。天下，国家。之，的。本，基础、根本。务，事务、事情。莫，没有。焉，于此。

【译文/点评】农业是国家的根本，天下的事情没有比它更重要的了。此言农业乃国家的基础，必须特别重视。

农者，天下之本也。

【注释】出自宋·欧阳修《原弊》。"……者，……也"，古代汉语判断句形式，相当于"……是……"。之，的。天下，国家。本，根本、基础。

【译文/点评】农业是国家的根本。此言农业的基础地位。

女有余布，男有余粟，国家殷富，上下交足。

【注释】出自汉·班固《汉书·扬雄传》。殷，殷实。交，并、一起。

【译文/点评】男耕女织，丰衣足食，国家殷实富裕，社会上下一起富足。此言只有小家富才能国家富的道理。

强本节用，则人给家足之道。

【注释】出自汉·司马迁《史记·太史公自序》。强本，加强农业。节用，节约开支。则，就。给（jǐ），丰足。之，的。道，方法、途径。

【译文/点评】加强农业生产，节约开支，才是实现老百姓丰衣足食的途径。此言加强农业生产与节约开支是两大富国富民之道，这与我们今天强调"开源节流"的思想是一致的。

劝农节用，均丰补败。

【注释】出自宋·欧阳修《汉高祖庙赛雨文》。劝，鼓励。均，使平均。败，此指荒年、歉收之年。

【译文/点评】鼓励农耕，节省开支，以丰年之有余补荒年之不足。此言如何平衡生产与开支、丰年与荒年的道理。

劝农桑，益种树，可得衣食物。

【注释】出自汉·班固《汉书·景帝纪》。劝，鼓励。农桑，种粮养蚕。益，多。树，种植。种树，种植。

【译文/点评】鼓励种粮养蚕，多种植，就可得到衣食之物了。此言农桑的目的在于解决衣食问题。

让生于有余，争起于不足。

【注释】出自汉·王充《论衡·治期篇》。让，谦让。有余，富余、富裕。争，纷争。不足，匮乏。

【译文/点评】谦让源于生活富有，纷争起于物质匮乏。此言强调建设精神文明必先建设物质文明，物质文明是精神文明的基础。

人弃我取，人取我与。

【注释】出自汉·司马迁《史记·货殖列传》。弃，放弃、抛弃。取，拾取、收进。与，给予。

【译文/点评】别人不要的货物我买进，别人买进的货物我卖出，然后待价而沽，在供不应求时适时抛出，就能获取最大利益。这是中国古人总结出来的经商牟利之道。今天我们做股票、期货买卖，都是基于这一法则的。可见中国古人是相当聪明的。

日出而作，日入而息，凿井而饮，耕田而食。

【注释】出自汉·王充《论衡·感虚》。作，劳动。

【译文/点评】太阳升起就出去劳作，太阳落山就回家休息，挖井取水而饮，耕田收获而食。此写中国古老的农耕生活规律。

三年耕，必有一年之食；九年耕，必有三年之食。

【注释】出自汉·戴圣《礼记·王制》。之，的。必，一定。

【译文/点评】三年辛勤耕作，一定能有一年吃的粮食；九年耕作，必有三年吃的食物。此言要解决温饱问题，必须重视农耕，有耕才有食。今天我们说"一分耕耘一分收获"，说的正是这个意思。

三年耕，有九年储。仓谷满盈，斑白不负戴。

【注释】出自汉·曹操《对酒》。储，储备。盈，满。斑白，指头发斑白之人，即老年人。负戴，背负东西，即做体力活。

【译文/点评】老百姓三年耕作，国家便会有九年的粮食储备。国家仓库谷物满盈，那么老年人就可不必再干体力活了。此言粮食生产对于治国安邦的意义。

三月蚕桑，六月收瓜。

【注释】出自汉·乐府古辞《孤儿行》。

【译文/点评】此写农桑事宜与季节的关系，也说明了农民一年无闲的辛苦。

善为国者，仓廪虽满，不偷于农。

【注释】出自先秦《商君书·农战》。为国者，治国的人。廪（lǐn），储藏谷物的仓库。虽，即使。偷，马虎、苟且、轻忽。

【译文/点评】善于治国的人，即使粮仓已储满，也不会对发展农业掉以轻心。此言强调农业是国家的根本，无论什么情况下都不能轻忽于心。

善为国者，藏之于民。

【注释】出自晋·陈寿《三国志·魏书·赵俨传》。为国者，治国的人。之，此指物产或财富。

【译文/点评】善于治国的人，不会积聚天下所有的财富于国家，而是让民众也殷实富裕。此言治国当注意藏富于民的道理。

尚力务本而种树繁，躬耕趣时而衣食足。

【注释】出自汉·桓宽《盐铁论·力耕》。尚，超过、推崇。尚力，大力、致力。务本，从事农业。树，种植。种树，种植。繁，多。躬，亲自。趣，奔赴、赶快。

【译文/点评】致力于农业生产，种植出的作物就会多；亲耕不误农时，便会丰衣足食而无忧。此言发展农业对于解决温饱问题的重要性。

深耕概种，立苗欲疏，非其种者，锄而去之。

【注释】出自汉·司马迁《史记·齐悼惠王世家》引耕田歌。概（jì），稠密。欲，要。疏，稀疏。非，不是。

【译文/点评】深耕密种，立苗要稀，不是禾苗，把它锄掉。此言种庄稼锄草保苗的经验。

生财有大道：生之者众，食之者寡，为之者疾，用之者舒，则财恒足矣。

【注释】出自汉·戴圣《礼记·大学》。道，原则。之，指财富。……者，……（的）人。食，指消耗。为，指生产。疾，快。舒，慢。则，那么。恒，永远。足，充足。矣（yǐ），语气助词，相当于"了"。

【译文/点评】创造财富有一个大的原则：创造财富的人多，消耗财富的人少；创造财富的人创造得很快，消耗财富的人消耗得慢，那么财富就永远都用不完了。此言治国安邦要坚持"开源节流"的原则：既要重视财富的创造，也要重视节省开支。这样，才能国强民富。

圣人非不好利也，利在于利万人；非不好富也，富在于富天下。

【注释】出自唐·白居易《策林二》。圣人，此指尧、舜、禹等上古圣君。非，不是。也，句中语气词，表示停顿。

【译文/点评】圣人并不是不喜欢利，而是追求利在天下万民；圣人不是不喜欢富，而是要追求使天下人皆富。此言圣人治天下以天下人皆富为目标的阔大胸襟。

食足货通，然后国实民富。

【注释】出自汉·班固《汉书·食货志》。食，食物。足，充足。货，货物。通，流通。实，殷实。

【译文/点评】食物充足，货物流通，然后才能国家殷实、百姓富裕。此言发展农业与商业才是国家与百姓实现富裕的根本途径。

水处者渔，山处者木，谷处者牧，陆处者农。

【注释】出自汉·刘安《淮南子·齐俗训》。

【译文/点评】处于水上的人就以捕鱼为业；处于山林的

人就以伐木为业；处于山谷、河谷地带的人就以放牧为业；处于大陆平原地区的人就以从事农耕为业。此言人要根据自然条件与所处的环境选择适当的职业，也就是选择自己的生活方式要因地制宜。

水广者鱼大，山高者木修。

【注释】出自汉·刘安《淮南子·说山训》。广，大。木，树。修，长。

【译文/点评】水面浩大才有大鱼，山高林密才有大树。此言事物与其环境的密切关系。用今天的眼光看，也可以这样解读：只有注意保护环境，才能获得最大的利益。

顺针缕者成帷幕，合升斗者实仓廪。

【注释】出自汉·刘向《说苑·政理》。顺，顺着、顺从。实，充实。廪（lǐn），储藏谷物的仓库。

【译文/点评】不弃一针一线，不断纵横编织，便会织成帷幕；积聚一升一斗之谷，便能储满国家的粮仓。此言治国安邦要重视积少成多的衣食储备工作。

苏湖熟，天下足。

【注释】出自宋·谣谚杂语《宋世谚》。苏湖，指苏州、湖州。熟，丰收。

【译文/点评】苏州、湖州粮食丰收了，天下就不会有饥饿的人。此言苏州、湖州是天下的粮仓，对维持天下的粮食供应有着举足轻重的特殊作用。

粟米布帛生于地，长于时，聚于力，非可一日成。

【注释】出自汉·班固《汉书·食货志》。

【译文/点评】粟米、布帛这些衣食之物都产自于土地，生长需要时日，收获需要人力，不是一天可以成功的。此言衣食之物来之不易，劝人珍惜。

岁有凶穰，故谷有贵贱。

【注释】出自汉·班固《汉书·食货志》。岁，年成。凶，荒年。穰（ráng），庄稼丰收。故，所以。

【译文/点评】年成有好有坏，所以谷物才有贵有贱。此言谷物的价格与年成有密切关系，也就是与市场供求有关系。

天下以农桑为本。

【注释】出自汉·班固《汉书·昭帝纪》。天下，国家。农，农业。桑，种桑养蚕。本，根本。

【译文/点评】国家的根本是发展农业、种桑养蚕，以此解决衣食问题。此言农桑在中国古代社会的基础地位。

拓境不宁，无益于强；多田不耕，何救饥厄。

【注释】出自南朝宋·范晔《后汉书·庞参传》。饥厄，饥荒、困厄。

【译文/点评】开疆拓土，却又不能使边境安宁下来，这对于国家强大是无益的；有很多田地而不耕种，对于拯救老百姓的饥荒与困厄又有何补？此言国家疆域不在大，而在于强；耕种之地不在于多，而在于多收获粮食。

为国者，必先知民之所苦，祸之所起，然后设之以禁。

【注释】出自汉·王符《潜夫论·述赦》。为国者，治国者。必，一定。之，的。

【译文/点评】治理国家的人，一定要了解民众的疾苦和国家祸患产生的原因，然后采取应对措施予以禁止。这话的意思是在提醒执政者应该体察人民的疾苦，治国要有忧患意识，防患要有先见之明。这确是治国安邦者应该记取的至理名言，可谓千古不易。

为国者当务实。

【注释】出自宋·苏轼《民赋叙》。为国，治国。务，从事，致力。务实，从事或讨论具体的工作。

【译文/点评】治国者，首要的是要解决民生问题，即解决老百姓的衣、食、住、行等实际问题。因此，空谈仁、义、礼、知、信，或者廉、耻，都是虚的。管子早就说过："仓廪实而知礼仪。"万民不饥不寒，国家何愁不治，天下何愁不太平。"为国者当务实"，可算是说到了治国的根本上，无论为君为相，做大官还是做小官，是古代还是现代，抑或是将来，永远都是真理。

无伐名木，无斩山林。

【注释】出自汉·董仲舒《春秋繁露·求雨》。无，不要。

【译文/点评】不要砍伐名贵珍稀的树木，不要伐尽山上的林木。这个思想正是我们今天所强调的，即要保护珍稀树木，反对滥伐山林。

无伎不可以为工，无赀不可以为商。

【注释】出自唐·柳宗元《上湖南李中丞干廪食启》。伎（jì），通"技"，技术、技能。工，工匠。赀（zī），通"资"，资财、钱财。

【译文/点评】没有技能就做不了工匠，没有资金就做不了商人。此言技术与资金对于从事手工业与商业的重要意义。

五种俱熟，公私有余。

【注释】出自唐·韩愈《凤翔陇州节度使李公墓志铭》。五种，指黍、稷、麦、菽、稻五种谷物。熟，丰收。公私，指国家与个人。

【译文/点评】五种谷物都丰收，国家与百姓就都富足了。此言五谷丰登对于国家与百姓的重要性。

务本节用财无极。

【注释】出自先秦《荀子·成相》。务，从事、致力于。本，指农业。节用，节省开支。无极，无尽、无边。

【译文/点评】致力于发展农业，节省用度，国家就有无尽的财力。此言发展农业、节省开支是保证国家财力无尽的前提。

习兵战不如习商战。

【注释】出自清·郑观应《盛世危言》。

【译文/点评】商场如战场，这是今天我们都知道的道理。但是，在清代能够看到这一点则非常不易。今天我们都知道，一个国家的安危，军事实力固然重要，但若是国力不济，则难以维持，而国力主要体现于经济实力上。因此，有了足够的经济实力，不愁国力不强大；国力强大，不愁军事力量不强大。现代国际形势已经清楚地昭示了这一点：凡是世界上的经济强国，都是世界上的军事强国。

蓄积者，天下之大命也。

【注释】出自汉·贾谊《新书·无蓄》。蓄积，积蓄。"……者，……也"，古代汉语判断句形式，相当于"……是……"。天下，指国家。之，的。

【译文/点评】粮食和财富是国家的命脉。此言注重积蓄在维系国家命运方面的重要性。

养蚕不满百，那得罗绣襦。

【注释】出自晋·清商曲辞《采桑度七曲》之五。百，指百堆。那得，哪能。罗，丝绸类。襦（rú），短衣、短袄。

【译文/点评】此言丝绸之类的衣物来之不易。

一丛深色花，十户中人赋。

【注释】出自唐·白居易《买花》。深色花，指"灼灼百朵红"的牡丹花。

【译文/点评】盛唐的帝都长安，有一种时尚，即暮春时节，人人争买牡丹，车马若狂。"一丛深色花，十户中人赋"两句诗，既典型地反映了这一盛唐的时尚，也在"一丛"花与"十户"赋的对比中，不着痕迹地揭示了盛世背后的危机：达官贵人的奢侈与百姓生活的艰辛已将社会贫富分化的悬殊推到了极点。由此向唐代统治者敲响了警钟。

一夫不耕，天下受其饥；一妇不织，天下受其寒。

【注释】出自南朝宋·范晔《后汉书·王符传》。夫，男子。

【译文/点评】此言农桑耕织对天下稳定的重要性。

一夫耕，百人食之；一妇桑，百人衣之，以一奉百，孰能供之？

【注释】出自南朝宋·范晔《后汉书·王符传》。夫，男子。耕，耕种。食之，吃粮食。桑，指纺织。衣之，穿衣服。奉，供奉。孰，怎么。供，供应。

【译文/点评】一男耕种，百人吃粮；一妇织布，百人穿衣。以一供百，怎么可以供应得上呢？其意是强调解决人民的温饱问题，应该鼓励更多的人从事农业生产。

一日不再食则饥，终岁不制衣则寒。

【注释】出自汉·班固《汉书·食货志》。再，第二次。终岁，一整年。

【译文/点评】此言衣食对人的重要性，强调的是农业对国家的重要性。

一日不作，百日不食。

【注释】出自汉·司马迁《史记·赵世家》。作，耕作。

百日，泛指多日。不食，没得吃。

【译文/点评】此言强调不违农时、勤于农耕对于解决温饱问题的重要性。

衣食之道，必始于耕织。

【注释】出自汉·刘安《淮南子·主术训》。之，的。道，途径、方法。必，一定。

【译文/点评】解决衣食温饱的途径，一定是从耕作纺织开始的。此言耕织对于解决生存问题的重要性。

衣食足而知荣辱，廉让生而争讼息。

【注释】出自汉·班固《汉书·食货志》。廉，廉洁、正直。让，谦让。争讼，纷争官司。息，停止。

【译文/点评】衣食无忧了，老百姓就会知道荣辱；有了正直谦让之心，老百姓的纷争官司也就停息了。此言精神文明是建立在坚实的物质文明基础之上的。

异物内流则国用饶，利不外泄则民用给。

【注释】出自汉·桓宽《盐铁论·力耕》。异物，指域外或外国输入的货物。内流，输入国内。则，那么、就。用，资财。国用，国家的资财。饶，富有。民用，老百姓的资财。给（jǐ），丰足。

【译文/点评】有域外的货物输入国内，那么国家的资财就丰足了；利益不外流到域外，那么老百姓的财富就增加了。此言对外发展贸易是增加国家与百姓财富的重要途径。

因天下之力，以生天下之财；取天下之财，以供天下之费。

【注释】出自宋·王安石《上皇帝万言书》。因，凭借。费，消费、开支。

【译文/点评】国家凭借天下人之力，来增加天下的财富；国家征取天下人的财富，又用以供天下人开支。此言国家财富要取之于民、用之于民。现代国家征税之后发展公益事业，造福于民，正是这一思想的体现。

用贫求富，农不如工，工不如商。

【注释】出自汉·司马迁《史记·货殖列传》。用，因为、由于。工，做工匠。商，做商人。

【译文/点评】因为贫困而求致富，那么务农不如做工，而做工又不如经商。此言经商是发家致富的最好途径。这话今天看来还是对的，真是经典！

用于国有节，取于民有制。

【注释】出自宋·苏轼《叶嘉传》。节，节制。制，限制。

【译文/点评】国家的开支要有节制，征赋征税于民要有限制。此言倡导节约，减轻民众负担，具有鲜明的民生关怀色彩。

有石城十仞，汤池百步，带甲百万，而亡粟，弗能守。

【注释】出自汉·班固《汉书·食货志》。仞，古代八尺为仞。十仞、百步、百万，皆是虚指，表示很多。汤，沸水、开水。汤池，即用沸水为护城河。带甲，指武装起来的士兵。亡，无。弗，不。

【译文/点评】即使有很高的石头城墙，有很长灌满沸水的护城河，有武装起来的百万雄兵，而没有粮食，城池也是难以坚守的。此言粮食供应才是军事取胜的关键。古人有言，"车马未动，粮草先行"，说的正是这个道理。

有沃野之饶而民不足于食者，器械不备也；有山海之货而民不足于财者，商工不备也。

【注释】出自汉·桓宽《盐铁论·本议》。之，的。饶，富饶。不足于食，吃不饱。"……者，……也"，古代汉语判断句形式，相当于"……是……"。不足于财，发不了财。商工，商业与手工业。备，齐备、发达。

【译文/点评】有良田沃土的富饶条件，老百姓却吃不饱肚皮，那是因为农耕器具不够齐备的缘故；有山珍海味等无数货物，老百姓却守着山林大海而发不了财，这是因为商业与手工业不发达的原因。此言强调要解决农业问题，先要发展手工业；要解决老百姓致富问题，先要发展商业与手工业。今天我们说"无工不富"、"无商不富"，正是这个道理。

渔者不死于山，猎者不溺于渊。

【注释】出自汉·王充《论衡·遭虎》。

【译文/点评】捕鱼的人不会死在山上，打猎的人不会淹死于深渊。此言发展生产要因地制宜，也就是我们今天俗语所说的"靠山吃山，靠水吃水"。

与其使食浮于人也，宁使人浮于食。

【注释】出自汉·戴圣《礼记·坊记》。食，俸禄。食浮于人，所支领的俸禄超过他实际的才干。宁，宁可。人浮于食，才能超过于他实际所支取的俸禄。

【译文/点评】现代商业上用人讲究成本核算，要用最少的钱雇用到最有才能的人，为企业创造最大的利润。外国人虽然精明，但还是比不了我们中国人。早在两千多年前，我们就知道用人的成本核算原则：与其让那些没什么才能的庸人多吃、多领君王与国家的俸禄，还不如让那些真正有才能的人为君王所用，让他们为国家发挥最大的作用，却不必多支付高于任用庸才的额外俸禄。美国前总统理查德·尼克松在其

《1999：不战而胜》一书中曾说过："中国人多为天生的企业家，他们不论移民到哪个国家都能发财致富。"中国人那么会精打细算，连国家用人也会核算成本，自然做生意也是世界"一只鼎"了。上面的这句话，妙就妙在说出了现代商业上最著名的"成本核算"原则。

雨顺风调百谷登，民不饥寒为上瑞。

【注释】出自宋·苏轼《荔支叹》。登，丰收。瑞，祥瑞、吉祥。

【译文/点评】风调雨顺、五谷丰登，老百姓不饥不寒，这就是最大的祥瑞。此言解决人民的温饱问题就是最大的成就，也是上天垂示给统治者最大的祥瑞。这句话表现了强烈的民本主义思想。

欲收禾黍善，先去蒿莱恶。

【注释】出自宋·王安石《钱镈》。蒿（hāo），指杂草。

【译文/点评】此言要想庄稼长得好，就要先除恶杂草。此言强调除草对于庄稼生长的重要性。

治国之道，必先富民。

【注释】出自先秦《管子·治国》。之，的。道，方法、途径。必，一定。

【译文/点评】治国的途径，首先必须使老百姓富裕起来。此言解决民生问题的重要性。统治者只有首先解决了老百姓的温饱问题，老百姓衣食无忧了，那么天下自然太平，国家自然大治。

煮海为盐，采山铸钱。

【注释】出自晋·左思《吴都赋》。海，指海水。山，指山中矿石。

【译文/点评】煮海水而为盐，采矿石而铸钱。此写吴都物产之富饶，同时也说明了中国古代煮盐、铸钱两个产业在经济发展中的重要意义。

足天下之用，莫先乎财；系天下之安危，莫先乎兵。

【注释】出自宋·欧阳修《本论》。足，使充足。天下，指国家。之，的。用，用度、开支。莫，没有。先乎，先于，比……重要。系，关涉、维系。兵，军事。

【译文/点评】要使国家财力、用度充足，没有比增加财富更重要的了；维系国家安全，没有比重视军事更要紧的了。此言财富、军事对国家的重要性。我们今天说的"国力"，就是指财富与军力。

军事外交

爱故不二，威故不犯。故善将者，爱与威而已。

【注释】出自先秦《尉缭子·攻权》。故，所以。不二，忠诚、无二心。威，威严。不犯，不冒犯。将，做将领。

【译文/点评】因为仁爱，所以士兵才对将领忠诚，没有二心；因为有威严，所以士兵不敢冒犯将领的权威。因此，善于做将领的人，只是善用仁爱与威严罢了。此言治军要善于恩威并施、爱罚兼举的重要性。

安得壮士挽天河，净洗甲兵长不用。

【注释】出自唐·杜甫《洗兵马》。安得，怎么才能。挽，拉、挽住。天河，银河。甲兵，铠甲与兵器。

【译文/点评】此写刀枪入库，马放南山，从此永远没有战争的良好愿望，既反映了诗人和平主义的思想，也反映了唐代人民厌恶战争的普遍情绪。

安静则治，暴疾则乱。

【注释】出自先秦《尉缭子·兵令上》。则，就。暴疾，粗暴急躁。

【译文/点评】将领遇事沉着冷静，军队就会治理得好；将领行事粗暴急躁，军队就会混乱。此言将领性格对军队治理好坏的重要影响。

八百里分麾下炙，五十弦翻塞外声，沙场秋点兵。

【注释】出自宋·辛弃疾《破阵子》。八百里，指牛。晋人王恺有牛称八百里驳。此也指军队驻营地之广、兵力之多。麾（huī），指挥作战用的旗子。麾下，即旗下，指部下、部属。炙（zhì），烤、烤的肉。翻，演奏。沙场，战场。

【译文/点评】此写秋季点兵时分食烤肉、琴奏塞外悲壮军歌的情景。

白骨半随河水去，黄云犹傍郡城低。

【注释】出自唐·李嘉祐《宋州东登望题武陵驿》。黄云，指浮于空中的沙尘。犹，还。

【译文/点评】此乃通过战场惨象的描写而直观地反映战争的残酷性。前句写白骨随水流的景象，表现的是已过去的战争场面的触目惊心；后句写黄云压城的景象，表现的是未来战争逼人的压抑感。"白骨"对"黄云"，黄白相对，天地相映，由此传达出一种凄凉充溢天地之间的意蕴。"河水去"对"郡城低"，则是以暂时的平静预示着更残酷的战争即将发生。

白骨成丘山，苍生竟何罪？

【注释】出自唐·李白《经乱离后天恩流夜郎忆旧游书怀赠江夏韦太守良宰》。苍生，指老百姓。竟，究竟。

【译文/点评】此以夸张修辞法写唐朝"安史之乱"后再次爆发的内乱给无辜百姓带来的灾难，并直言批评了唐朝统治者，为天下苍生鸣不平。

白骨高于太行雪，血飞迸作汾流紫。

【注释】出自明·王世贞《过长平作长平行》。汾，指汾河。流，指河水。

【译文/点评】战死者的白骨就像皑皑白雪，堆积如山，高过太行山；战士的鲜血迸飞，将汾河之水都染紫了。此以比喻与夸张修辞法写战场上尸骨如山、血流成河的惨状，让人为之骨折心惊、不寒而栗。

白骨露于野，千里无鸡鸣。生民百遗一，念之断人肠。

【注释】出自汉・曹操《蒿里行》。百遗一，百人只遗存一人。

【译文/点评】此写东汉末年军阀混战造成的中原惨象，读之不禁令人深深反思战争的残酷性。

白骨似沙沙似雪，将军休上望乡台。

【注释】出自宋・张舜民《西征回途中二绝》之一。

【译文/点评】此以白骨比沙之白，又以沙比雪之白，层层设喻，遂将白骨、沙、雪融为一体，从而扩张了原有的意象范围，将"白骨蔽于野"的边塞惨象淋漓尽致地展露出来，令人不寒而栗。由此，再逼出下一句"将军休上望乡台"。面对士兵的累累白骨，将军望乡良心何安？何以面对将士们的亲人？由此，再把将军难以言表的悲哀之情推到极点。

白骨已枯沙上草，家人犹自寄寒衣。

【注释】出自唐・沈彬《吊边人》。犹，还。

【译文/点评】此言将士早已战死边塞，家人尚不知情的悲惨情状。诗句以"白骨枯"、"沙上草"、"寄寒衣"三个细节描写，不但突出了战死者的悲哀，更凸显了战死者家人的悲哀，读之不禁让人生出无限的感伤。

白首相逢征战后，青春已过乱离中。

【注释】出自唐・刘长卿《送李录事兄归襄邓》。白首，白头。

【译文/点评】从青春到白头，一生大好的时光都在征战中过去，这是个人何等的人生悲哀，又是国家人民何等的悲哀。

白水暮东流，青山犹哭声。

【注释】出自唐・杜甫《新安吏》。犹，像。

【译文/点评】此写"安史之乱"给广大人民带来的深重灾难。前句写暮水东流，后句写青山犹哭（风吹树声像哭声），看似纯粹的写景，实则是借景写情。后句说哭，前句写水，两句结合起来看，便知其意蕴：东流的不是水，而是泪。由此，将战乱带给人民的苦难淋漓尽致地表达出来。

百里而趣利者蹶上将，五十里而趣利者军半至。

【注释】出自汉·司马迁《史记·孙子吴起列传》。趣，同"趋"，追逐。蹶（jué），跌倒、使挫折、损失。

【译文/点评】百里奔袭敌人而追逐战功的，会使上将受挫折；追击敌人五十里而想立功，军队只能到达一半。此言长距离追击敌人的不利与不可取之处。

百战百胜，非善之善者也；不战而屈人之兵，善之善者也。

【注释】出自先秦《孙子·谋攻》。百，是虚指，指所有。非，不是。善之善，最好的。者也，古代汉语判断句形式之一，相当于"……是……"。屈人，使人屈服。兵，军队。

【译文/点评】每仗必胜，这并不是用兵作战中最高的境界；不必动用军队就能使敌人屈服的，才是用兵的最高境界。此言战争要善于运用谋略，不战而胜才是良策。

败军之将，不可言勇；亡国之臣，不可言智。

【注释】出自汉·刘向《说苑·谈丛》。之，的。勇，勇气。智，智慧。

【译文/点评】此语与《史记》中所说的"败军之将，不可以言勇；亡国之大夫，不可以图存"同义。

败军之将，不可以言勇；亡国之大夫，不可以图存。

【注释】出自汉·司马迁《史记·淮阴侯列传》。之，的。

言，谈论。图，谋划。存，存国、救国。

【译文/点评】失败的将军没资格谈论勇气二字，亡国的大臣，没能力再谋划救国的事了。此言将军的职责是鼓勇而胜敌，大夫的职责是为国出谋划策，既然战争已经都失败了、国家都灭亡了，说明他们都失职了，何来资格与能力奢谈胜利与救国呢？

班声动而北风起，剑气冲而南斗平。

【注释】出自唐·骆宾王《代李敬业传檄天下文》。班声，即马鸣声。南斗，即二十八星宿中的斗星，斗宿与牛宿是吴地的星空分野，代指吴地。

【译文/点评】战马嘶鸣，北风萧萧，声动天地；宝剑的寒光闪闪，肃杀之气冲斗宿，吴地为之平复。此写想象中讨伐武则天的唐军势如破竹的气势。

奔走可击，勤劳可击。

【注释】出自先秦《吴子·料敌》。走，跑。

【译文/点评】敌人逃跑时可以趁机攻击，敌人疲惫之时可以趁机攻击。此言敌人撤退与疲劳之时都是偷袭的好机会。

必胜之师，必在速战。

【注释】出自唐·韩愈《论淮西事宜状》。之，的。师，军队。必，一定。

【译文/点评】此言战争中争取时间的重要性，强调的是战争中一鼓作气、速战速决的意义。

必死则生，幸生则死。

【注释】出自先秦《吴子·治兵》。必死，指抱着必死的信念。则，那么、就。幸生，抱着侥幸求生的想法。

【译文/点评】作战抱有必死的信念，那么也许能够死里得生；抱着侥幸求生的想法，那么就只有死路一条。此言作战抱必死的信念就会勇往直前，杀敌获胜就能求得生存。反之，患得患失，则必死无疑。

避其锐气，击其惰归。

【注释】出自先秦《孙子·军争》。其，指示代词，指敌人。锐气，指高昂的士气。惰归，指士气低沉。

【译文/点评】与敌人作战要规避其士气高昂之时，选择其士气低落、意志消沉之时进攻。此言战争中有效利用士气的意义。战争打的就是勇气，因此士气往往是决定战争胜负的关键因素，所以曹刿论战时有"战者，勇气也"的名言。

边城多健少，内舍多寡妇。

【注释】出自汉·陈琳《饮马长城窟行》。健少，年轻男子。

【译文/点评】此言战争对人民生活的严重影响：年轻男子都集中到边境作战，战死了，他们的妻子便成了寡妇；幸存下来，不得回家，他们的妻子也形同守活寡。

边庭流血成海水，武皇开边意未已。

【注释】出自唐·杜甫《兵车行》。边庭，边境、前线。武皇，指汉武帝，实影射唐玄宗。开边，开疆拓土的对外战争。已，停止。

【译文/点评】此句表面是批评汉武皇不断开疆拓土，不知停止，而使士兵伤亡很大，实是批评唐玄宗时代的对外用武行为，表现了唐人强烈的反战情绪。

兵不完利，与无操者同实。

【注释】出自先秦《管子·参患》。兵，兵器。完，完备。利，锐利。操，拿。无操者，没拿武器的人。同实，相同、实质相同。

【译文/点评】兵器不完备、不锐利，与没拿武器、赤手空拳的人没有什么两样。此言要走上战场作战一定要兵器完备而且锐利，强调的是武器在战争中的作用。

兵不在多，贵乎得人。

【注释】出自南朝宋·范晔《后汉书·刘表传》。贵乎，贵于。

【译文/点评】士兵不在多，关键是要得到精锐勇猛之士。此言战争靠的是精兵强将能够冲锋陷阵，而不在人多而徒有声势。

兵出无名，事故不成。

【注释】出自汉·班固《汉书·高帝纪》。兵，军队。名，名义、正当理由。事故，指事情。

【译文/点评】出兵没有正当理由，事情是不会成功的。此言强调"师出必有名"，即战争必须具有正义性。

兵戈之士乐战，枯槁之士宿名。

【注释】出自先秦《庄子·徐无鬼》。兵戈之士，指战士、武士。枯槁之士，指隐居山林的隐士。宿名，以名为归宿，即求名。

【译文/点评】武士好战，隐士好名。此言不同的人有不同的价值追求。

兵，诡道也。军事未发，不厌其密。

【注释】出自晋·陈寿《三国志·魏书·刘晔传》。兵，用兵。诡道，欺诈的方法。"……也"，古代汉语判断句形式之一，相当于"……是……"。发，发生。厌，厌烦。

【译文/点评】用兵就是欺诈之道。军事行动没有开始之前，再保密也不为过。此言军事行动高度保密的重要性。

兵贵神速。

【注释】出自晋·陈寿《三国志·魏书·郭嘉传》。

【译文/点评】此言用兵取胜的不二法宝是行动神速，以迅雷不及掩耳之势打得敌人措手不及，自然能大获胜利。这是永不过时的用兵取胜的法则，自古及今，古今中外，概莫能外。

兵贵胜，不贵久。

【注释】出自先秦《孙子·作战》。兵，用兵作战。贵，贵于、以……为贵。

【译文/点评】用兵作战关键是要取得胜利，而不在于与敌相持多久。此言作战只讲效果，而不是为了拼消耗、熬时间。

兵贵于精，不贵于多；强于心，不强于力。

【注释】出自明·冯梦龙《东周列国志》第十六回。心，指意志。

【译文/点评】此言军队的战斗力在于兵精、心坚，而不在兵多、力强。

兵久则力屈，人愁则变生。

【注释】出自南朝宋·范晔《后汉书·冯衍传》。兵，战争。力屈，力量衰退。则，就。变，变故、意外之事。生，发生。

【译文/点评】战争时间过久，军队的战斗力就会衰退；士兵忧愁，意外的变故就会发生。此言战争不能打得旷日持久，应当速战速决。

兵寝星芒落，战解月轮空。

【注释】出自隋·杨素《出塞二首》之一。兵寝，兵器休息，指战争结束。星芒，星光。落，落下、照射大地。战解，战争结束。月轮空，指月圆。

【译文/点评】刀枪入库，星光灿烂照大地；战马卸鞍，一轮明月圆又亮。此写战争结束、和平降临后美好的夜景，表达的是对和平生活的喜悦之情。

兵虽诡道，而本于正者，终亦必胜。

【注释】出自宋·苏洵《用间》。兵，战争。诡道，欺诈之道。本于正，出于正当目的。亦，也。

【译文/点评】战争虽然属于诡诈之道，但是如果基于正当目的，最终也还是能够取胜的。此言强调战争要有正义性。

兵未战而先见败征，此可谓知兵。

【注释】出自汉·司马迁《史记·项羽列传》。兵，军队。征，征兆。知兵，懂得兵法。

【译文/点评】两军还未交战，就已经看出了一方失败的征兆，这可谓是真正地懂得用兵之道。此言用兵时善于由此及彼进行推理、预测战争结果的重要性。

兵无常势，水无常形。

【注释】出自先秦《孙子·虚实》。兵，军队。势，阵势。形，形状。

【译文/点评】军队临敌作战没有固定不变的阵势，就像水没有固定的形状一样。此以水无常形比喻战争中排兵布阵没有具体可依的不变模式，用兵者要适应形势而不断变化，不能固守教条。

兵恶不戢，武贵止戈。

【注释】出自唐·吴兢《贞观政要·征伐》。兵，用兵。

恶（wù），讨厌、不喜欢。戢（jí），收藏兵器，引申为止息、禁止。

【译文/点评】用兵令人讨厌的是不知收敛，用武难能可贵的是能够以战争制止战争。此言不可轻启战端，实在要用兵作战，也要为了实现制止战争的正义目的。

兵，凶器。未易数动。

【注释】出自汉·班固《汉书·张汤传》。兵，兵器、军队。未易，不能轻易。数动，多次、频繁动用。

【译文/点评】兵器是凶器。军队不能轻易频繁动用。此言对战争要谨慎，不要轻易动刀动枪、发动战争，体现了中国传统的"和为贵"的和平主义思想。

兵，凶器；战，危事。

【注释】出自汉·班固《汉书·晁错传》。兵，兵器。

【译文/点评】兵器是凶器，战争是危险的事。此言对战争要持慎重态度，不要轻言战争、轻启战端。其意是强调应以和平的方式解决问题。

兵以诈立，以利动。

【注释】出自先秦《孙子·军争》。兵，战争。以，因为、凭借。诈，欺诈。立，指成功。利动，为利益所驱动。

【译文/点评】战争是要靠欺诈而取胜的，战争的发动是因国家利益的驱动。此言战争中用计欺敌的作用与战争的原因。

兵义无敌，骄者先灭。

【注释】出自晋·陈寿《三国志·魏书·袁绍传》。兵，战争。义，正义、道义。

【译文/点评】战争具有正义性，就会天下无敌；骄傲的军队，必定会首先灭亡。此言战争的正义性是取胜的重要法宝，骄兵必败是兵家应该时时牢记的箴言。

兵犹火也，弗戢将自焚也。

【注释】出自先秦《左传·隐公四年》。兵，指战争。犹，像。也（第一个），句中语气助词，表停顿。弗，不。戢（jí），本指收藏兵器，引申为止息、禁止。焚，烧。也（第二个），句末语气助词。

【译文/点评】战争就像火一样，如果不知停止，就会像玩火不止而把自己烧死。此言发动战争要慎重，要注意节制，否则会祸及自身。古人说"玩火者必自焚"，正是此意。

兵有利钝，战无百胜。

【注释】出自晋·陈寿《三国志·吴书·吕蒙传》。兵，指兵器。利钝，锋利、不锋利。

【译文/点评】兵器有锋利的，也有不锋利的；战争有取胜的，也有不取胜的。此以兵器的利钝为喻，说明战争没有百战百胜的情况。

兵有奇正，旋相为用，如环之无端。

【注释】出自宋·苏辙《殿试武举策问一首》。兵，用兵。奇，指用奇计、奇袭。正，指战场上的正面攻防作战。旋，旋转、轮番、交错。

【译文/点评】用兵有采用奇计袭击的，也有正面攻守作战的，交互使用，就像是圆环找不出开端一样，让敌人无所适从。此言战争中奇正之计配合使用的效果。

兵在精，不在众。

【注释】出自宋·欧阳修《翰林侍读学士右谏议大夫杨公墓志铭》。在，在于。众，多。

【译文/点评】此乃强调军队的战斗力在于兵精而不在兵多。

兵者，百岁不一用，然不可一日忘也。

【注释】出自先秦《鹖冠子·近迭》。兵，战争、军事。百岁，虚指，指代很长时间。一日，一天，此为虚指，指时刻、每时每刻。不一用，用不到一次。然，但是、然而。不可，不能。"……者……也"，古代汉语判断句形式，相当于"……是……"。

【译文/点评】战争是很长时间都发生不了一次的，但是却一天也不能忘记有战争发生。此言战争虽然应当避免，但是战备却要常备不懈，这才能够保证国家的安全。自古及今，古今中外，各国都发展军事力量，其意并不在真的愿意战争，而是用以战争准备。《说文解字》解释"武"字的含义是"以戈止武"，即以武力制止战争。战争不可打，但要防。

兵者，不祥之器，非君子之器，不得已而用之。

【注释】出自先秦《老子》三十一。兵，兵器。"……者，……"，古代汉语判断句形式之一，相当于"……是……"。器，器具。非，不是。之，的。

【译文/点评】兵器是不吉祥的东西，不是君子的器具，只是到了没办法时才会用到。此言道德修养高的人是不会轻易动用刀枪武器的。

兵者，诡道也。故能而示之不能，用而示之不用，近而示之远，远而示之近。

【注释】出自先秦《孙子·计》。兵，用兵。"者……也"，古代汉语判断句形式之一，相当于"……是……"。诡道，欺诈之术。故，所以。示，显示。之，指敌人。

【译文/点评】用兵就是一种欺诈之术，所以自己有能力却故意给敌人以无能的感觉，自己要采取行动了却给敌人以按兵不动的假象，自己接近敌人要进攻了却让敌人觉得是要逃跑了，自己要撤退了却让敌人认为是靠近他们要进攻了。概括其意，就是一切都以假象迷惑敌人，然后出其不意对敌发起进攻。

兵者，国之大事，死生之地，存亡之道，不可不察也。

【注释】出自先秦《孙子·计》。"……者，……也"，古代汉语判断句形式，相当于"……是……"。兵，指战争、军事。之，的。道，方法、途径。不可，不能。察，考察。

【译文/点评】战争是国家的大事，决定将士的生死、国家的存亡，所以不能不详察。此言战争在国家政治生活中的重要性，强调发动战争要详考细察、慎重为之。

兵者，所以禁暴讨乱也。

【注释】出自汉·刘安《淮南子·兵略训》。兵，军队、战争。"……者……也"，古代汉语判断句形式之一，相当于"……是……"。所以，用来。

【译文/点评】战争是用来禁止暴力、平定动乱的。此言战争的目的在于维护社会正义与社会稳定。

兵者，所以讨暴，非所以为暴。

【注释】出自汉·刘安《淮南子·本训经》。兵，军队、战争。所以，用来。

【译文/点评】战争是用来讨伐暴行的，不是用来施行暴行的。此言战争要有保卫和平、维持稳定的正义性。

兵者，凶器，不得已而用之。

【注释】出自唐·吴兢《贞观政要·征伐》。兵，战争。"……者，……"，古代汉语判断句形式之一，相当于"……

是……"。凶器，凶险的东西。

【译文/点评】战争是凶险的事情，只有到了万不得已时才能启动。此言要慎起战端。

兵者，凶器也。甲坚兵利，为天下殃。

【注释】出自汉·桓宽《盐铁论·论灾》。兵，兵器、武器。"……者……也"，古代汉语判断句形式，相当于"……是……"。甲，盔甲、盾甲。坚，坚固。利，锋利。为，是。殃，祸害。

【译文/点评】兵器是凶器。盔甲坚固，兵器锋利，那是天下的祸害。此言战争对人类的危害性，寄寓了反对战争的思想。

兵者，凶事，不可为首。

【注释】出自晋·陈寿《三国志·魏书·武帝纪》注引《英雄记》。兵，战争。"……者，……"，古代汉语判断句形式之一，相当于"……是……"。凶事，不吉祥的事。为首，首先做。

【译文/点评】战争是凶险不祥的事，不能先启战端。此言对战争要持慎重态度。

兵之情主速，乘人之不及，由不虞之道，攻其不所戒。

【注释】出自先秦《孙子·九地》。兵之情，指用兵的原则。主速，贵于快速。由，以。虞，预料。道，方法。戒，戒备。

【译文/点评】用兵的原则贵于神速，乘敌人还不及的时候，以想不到的方法，在其毫无戒备的情况下突然发起攻击。此言用兵的原则：一在神速，二在出其不意。今天我们还在强调的"兵贵神速"、"出其不意"的军事原则，即源于此。

兵之所聚，必有所资；千里运粮，万里应敌；十万兵在境，则百万家不得安业。

【注释】出自唐·陈子昂《答制问事·请息兵科》。兵，军队。必，一定、必然。资，供给、资助。境，指边境。则，那么。不得，不能。安业，安居乐业。

【译文/点评】军队所集聚之处，必然要有粮草等物资供给；运粮于千里之外，御敌于万里之遥；如果有十万大军在边境，那么就会有百万家为此而不能安居乐业。此言战争干系甚大，对国家财力、人民生活都有很大负面影响。其意在于强调息兵休战的重要性。

不备不虞，不可以师。

【注释】出自先秦《左传·隐公五年》。备，准备。虞，预料、谋划。师，出兵。

【译文/点评】没有准备，没有谋划，是不能出兵的。此言战争中做好充分的攻守准备、进行周密的攻守谋划的重要性。今天我们说"不打无准备之仗"，正是此义。

不尽知用兵之害者，则不能尽知用兵之利也。

【注释】出自先秦《孙子·作战》。尽知，彻底了解。之，的。害，不利因素。……者，……（的）人。则，就。利，有利因素。也，句末语气助词。

【译文/点评】对用兵的不利因素没有彻底了解的人，那么他就不能对用兵的有利因素有彻底的了解。此言用兵作战一定要事先彻底了解有利与不利两个方面的因素。

不袭堂堂之寇，不击填填之旗。

【注释】出自汉·刘安《淮南子·兵略训》。堂堂，盛大的样子。寇，敌人。填填（zhèn zhèn），即"镇镇"，通"正正"，端庄整齐的样子。之，的。

【译文/点评】不对势力强大的敌军发起攻击，不对军旗端正、阵容整齐的敌军发起攻击。此言敌军势众、军容严整之时不是袭击的最好时机，用兵出击要谨慎。

不战屈敌虏，戢兵称贤良。

【注释】出自三国魏·曹丕《广陵观兵》。屈，使屈服。戢（jí），收藏兵器，止息、禁止。兵，兵器。

【译文/点评】此言不战而使敌人屈服，才算是贤良。这一思想虽是源自《孙子兵法》，却也能见出曹丕作为一代政治家的眼光。

不知彼，不知己，每战必殆。

【注释】出自先秦《孙子·谋攻》。知，了解、掌握。彼，他，此指敌人。必，一定。殆（dài），危险。

【译文/点评】不了解敌人的情况，也不了解自己的家底，那么每一仗都会有危险的。此言战争中掌握敌方信息、估摸自己家底的重要性。

不知三军之事而同三军之政者，则军士惑矣。

【注释】出自先秦《孙子·谋攻》。知，了解、懂得。三军，泛指军队。同，共同、一起，此指参与。之，的。政，政务、事务。则，那么、就。惑，迷惑、疑惑。者，句中语气助词，起停顿作用。矣，句末语气助词，相当于"了"。

【译文/点评】不懂得军队的军政事务而参与军政事务，那么将士们一定会觉得疑惑。此言用兵作战选将选帅要恰当，否则外行领导内行，必然使内部疑惑丛生，影响士气，自然不能取得战争的胜利。

不知诸侯之谋者，不能豫交；不知山林险阻沮泽之形者，不能行军；不用乡导者，不能得地利。

【注释】出自先秦《孙子·军争》。豫交，预先确定邦交与结盟的对象。险，指天险，如山脉、大河等。阻，指人为的障碍，如军事工事。沮，低湿地带。乡，同"向"。

【译文/点评】不知道诸侯各国的计谋者，就不能预先确定国家所要结盟的对象；不知山地、林带、天险、阻碍、湿地、河流六种地形者，就无法行军；不用熟悉路线的向导，就不能得地利之便。此言争取邦交、熟悉地形、善用向导对于取得战争胜利的重要性。

残军留废垒，瘦马卧空壕，村郭萧条，城对着夕阳道。

【注释】出自清·孔尚任《桃花扇·余韵》。残军，指残败之军。垒，堡垒。壕，战壕。郭，在城的外围加筑的一道城墙，泛指城池。

【译文/点评】此以"残军"、"废垒"、"瘦马"、"空壕"、"夕阳"五个具有悲哀色彩与意象的词语，形象地再现了一幅战后城乡萧条、颓败的图景，抒发了作者在山河破碎、国破家亡后的深切悲哀之情。

操吴戈兮被犀甲，车错毂兮短兵接。

【注释】出自先秦·屈原《楚辞·九歌·国殇》。吴戈，吴国产的戈，以锋利著称，此代指优良的兵器。兮，语气助词，相当于"啊"、"呀"。被，即披。犀甲，犀牛皮甲，指坚固的盔甲。错，交错。毂（gǔ），车轮中间横贯车轴的部件，此代指车轮。短兵，即刀剑之类的短兵器。

【译文/点评】手执吴戈披坚甲，战车交错刀剑接。这是写披坚执锐、短兵相接的古代战争场面，让人如临其境，如闻如见两千多年前秦楚之战的马嘶人喊与刀光剑影。

常胜之家，难与虑敌。

【注释】出自南朝宋·范晔《后汉书·臧宫传》。虑敌，讨论对敌策略的事。

【译文/点评】常胜将军，是很难与他讨论对敌策略问题的。此言常胜之将很容易滋生骄傲自大情绪，听不得别人的意见。而这正是危险所在，也是最需要及时预防的。

车辚辚，马萧萧，行人弓箭各在腰。

【注释】出自唐·杜甫《兵车行》。辚辚，车行之声。萧萧，马鸣之声。

【译文/点评】此写将士出征时的装束及其战车辚辚、战马嘶鸣的情形。"辚辚"状车行之声，"萧萧"写马嘶之声，形象生动，让人如闻其声，仿佛置身于欢送将士出征的队列之中。

城小而守固者，有委也；卒寡而兵强者，有义也。

【注释】出自先秦《孙膑兵法·见威王》。"者……也"，古代汉语判断句形式之一，相当于"……是……"。委，积、聚积。此指有粮草储备。卒，兵。兵，军队。义，正义、道义。

【译文/点评】城池小而能防守坚固，是因为有充足的粮草储备；兵少而战斗力强，是因为有正义在手，道义在我这一边。此言战争中拥有充足的粮草与正义道义的重要性。

出门无所见，白骨蔽平原。路有饥妇人，抱子弃草间。顾闻号泣声，挥涕独不还。

【注释】出自汉·王粲《七哀诗三首》其一。蔽，覆盖。顾，回头看。涕，眼泪。还，回身。

【译文/点评】此乃写东汉末年董卓部将作乱西京长安的惨象。出门只见白骨累累，已让人不忍目睹了，而就在诗人上路的路边，新的一幕惨象又出现了：一个母亲弃幼子于草间，子啼声声，而母亲听到回头，却忍心挥泪而去。这是母亲的罪恶呢，还是当权者、战争者的罪恶呢？一切尽在不言中。

除害在于敢断，得众在于下人。

【注释】出自先秦《尉缭子·十二陵》。下人，对人尊重、以低调谦虚的态度对待别人。

【译文/点评】消除祸害在于敢于决断，受人拥戴在于谦虚待人。此言治军处事当机立断是消除祸患的保证，尊重他人才能赢得众人之心。

处大无患者恒多慢，处小有忧者恒思善。

【注释】出自晋·陈寿《三国志·蜀书·谯周传》。处大，处于大国位置。者，（的）国家。恒，经常。慢，疏懈。

【译文/点评】处于大而无忧地位的国家，往往内政疏懈怠慢；而处于小而有忧的国家，则往往有忧患意识，处处想着修治内政、励精图治。这话是具有辩证法思想的。事实上，事情总是在变化，国家的强弱也在变化，关键是在于统治者如何治理。恃强而不思进取，必然由强而弱；因弱而思治，奋发进取，则可以由弱变强。此乃千古不易之理，执政者当思之。

川原宿荒草，墟里动新烟。

【注释】出自金·辛愿《乱后》。宿荒草，指隔年的荒草，或指死于战乱的友人之墓。《礼记·檀弓上》有云："朋友之墓有宿草而不哭焉。"墟里，指村落。

【译文/点评】此写战乱之后满眼荒凉的景象。前句写原野荒草连天、坟墓累累的景象，"荒凉"之意尽在景中矣。后句写村落炊烟新起之景，看似充满生机，但因为是刚"动新烟"，这就意味着之前村落没有炊烟。这是从反面侧写村落在战乱破坏下全无人烟的荒凉景象，对前句所写的"荒凉"之意作了进一步的补充。

摐金伐鼓下榆关，旌旆逶迤碣石间。

【注释】出自唐·高适《燕歌行》。摐（chuāng），击打。金，此指钲，古代的一种打击乐器。伐，打。榆关，此指山海关。旌旆（jīng pèi），泛指旗子。逶迤（wēi yí），弯曲而长的样子。碣石，山名，在今河北省昌黎县北。

【译文/点评】击钲打鼓下榆关，旌旗不断碣石间。此写行军时的威武之状。

春秋无义战。

【注释】出自先秦《孟子·尽心下》。义，正义、道义。

【译文/点评】春秋时代没有为着正义或道义的目的而进行的战争。此言春秋时代的战争皆是诸侯之间的争权夺利之战，皆不具正义性，是应当指责的。

大漠风尘日色昏，红旗半卷出辕门。

【注释】出自唐·王昌龄《从军行七首》其五。

【译文/点评】前句是运用夸张修辞法，极写西北边塞风沙遮天蔽日的情景。"日色昏"并不是实写黄昏，而是通过它侧写风沙之大。后句写气候恶劣而战士迅速出征的情状。"红旗半卷"一词用得尤其出神，它既从侧面写出了风沙之大，又表现出了战士行动的神速。因为"半卷"红旗可以减少风的阻力，使队伍前进得更快。这两句之妙不在写战争本身，而是通过紧张的战争氛围描写，突出了一场迫在眉睫的恶战，让读者对即将发生的战争有一种悬心的紧张感。

大智不智，大谋不谋。

【注释】出自先秦《太公六韬·武韬·发启》。

【译文/点评】大的智慧让人看不出智慧，大的谋略让人觉不出是谋略。此言军事谋略的最高境界，颇与老庄思想有相通之处。成语"大智若愚"，说的也是这个意思。

箪食壶浆，以迎王师。

【注释】出自先秦《孟子·梁惠王下》。箪（dān），盛饭的圆形竹器。食，食物。浆，米汁。王师，王者之师。指正义者的军队。

【译文/点评】以竹器盛饭，以水壶盛米汁，来迎接王者之师。这是孟子与齐宣王谈到战争时说到的话。意为正义的战争是能得到老百姓的拥护和支持的。成语"箪食壶浆"，即源于此，意为老百姓犒劳军队。

但得将军能百胜，不须天子筑长城。

【注释】出自唐·胡皓《大漠行》。但得，但愿。不须，不必。

【译文/点评】但愿将军能够百战百胜，那么天子就不必费心费钱再修长城了。此言名将对于保卫国家的重要性，表达的是对名将的渴望之情。

德均，则众者胜寡；力敌，则智者胜愚；智侔，则有数者禽无数。

【注释】出自汉·刘安《淮南子·兵略训》。德均，道德相当，此指战争的正义性方面没有区别。则，那么。敌，匹敌、对等。侔（móu），相等、等同。数，技艺。

【译文/点评】如果在战争的正当性方面没有区别，那么兵力多的一方会战胜兵力少的；如果双方势均力敌，那么善用智谋的一方会战胜不会运用智谋的；如果双方在智谋上不分上下，那么懂得战术的一方会战胜不会运用战术的。此言战争中拥有道义、智慧和战术的重要性。

敌人远来新至，行列未定，可击。

【注释】出自先秦《吴子·料敌》。至，到。

【译文/点评】在敌人远来新到，阵列还未整齐之时，可以突然发起攻击。此言攻敌于立足未稳之时。

敌生于我，则我得死于敌；敌得死于我，则我得生于敌。

【注释】出自先秦·吕不韦《吕氏春秋·仲秋·爱士》。生，获生。于，从。则，那么。得，要。

【译文/点评】敌人从我方的攻击中获生，那么我方就要死于敌方的进攻；敌人死于我方的进攻，那么我方就能从敌人的攻击中获生。此言战争你死我活的残酷性，战争的胜负以对方的强弱所决定。

敌先我动，则是见其形；彼躁我静，则是罢其力；形见则胜可制，力罢则威可立。

【注释】出自汉·刘安《淮南子·兵略训》。先我动，先于我方而行动。则，那么。是，这。见，同"现"、显露。形，形迹。罢（pí），同"疲"。

【译文/点评】敌人先于我方而行动，那么这是敌人自我暴露自己的形迹；敌人焦躁而我方安静，那么这是敌人力疲的表现；敌人的形迹暴露了，那么我们的胜利就可以达到了；敌人力疲，那么我军的威力就可以确立起来了。此言战争处于对峙阶段千万不能焦躁的道理，焦躁则方寸乱，方寸乱则会行动失据，未战而自己已经精疲力竭了。反之，安静而待之，以逸待劳，必能获得大胜。

黩武之众易动，惊弓之鸟难安。

【注释】出自唐·房玄龄《晋书·王鉴传》。黩（dú）武，滥用武力。之，的。众，指军队。动，指躁动。

【译文/点评】喜欢滥用武力的军队容易躁动，就像被弓惊过的鸟儿难于安定一样。此以惊弓之鸟难安为喻，形容喜欢穷兵黩武的军队那种心神不宁、整天躁动不安的样子。

伐国不问仁人，战阵不访儒士。

【注释】出自南朝宋·范晔《后汉书·崔骃传》。仁人，仁义之人。儒士，读书人、儒家学派的人。

【译文/点评】战伐之事不要去征求有仁义之心的人与儒生。此言跟反对战争的人谈论战争是没有结果的，更不会从中获得破敌立功的教益的。

伐人之国而以为欢，非仁者之兵也。

【注释】出自晋·陈寿《三国志·蜀书·庞统传》。之，的。欢，高兴。非，不是。兵，军队。也，句末语气助词。

【译文/点评】讨伐别人的国家而以为快乐，这不是仁道者的军队。此言不能无故伐人之国，反对以战争为快乐的变态行为。

罚避亲贵，不可使主兵。

【注释】出自先秦《管子·立政》。主兵，主持军事领导工作、领兵。

【译文/点评】惩罚避开亲近和权贵之人，就不能让他领兵作战。此言不能公平赏罚就不配做将军。因为赏罚不公，人心就会涣散，军队就不会有战斗力。

凡交，近则必相靡以信，远则必忠之以言。

【注释】出自先秦《庄子·人间世》。凡，凡是、大凡。交，外交。则，就。必，一定。靡，通"摩"。相靡，即相互依赖。以，用。信，信用。忠，忠诚。言，言语。

【译文/点评】凡是国家之间的外交，近邻之国一定要相互依赖，讲究信用；远邻之国则要言而有信，务必要忠于承

209

诺。这话在今天仍是对的。因为国家之间的外交靠的就是两国之间的相互信任以及对承诺的信守。否则，就谈不上外交了。

凡战者，以正合，以奇胜。

【注释】出自先秦《孙子·势篇》。凡，凡是、大凡。正，指正面作战的军队。合，两军交锋。奇，指从背后或侧翼偷袭的军队。胜，取胜。

【译文/点评】凡是用兵作战，应当以正面作战的军队与敌人交战以吸引敌人的注意力，而以侧翼军队的偷袭出其不意而取胜。此言用兵作战要"奇"、"正"并用，"奇"、"正"结合，才能取得战争的胜利。

繁为攻伐，此实天下之巨害。

【注释】出自先秦《墨子·非攻下》。繁，频繁地。为，进行。攻伐，指代战争。实，实在。之，的。

【译文/点评】频繁地发动战争，这实在是天下的巨大灾害。此言战争是天下之巨害，意在表达坚决反对战争的态度。

非药曷以愈疾，非兵胡以定乱。

【注释】出自唐·柳宗元《愈膏肓疾赋》。非，没有。曷（hé），疑问代词，何、什么。曷以，何以、用什么。愈，治愈。兵，指军队。疾，疾病。胡，疑问代词，何、什么。胡以，何以、凭什么。

【译文/点评】没有药物何以治愈疾病，没有军队何以平定战乱。此以药物治病为喻，强调军队对于平定动乱、保持天下安定的重要性。

废馆秋萤出，空城寒雨来。

【注释】出自唐·贾岛《泥阳馆》。秋萤，秋天的萤火虫。

【译文/点评】以"秋萤"写废馆，以"寒雨"写空城，化抽象为具体，从而形象地凸显出泥阳馆的凄凉、萧条和荒芜。

废邑狐狸语，空村虎豹争。

【注释】出自唐·杜甫《奉送郭中丞兼太仆卿充陇右节度使三十韵》。邑，城镇。

【译文/点评】城市变废墟，狐狸语依依；村落不见人，虎豹在相争。此写"安史之乱"之后城乡被严重破坏的荒凉景象。

纷纷暮雪下辕门，风掣红旗冻不翻。

【注释】出自唐·岑参《白雪歌送武判官归京》。

【译文/点评】此写西北边地天寒地冻的情状。"纷纷"，写大雪飘飞不绝之状；"冻不翻"，指军旗被冻住不能飘动之貌。

风哀笳弄断，雪暗马行迟。

【注释】出自南朝陈·江晖《雨雪曲》。笳，胡笳，古代北方少数民族的一种吹奏乐器。弄，演奏乐器。

【译文/点评】寒风哀号，胡笳的演奏时断时续，大雪纷飞，天暗地暗，战马行道迟迟。此写部队在寒风雨雪中行军的艰苦情状。

烽火连三月，家书抵万金。

【注释】出自唐·杜甫《春望》。烽火，指战争。家书，家信。抵，值。

【译文/点评】此写战乱中渴望得到家书的急切之情。"万金"，乃是夸张，意在强调战乱中家人音讯的难得。

夫死战场子在腹，妾身虽存如昼烛。

【注释】出自唐·张籍《征妇怨》。昼烛，喻无用。

【译文/点评】丈夫战死于沙场，孩子还在肚子里，一个女子虽勉强苟活，又有什么用呢？此写战争的残酷及带给人民的苦难，其所表现的征妇心灵的苦痛尽在其中矣。

辅车相依，唇亡齿寒。

【注释】出自先秦《左传·僖公五年》。辅车，车轮的两条直木，以增强轮辐的承重支力，一说是指面颊。车，指车子，一说指牙床骨。

【译文/点评】辅与车相互依存，嘴唇没了，牙齿就要受寒。这是虞国之臣宫之奇劝谏虞侯不可借道给晋侯灭虢时所引用的古语，阐明的是弱小邻国之间相互依存的关系。后来，虞侯没听从宫之奇的谏劝，虞国果被晋侯灭了。

妇人在军中，兵气恐不扬。

【注释】出自唐·杜甫《新婚别》。兵气，士气。扬，高昂。

【译文/点评】此言军队里有女人会分散将士的注意力，影响士气。

干戈森若林，长剑奋无前。

【注释】出自三国魏·曹睿《堂上行》。干，盾牌。戈，平头戟。干戈，泛指武器。森，众多、茂密。若，像。奋，举起来。

【译文/点评】干戈林立，长剑高举，勇士效命，无敌敢前。此写军队威武之状。

戈矛成山林，玄甲耀日光。猛将怀暴怒，胆气正纵横。

【注释】出自三国魏·曹丕《广陵观兵》。

【译文/点评】此写将士操练的宏大场面，有惊心动魄之感。

耕夫召募逐楼船，春草青青万顷田。

【注释】出自唐·张继《闾门即事》。耕夫，农夫、农民。楼船，战船。

【译文/点评】农夫被召从军随战船而去，万顷良田无人耕种，只长青青春草。此言战争使农业生产受到了极大的破坏。

攻敌所不守，守敌所不攻。

【注释】出自宋·苏洵《攻守》。

【译文/点评】攻击敌人所不能防守的地方，防守敌人所不能进攻的地方。此言攻守之战都要扬长避短。

攻其不备，出其不意，此兵家之胜，不可先传也。

【注释】出自先秦《孙子·计》。其，代词，此指敌人。不备，没有准备。不意，没有预料。兵家，军事家。之，的。胜，指获胜的秘诀。不可，不能。先传，事先泄露。也，句末语气助词。

【译文/点评】在敌人没有准备的时候发起进攻，在敌人不曾预料的情况下出击，这是军事家克敌制胜的秘诀，事先绝不可外泄。此言出其不意的军事谋略一定要注意保密的重要性。

攻人以谋不以力，用兵斗智不斗多。

【注释】出自宋·欧阳修《准诏言事上书》。以，用、靠。

【译文/点评】攻击敌人靠的是计谋而不是蛮力，用兵的真谛在于与敌人比智慧，而不是比人多。此言战争中应以智取胜的道理。

攻在于意外，守在于外饰。

【注释】出自先秦《尉缭子·十二陵》。

【译文/点评】此言对敌人发动攻击在于出其不意，坚守退敌在于善于伪装、保存实力。

孤城塞云起，绝阵虏尘飞。

【注释】出自唐·虞世南《从军行二首》之一。绝，横渡、横穿。虏，对敌人的蔑称。虏尘，敌人挑起的战争。

【译文/点评】孤城边塞风云突变，敌人挑起战争横穿我军阵地。此写守卫边塞孤城的艰难。

古木苍苍乱离后，几家同住一孤城。

【注释】出自唐·刘长卿《新息道中作》。

【译文/点评】此写战后的凄凉萧条景象。前句写苍苍之古木，意在强调古木的长久性；后句写孤城只几家，意在强调人的生命之易殒。以乱离后的苍苍古木与孤城中的几户人家对比映衬，既以古木为背景给后句叙事定下了苍凉的格调，又以古木与人家的比较突显出人的脆弱性。

古之名将，必出于奇，然后能胜。

【注释】出自宋·欧阳修《王彦章画像记》。之，的。必，一定。奇，指出奇计。

【译文/点评】古代的名将，一定是善设奇计而克敌制胜的。此言出奇计乃是战胜敌人、成为名将的必要条件。

归马于华山之阳，放牛于桃林之野。

【注释】出自先秦《尚书·武成》。归，归拢。之，的。阳，山的南面叫阳。放，散放。桃林，地名，在华山之东。归马、放牛，是互文见义，即归马牛、放牛马。

【译文/点评】将战争中使用过的牛马归拢到华山的南面，然后分散到田间地头用以耕作。此写休战后着手发展农业生产的生动情景。

归师勿遏，围师必阙。

【注释】出自先秦《孙子·军争》。归师，指逃跑的军队。勿，不要。遏，阻挡、阻止。围师，被围困的军队。必，一定。阙（quē），同"缺"，缺口。

【译文/点评】对于逃跑的敌军不要阻挡，对于被围困的敌军一定要给他们逃跑留一个缺口。此言对于穷寇要给他们以生还的希望，以便瓦解他们的斗志；否则，他们狗急跳墙，只能拼死一搏，反而对攻击一方有重大的伤害了。

苟能制侵凌，岂在多杀伤。

【注释】出自唐·杜甫《前出塞九首》之六。苟，假如、如果。制，制止。侵凌，侵略。

【译文/点评】如果能制止侵略行为，那就不必在乎杀敌人数的多寡。此言战争的目的在于制止战争，而非为了杀人。

国破山河在，城春草木深。

【注释】出自唐·杜甫《春望》。

【译文/点评】此写"安史之乱"后国家残破、长安荒凉的景象。强调"山河在"，意在说明国家已无物矣；突出"草木深"，意在表达国都已无人矣。

国虽大，好战必亡；天下虽安，忘战必危。

【注释】出自先秦《司马法·仁本》。虽，即使。

【译文/点评】国家再强大，如果好战而不知收敛，国家也必然会灭亡；天下即使安定无事，如果完全忘记战备，那么国家必定有危险。此言对于战争要有正确的认识，既不能忘记战争而高枕无忧，也不能好战而无休无止。

国有常众，战无常胜；地有常险，守无常势。

【注释】出自晋·陈寿《三国志·魏书·王昶传》。众，数量众多的军队。常险，恒久不变的险要之地。常势，不变的优势。

【译文/点评】一个国家可以经常保有数量众多的军队，但不能保证战无不胜；地理上确有凭险据守的险隘，但不能保证可以取得永恒不变的防守优势。此言战争中军队人数与地利并不是决定胜负的唯一因素。

果者，临敌不怀生。

【注释】出自先秦《吴子·论战》。果，果敢、勇敢。果者，勇敢的人。怀，怀抱。

【译文/点评】勇敢的人，面临敌人时不抱生还的信念。此言将士上阵杀敌应抱必死的信念才能克敌制胜。

海内风尘诸弟隔，天涯涕泪一身遥。

【注释】出自唐·杜甫《野望》。海内风尘，指国家战乱。

【译文/点评】此写战乱使兄弟分散不能相见，漂泊天涯异乡不得归的悲苦之情。

韩信将兵，多多益善。

【注释】出自清·程允升《幼学琼林·武职》。

【译文/点评】此语源于汉高祖刘邦与淮阴侯韩信的君臣对话。刘邦问韩信，以他的能力能带多少兵，韩信认为刘邦只能带十万兵。刘邦反问韩信自己能带多少兵，韩信说越多越好，意谓自己善于带兵。后世引用此语，则不用带兵之意，而取"越多越好"之义。

汗马牧秋月，疲卒卧霜风。

【注释】出自唐·刘湾《出塞曲》。

【译文/点评】此写守边将士的辛苦之状。前句写战马的劳苦：白天驰骋疆场不得进食，只能晚上汗水淋漓地在秋月下啃些草地上的枯草。后句写征人的艰苦：白天作战疲惫已极，晚上秋风严霜还得卧于野外。前句写马，后句写人，其意都是为了强调守边生活的艰苦。

撼山易，撼岳家军难。

【注释】出自《宋史纪事本末》卷七十。岳家军，指岳飞率领的南宋军队。

【译文/点评】此乃赞扬南宋名将岳飞治军有方，所率军队坚不可摧。

何日承平如画里，短蓑长笛一川秋。

【注释】出自金·田锡《牧牛图》。

【译文/点评】身披短蓑衣，倒骑牛背上，沐一川金风，握一柄长笛，信口吹一曲秋收的小调。这便是画里的景象，也是诗人所渴望的天下承平的境界。虽是题画之句，但却真切地反映了诗人的理想。

何日平胡虏，良人罢远征。

【注释】出自唐·李白《子夜吴歌·秋歌》。胡虏，指入侵的外敌。良人，妇女对丈夫的称呼。罢，停止。

【译文/点评】此写一个妇女希望平定胡虏的战争早点结束、丈夫早点回家的心声，反映的是下层民众对于和平生活的向往之情。

黑云压城城欲摧，甲光向日金鳞开。

【注释】出自唐·李贺《雁门太守行》。

【译文/点评】前句以比喻与夸张修辞法写敌兵大军压境的凶猛之势。"黑云"，是比喻敌兵之众，黑压压一片。"压城"与"城欲摧"，是夸张，极言敌军来势之凶猛。后句用比喻修辞法写守军整装守卫、严阵以待的威武之态。"甲光向

日"，是指黑云间忽然射出的日光折射到守军盔甲之上。"金
鳞开"，指盔甲在日光照射下金光闪闪的样子。这两句，无论
是写敌兵，还是写守军，都显得气势磅礴，堪称是写景叙事的
妙笔。特别是前一句，后来还成为人们耳熟能详的成语，常喻
指某种恶势力一时得势而使局面变得紧张的样子。

横笛闻声不见人，红旗直上天山雪。

【注释】出自唐·陈羽《从军行》。

【译文/点评】此写行军的威武之势。前句写听觉形象，
后句写视觉形象。虽然两句都不见人，但给人的感觉则是横笛
声中、红旗之下有一支强大威武的军队正在急速前进。

怀恶而讨，虽死不服。

【注释】出自先秦《春秋谷梁传·昭公四年》。怀，怀有。
恶，恶行。讨，讨伐。虽，即使。

【译文/点评】自己有恶行，却去讨伐别人，别人即使死
了，也不会心服的。这是《谷梁传》引孔子之语，意谓战争
要有正义性、正当性，否则便不得人心，即使胜利了也不能令
人信服。

**患在百里之内，不起一日之师；患在千里之内，不起一月
之师；患在四海之内，不起一岁之师。**

【注释】出自先秦《尉缭子·兵谈》。四海，指代全国。

【译文/点评】解决百里之内的祸患，不做只战斗一天的
准备；解决千里之内的祸患，不做只战斗一月的准备；祸患出
现于全国时，不做只战斗一年的打算。此言对解决战争问题要
想得复杂些，不可盲目乐观地对待，而应做充分的准备。

荒涂无归人，时时见废墟。

【注释】出自晋·陶渊明《和刘柴桑》。涂，即"途"，

道路。

【译文/点评】此写农村路无归人，时时见废墟的破败情状。

黄尘满面长须战，白发生头未得归。

【注释】出自唐·令狐楚《塞下曲一首》之一。

【译文/点评】此写战士在边塞苦战、老而难归的苦痛之情。字里行间隐约透露出反战与厌战之情。

黄尘足今古，白骨乱蓬蒿。

【注释】出自唐·王昌龄《塞下曲四首》之二。足，充满。

【译文/点评】黄沙滚滚，弥天漫地，白骨累累，弃于乱草之中，自古及今，未有消停。此言乃是慨叹边塞战争自古不断，感伤将士死伤无休无止的悲凉。

火炎昆冈，玉石俱焚。

【注释】出自先秦《尚书·胤征》。炎，焚烧、燃烧。昆冈，指昆仑山，以产玉闻名。俱，都。焚，烧。

【译文/点评】火烧昆仑山，美玉与顽石都将焚毁。此言战争会殃及无辜。成语"玉石俱焚"即源于此，比喻好的与坏的同归于尽。

祸莫大于轻敌。

【注释】出自先秦《老子》第六十九章。

【译文/点评】轻视敌人是最大的祸患。此言骄傲自大是失败的根本原因。

积尸草木腥，流血川原丹。

【注释】出自唐·杜甫《垂老别》。丹，红。

【译文/点评】此以夸张修辞法突出表现了战争中死亡之多，而且通过"腥"和"丹"两种感官刺激（嗅觉与视觉），让读者对所写的惨状留下深刻的印象。

积尸若丘山，流血涨丰镐。

【注释】出自唐·岑参《行军诗二首》之一。若，像。丰镐，西周的旧都，这里代指咸阳。

【译文/点评】此以夸张修辞法表现战争中死亡之多的惨状。

极目平沙千里，惟见雕弓白羽，铁面骏骅骝。

【注释】出自宋·黄庭坚《水调歌头》。极目，放眼远望。平沙，指辽阔的沙漠。惟，只。雕弓，上有彩绘的弓，指代良弓。白羽，指带有白色羽毛的箭，指代利箭。铁面，指铁制面具。骅骝，良马。

【译文/点评】放眼远望，千里沙漠之上，只见携良弓、带利箭的将士，还有铁面遮面的骏马。此写由平沙、雕弓、白羽和良驹构成的边塞之景，气象阔大，视野开朗，读之令人顿起豪迈之情。

疾如流矢，击如发机者，所以破精微也。

【注释】出自先秦《太公六韬·龙韬·奇兵》。疾，快。如，像。流矢，飞动的箭。发机，指弩机发射。所以，用以。"者……也"，古代汉语判断句形式之一，相当于"……是……"。

【译文/点评】军事行动快如飞箭、出击像弩机发射，是用以破除敌人精微的军事谋划的。此言速度是破解敌人任何军事谋划的利器。

几处败垣围故井，向来一一是人家。

【注释】出自宋·戴复古《淮村兵后》。垣（yuán），矮墙。向来，以前、原来。一一是，全都是。

【译文/点评】此写经过战争后村落的破败景象。故井犹在，人却不知去向，令人为之无限地担忧与感伤。

几时拓土成王道，从古穷兵是祸胎。

【注释】出自唐·李商隐《汉南书事》。王道，儒家所说的以仁义取天下、治天下的理想。穷兵，穷兵黩武。

【译文/点评】此言为开疆拓土而发动战争是不符合"王道"思想的，自古以来好战都是亡国的祸根。其意在于警告唐代统治者开疆拓土也要有止境，如果一味穷兵黩武，必然会导致亡国灭身。

计熟事定，举必有功。

【注释】出自唐·刘禹锡《为淮南杜相公论西戎表》。

【译文/点评】深思熟虑，做事就能成功。此虽就军事而言，其实可以涵盖政治、社会、生活等一切方面。

既食，未设备，可击。

【注释】出自先秦《吴子·料敌》。既，已经。食，吃饭。未设备，没有防备。

【译文/点评】在敌人已经开始吃饭而又没有设防的时候，可以突然发起攻击。此言攻敌于不备之时。

甲胄生虮虱，弓弩不得弛。

【注释】出自南朝宋·范晔《后汉书·朱浮传》。甲，盔甲、铠甲。胄（zhòu），头盔。虮（jǐ），虱子的卵。弩（nǔ），一种利用机械发射的强弓。弛，放松弓弦。

【译文/点评】盔甲生虱不能脱，弓弩弦儿不能松。此言终日战斗、不得休息，意在表现怨战、反战情绪。

221

坚甲利兵不足以为武，高城深池不足以为固，严令繁刑不足以为威。

【注释】出自汉·韩婴《韩诗外传》。

【译文/点评】盾甲坚固、兵器锋利，不足以自认勇武；有高大的城墙、宽深的护城河，不足以自认坚固；有严峻的法令、繁多的刑罚，不足以自认威严。此言战争要想取胜，除了坚甲利兵、高城深池与严令繁刑等外在的条件与制度保证外，还要注重内在情感的培养，赢得广大士兵衷心的拥护，这样才能士气高昂，鼓勇而破敌。

简守帅，分其统，专其任。

【注释】出自宋·尹洙《息戍》。简，简选、选择。分，分配、确定。统，统帅军队的权限。专，使专、使专注于。任，任务、职责。

【译文/点评】选择好守卫的将帅，明确他的统兵权力，划定他专守的职责任务。此言用兵派将要给权、明责的道理。

剑戟横空金气肃，旌旗映日彩云飞。

【注释】出自宋·吕定《扈驾》。金气肃，指气氛肃杀。

【译文/点评】剑戟林立，气氛肃杀，旌旗映日，彩云飞天。此写皇帝仪仗队伍的威严、浩大的排场。

将出凶门勇，兵因死地强。

【注释】出自唐·李隆基《平胡并序》。将，将军。凶门，此指凶恶的情势。兵，士兵。死地，指必死无疑、毫无退路的处境。

【译文/点评】将领只有处于非常险恶的情势下才能鼓起最大的勇气，士兵只有处于毫无退路的情况下才能抱着必死的信念而坚强起来。此言逆境对于战争中将士的勇气与决心的激发作用。兵法上说"置之死地而后生"正是这个意义，他都没有退路了，岂能不拼死一战？

将军角弓不得控，都护铁衣冷难着。

【注释】出自唐·岑参《白雪歌送武判官归京》。控，拉张。都护，都护府长官。铁衣，铠甲。着，穿。

【译文/点评】此以将军之弓不能开、都护铠甲穿不上的细节描写，突出强调了西北边塞的艰苦生活条件。将军、都护尚且如此，那么一般将士生活的艰苦情状也就可知了。这是由点及面的笔法，既给读者留足了想象的空间，又节省了笔墨，使诗句有言简意丰的效果。

将军金甲夜不脱，半夜行军戈相拨，风头如刀面如割。

【注释】出自唐·岑参《走马川行奉送出师西征》。戈相拨，指武器相碰。

【译文/点评】此写将军西征的辛苦之状。第一句言将军警惕性之高与宿营的辛苦之状，第二、三句写半夜行军的艰苦与危险情形。"戈相拨"，言夜间行军自家人武器误伤的危险性；"风头如刀"，言戈壁中寒风之劲；"面如割"，言寒风刺人的难忍。

将受命之日忘其家。

【注释】出自先秦《尉缭子·武议》。受命，接受命令。

【译文/点评】将军接受出征命令的那天，就要把自己的家忘记。此言出征作战不能心有牵挂，否则便会患得患失，导致战争失败。

将不预设，则亡以应卒；士不素厉，则难使死敌。

【注释】出自汉·班固《汉书·辛庆忌传》。将，将领。预设，事先谋划好。则，那么、就。亡以，无以、没办法来。卒，同"猝"，突然。士，士兵。素，平时。厉，磨砺、训练。难使，难于让。死敌，面对敌人勇于赴死。

【译文/点评】将军战前不周密谋划，就无法应对突然发生的战事；士兵平时不加强训练，战争时就难于使他们勇于作战、为国捐躯。此言战争要取得胜利，将军必须有预先的谋划，士兵要事先加强训练。用今天的话来说，就是要打有准备之仗，那样才能战无不胜。

将当以勇为本，行之以智计。

【注释】出自晋·陈寿《三国志·魏书·夏侯渊传》。将，将领。本，根本。行，执行。之，指军事行动。智计，计谋。

【译文/点评】将领应当以勇气为根本，兼以计谋的配合。此言做将领的要智勇双全。

将离士卒，可击。

【注释】出自先秦《吴子·料敌》。

【译文/点评】在敌人的将领离开士兵的情况下，可以抓住机会予以攻击。此言趁敌人群龙无首时发动偷袭。

将以民为体，民以将为心。

【注释】出自汉·刘安《淮南子·兵略训》。民，此指士兵。体，肢体。心，心脏，此指大脑，古人以为心脏是思维的器官。

【译文/点评】将领以士兵为自己的身体，士兵以将领为自己的头脑。此言将士相互依赖、不可或分的密切关系。因为士兵是战争的载体，而将领则是战争指挥的核心。

将以诛大为威，以赏小为明。

【注释】出自先秦《太公六韬·龙韬·将威》。将，将领。诛大，指惩罚地位高的人。威，威严。赏小，指奖赏地位低的人。明，明智。

【译文/点评】将领以惩罚地位高的人为有威严，以奖赏地位低的人为明智。此言治军者不畏权势，公平、公正行赏罚，才能真正显示出其威严与明智，才能服众而赢得信任。

将在外，君令有所不受。
【注释】出自汉·司马迁《史记·司马穰苴列传》。
【译文/点评】将军在外执行军事任务，国君的命令有时可以不必执行。此言将领要根据战场形势作出准确判断，坚定不移地掌握军事行动的主导权，切不可因国君之命而乱了方寸，导致战争失利。

近者说，远者来。
【注释】出自先秦《论语·子路》。近者，近处的人，此指本国人民。说，通"悦"，高兴、喜悦。远者，远处的人，此指他国的人民。
【译文/点评】让本国民众高兴满意，让他国的民众敬仰归附。这是孔子在回答叶公问政时所提出的治国理想。其中心思想是要求统治者加强道德建设，以德治国、以德收万民之心。成语"近悦远来"即源于此。

旌蔽日兮敌若云，矢交坠兮士争先。
【注释】出自先秦·屈原《楚辞·九歌·国殇》。旌，旗。兮，语气助词，相当于"啊"、"呀"。矢，箭。交，交错。
【译文/点评】旌旗飘飘，遮天蔽日，敌人如云般地蜂拥而上；弯弓而射，箭镞交坠，我军将士人人争先、奋勇向前。这是屈原所描写的两千多年的战争场面，其规模之巨大，搏杀之残酷，都是惊心动魄的，让人一读难忘。

赳赳武夫，公侯干城。
【注释】出自先秦《诗经·周南·兔罝》。赳赳，轻捷有力。武夫，武士。干城，即捍城，御敌捍卫之城。

【译文/点评】赳赳武士气概雄，公侯之邦有干城。这是歌颂武士之语，强调武士对于御敌卫邦的作用。

九河盈溢，非一块所防；带甲百万，非一勇所抗。

【注释】出自南朝宋·范晔《后汉书·蔡邕传》。九河，虚指，指许多河流。盈，满。溢，溢出。非，不是。块，土块。带甲，指穿着铠甲的士兵。一，指代少数。勇，指勇士。

【译文/点评】许多河流满溢，不是一块土块所能防堵得了的；雄兵百万，不是几个勇士所能抵挡得住的。此以九河盈溢难防比喻在敌众我寡、敌我悬殊的情况下，勇士也无能为力。意指在绝对的优势面前，个人的主观能动性往往难以发挥作用。

九州犹虎豹，四海未桑麻。

【注释】出自明·刘基《古戍》。九州，指代中国。犹，还。虎豹，指如虎豹一样的军队，此指战争。四海，指全国。桑麻，栽桑种麻，代指农业生产。

【译文/点评】全国各地还是战乱不止，到处都不见恢复农桑的迹象。此写战争对农业生产的巨大破坏。

久戍人将老，长征马不肥。

【注释】出自唐·郭震《塞上》。戍（shù），守卫边防。长征，长期的征战。

【译文/点评】此写将士久在边塞守卫征战而人老马瘦的艰辛之状。

居高屋之上建瓴水。

【注释】出自汉·司马迁《史记·高祖本纪》。建，通"瀽（jiàn）"，倒水。瓴（líng），一种盛水的瓶子。

【译文/点评】蓄水于瓶中，从高高的屋顶上倾倒而下。此乃比喻修辞法，意在说明军事上的一种居高临下、俯冲直下的气势。成语"高屋建瓴"，即源于此。

军暴而后戢之，兵乱而后遏之，善则善矣；不若防其微，杜其渐，使不至于暴乱也。

【注释】出自唐·白居易《才识兼茂明于体用科策一道》。军、兵，皆指军队。戢（jí），止息、禁止。遏，阻止、阻挡。善则善，好是好。矣，句末语气助词。不若，不如。微，微小、轻微。杜，杜绝。渐，渐进、发展。其，它的。也，句末语气助词。

【译文/点评】军队发生了暴乱后能够将其止息下去，这当然是好，但不如防微杜渐，不让这样的暴乱发生。此言治军的上策应当是防微杜渐、防患于未然，而不是动乱发生了将其平息下去。

军不五不战，城不十不围。

【注释】出自汉·司马迁《史记·楚世家》。军，军队。城，围城。五、十，指五倍、十倍于敌。

【译文/点评】没有五倍于敌的兵力不与敌人交战，没有十倍于敌的兵力不围困敌人的城池。此言要取得决战胜利必须集中优势兵力，使敌人没有以少胜多的机会。

军无适主，一举可灭。

【注释】出自晋·陈寿《三国志·魏书·武帝纪》。适主，适合的主帅。

【译文/点评】军队如果没有适合的主帅，就会被敌人一举灭亡。此言战争选将择帅的重要性。

军有归心，必无斗志。

【注释】出自明·冯梦龙《东周列国志》第四十四回。归心，活着回家的思想。

【译文/点评】将士上了战场却有生还回家的思想，战场上必定没有勇往直前的斗志。此言必死的信念是保证将士杀敌的关键。

君不见青海头，古来白骨无人收。

【注释】出自唐·杜甫《兵车行》。青海头，青海边。古来，自古以来。

【译文/点评】此言用兵西北的残酷结果。

铠甲生虮虱，万姓以死亡。

【注释】出自汉·曹操《蒿里行》。虮，指虫子的卵。万姓，百姓。以，而。

【译文/点评】铠甲生虫卵，百姓尽死亡。此言战争的危害性：战士不得休息，人民生命不保。

可怜万国关山道，年年战骨多秋草。

【注释】出自唐·张籍《关山月》。万国，指全国到处。关山道，关塞、山隘等军事要道。战骨，战死者的尸骨。多秋草，多于秋草。

【译文/点评】此写战争年年不绝，死者无数的惨状。

可怜无定河边骨，犹是春闺梦里人。

【注释】出自唐·陈陶《陇西行四首》之二。无定河，黄河中游支流，在陕西省北部。

【译文/点评】此言丈夫早就战死于无定河边，化成一堆白骨，而他的妻子还完全不知情，仍在梦中思念着他。此言战争给有情人带来的悲剧。以"河边骨"对"梦里人"，一个那么恐怖，一个那么诗意，两相衬托，益发显其悲，令人对可恨的战争诅咒不已。

空村唯见鸟，落日未逢人。

【注释】出自唐·杜甫《东屯北崦》。唯，只。

【译文/点评】此写战乱后田园荒芜之景象。日落时分，正是乡村农人归家之时。诗句特别点出"落日未逢人"的细节，意在说明村中已无人，从而突出了战乱的破坏性。

叩门无人室无釜，踟蹰空巷泪如雨。

【注释】出自明·陈子龙《小车行》。叩，敲。釜（fǔ），一种锅。踟蹰（zhí zhú），徘徊不前。

【译文/点评】此写战后繁华的城市人亡物毁、荡然无存的颓败景象，展现的是战争巨大的破坏力。

库无备兵，虽有义，不能征无义。

【注释】出自先秦《墨子·七患》。兵，兵器。虽，即使。义，道义、正义。征，讨伐。

【译文/点评】兵器库中没备兵器，即使正义在手，也不能讨伐无义之敌。此言虽不能轻启战端，但做好必要的战争准备还是应该的。

困兽犹斗，穷寇勿遏。

【注释】出自唐·张九龄《敕幽州节度张守珪书》。困兽，遭围困的野兽。犹，还。穷寇，走投无路的敌人。遏，阻止、阻挡。

【译文/点评】遭围困的野兽还要与人作最后一搏，因此对于走投无路的敌人不可追得太急、阻挡得太严。此言要给走投无路的敌人留下点逃生的希望，否则他们作拼死一搏，对于追击者伤害更大。

困鼠鸣虚壁，饥乌啄废田。

【注释】出自金·辛愿《乱后》。

【译文/点评】此写战乱之后人民生计无着的凄惨情状。但诗人并不直接写，而是通过鼠困虚壁而哀鸣、乌鸦饥饿啄荒田的景象，用侧笔写出人无粮食的事实。鼠、鸦所食有限，尚不得果腹，那么人要吃饱，则粮从何来？一切尽在不言中。

力则力取，智则智取。
【注释】出自明·施耐庵《水浒传》第十六回。则，就。
【译文/点评】此言战争中针对不同的敌人要以不同的策略对付，对拼命力取的敌人就用勇力对付，对好行诡计的敌人就以智谋胜之。

利而诱之，乱而取之。
【注释】出自先秦《孙子·计》。之，它，指敌人。取，攻击。
【译文/点评】以利引诱敌人，然后趁其贪利混乱之时突然发起进攻。这是利用人皆有贪利的弱点，制造敌人内部的混乱，然后行"浑水摸鱼"之计，以奇袭获胜。

梁园日暮乱飞鸦，极目萧条三两家。
【注释】出自唐·岑参《山房春事二首》。
【译文/点评】此写"安史之乱"之后田园荒芜、人烟稀少、昏鸦乱飞的萧条景象。"日暮乱飞鸦"与"萧条三两家"相对，一个写景，一个叙事，意蕴互补，景在意中，意在景中。

临战而思生，则战必不力。
【注释】出自宋·苏轼《思堂记》。临战，临近作战之时。则，那么。必，一定。力，尽力。
【译文/点评】上了战场却想着活命，那么作战时肯定不会尽力。此言临战不抱必死的信念是不能战胜敌人的，强调的是作战时当将生死置之度外。

凌余阵兮躐余行，左骖殪兮右刃伤。

【注释】出自先秦·屈原《楚辞·九歌·国殇》。凌，侵犯。阵，战斗阵列。兮，语气助词，相当于"啊"、"呀"。躐（liè），践踏。行，战斗行列。骖（cān），古代驾在车两侧的马。殪（yì），倒地而死。刃伤，被刀剑砍伤。

【译文/点评】敌人冲得凶，乱踏我战阵；我车左右马，一死一受伤。这是写古代列阵作战，阵乱车马伤的情景，让人如临其境，如见战争双方战车左冲右突、人亡马伤之惨状。

六经之治，贵于未乱；兵家之胜，贵于未战。

【注释】出自汉·班固《汉书·匈奴传》。六经，指《诗经》、《尚书》、《礼记》、《乐记》、《周易》、《春秋》六部中国古代经典。治，研究。

【译文/点评】六经的研究，最好依据经义未被歪曲变乱的原典；兵家的胜利，最好在战争还没开始时将战争予以制止。此以研究六经为喻，强调兵家胜利的最高境界是将战争消除在萌芽状态。

六军将士皆死尽，战马空鞍归故营。

【注释】出自唐·贾至《燕歌行》。六军，古代天子有六军，此指各路大军。

【译文/点评】此写战争彻底失败后的悲惨情况。"战马空鞍归故营"的细节描写，以"空鞍"与"故营"对比，通过突出马归故营来强调人死疆场不得归的悲哀之情。

骝马新跨白玉鞍，战罢沙场月色寒。

【注释】出自唐·王昌龄《出塞》。骝马，即骅骝，千里马。

【译文/点评】前句写千里马与众不同的装饰，表面写马，实是借马写人的与众不同。后句则用夸张修辞法，突出强调战马主人的英勇威武。但是，"月色寒"的效果，既有人的功劳，也有马的功劳。因此，这两句还有"宝马配英雄"的意蕴在其中。

陇雨耕时大，人烟战后微。

【注释】出自清·吴嘉纪《泊船观音门》。陇（lǒng），农田中种农作物的行，此指田地。微，少。

【译文/点评】此以"雨大"写农人耕种之苦，以"人微"写战后人烟之少，强调的是战后农业生产恢复的艰难与人民生活的困苦。

楼船夜雪瓜洲渡，铁马秋风大散关。

【注释】出自宋·陆游《书愤》。楼船，指高大的战船。瓜洲渡，在今江苏扬州南，运河流入长江之处，是宋时重要的军事要津。铁马，指披着铁甲的战马。大散关，在今陕西省宝鸡县大散岭上。

【译文/点评】此二句乃是写南宋对金两次重要的战役。二句之妙在于不用一个动词、虚词、助词，全以名词或名词性词组并置成句，以"蒙太奇"式的电影手法生动形象地再现了南宋对金作战大捷的经过、方式、地点，给人以丰富的想象空间。

路长唯算月，书远每题年。

【注释】出自唐·李益《从军行三首》。

【译文/点评】前句言行路以月计算，意在表现行军路遥的艰苦之情；后句言写信只题年份而不书日月，意在强调家乡的遥远，音讯的渺茫。由此，将从军身心皆苦淋漓尽致地表达出来。

虑不先定，不可以应卒；兵不闲习，不可以当敌。

【注释】出自先秦《邓析子·无厚》。卒，通"猝"，突然。闲，通"娴"，娴熟。当，抵挡。

【译文/点评】计谋没有先确定，就不能应对突发事变；练兵不娴熟，就不能抵挡敌人。此言军事上深谋远虑与勤于练兵的重要性。

乱定几人还本土，唯有官家重作主。

【注释】出自唐·张籍《废宅行》。还本土，回故乡。唯，只。官家，指统治者。重作主，重新做官。

【译文/点评】战乱之后能有几人得以回到故土呢，只有那些当权者才能又回来做官。此言统治者发动战争受害的永远都是人民。

乱来人不到，芳草上阶生。

【注释】出自唐·钱起《宿洞口驿》。乱，指战乱。

【译文/点评】此写战乱之后驿站无人、芳草上阶的荒凉景象。"芳草上阶生"的景象，本是令人赏心悦目的；但是，芳草上阶的景象出现在车水马龙、人来人往的驿站，就意味着驿站的荒凉。由此，后句遂呼应了前句的"乱"字，补出了"乱"所带来的结果。

马行边草绿，旌卷曙霜飞。

【注释】出自唐·李白《送白利从金吾董将军西征》。旌，旗。

【译文/点评】此写边塞早行所见早春景色。对偶工整，意境高远，读之令人顿起对边塞无限的向往之情。

霾两轮兮絷四马，援玉枹兮击鸣鼓。

【注释】出自先秦·屈原《楚辞·九歌·国殇》。霾，同

"埋"。兮,语气助词,相当于"啊"、"呀"。絷(zhí),绊住。援,拿着。枹(fú),鼓槌。玉枹,即玉饰的鼓槌。

【译文/点评】战车两轮被埋住,战车四马亦被绊;不能杀敌急得慌,拿起鼓槌助军威。这是写一个战士生命不止、战斗不已的顽强精神,一个誓死卫国的勇士形象跃然纸上。

民弗为用,弗为死,而求兵之劲,城之固,不可得也。兵不劲,城不固,而欲不危削灭亡,不可得也。

【注释】出自汉·韩婴《韩诗外传》。民,老百姓。弗,不。为用,为……所用。为死,为……而死。兵,军队。劲,强劲。不可得,不可能。也,句末语气助词。

【译文/点评】老百姓不为统治者所用,不愿为统治者而死,而统治者希望军队强劲有力,城池坚固,那是不可能的。而军队不强劲有力,城池不坚固,而想国家不危险、不削弱、不灭亡,那是不可能的。此言战争只有得到老百姓的拥护与支持才能取得胜利,否则轻启战端,就有亡国的危险。

民枕倚于墙壁,路交横于豺虎。

【注释】出自北周·庾信《哀江南赋》。倚,斜靠着。交横,交错纵横。于,在。豺虎,泛指野兽。

【译文/点评】老百姓斜倚着断垣残壁,豺狼虎豹出没于纵横交错的道路之上。此写江南战乱之后田园荒凉、人民流离失所、野兽横行的凄凉情景。

明其为贼,敌乃可服。

【注释】出自汉·班固《汉书·高帝纪》。明,明确宣布。其,他,指敌方。乃,才。服,制服。

【译文/点评】明确宣布敌方是贼,敌方才会被制服。此言战争中善用宣传工具、争取人心的重要性。历史上敌对的双方,之所以你骂我是贼,我骂你是匪,实际上都是一种宣传策略，即将自己塑造成正义的化身，而使自己攻击对方的行动显得冠冕堂皇。

陌上归心无产业，城边战骨有亲知。

【注释】出自唐·耿湋《路旁老人》。陌，田间的小路，泛指路。亲知，亲友。

【译文/点评】走在路上起了回归故乡之心，可是乡园已经荒芜，家中已经没有可以过活的产业了，而看看城边又起了不忍之心，因为那里还有自己亲人与朋友的尸骨没有收葬。此言士兵长期征战后有家归不得、亲友皆死尽的悲凉心境。

南登灞陵岸，回首望长安。悟彼下泉人，喟然伤心肝。

【注释】出自汉·王粲《七哀诗三首》其一。灞陵，汉文帝刘恒陵墓所在地，在今长安县东。悟，明白、理解。下泉人，即死去的人。喟然，叹息的样子。

【译文/点评】看着繁华的长安因董卓之乱而呈现的破败景象，诗人却登上了灞陵岸上，意欲何为？回首望长安，看到如今长安的乱象，他想到了长眠脚下的汉文帝"文景之治"时长安的繁华。今昔对比，他终于明白了长眠灞陵的"下泉人"（汉文帝）该是多么伤感。诗人站在已亡人的角度，推人及己，其所表达的悲伤之情更为强烈。

内库烧为锦绣灰，天街踏尽公卿骨。

【注释】出自唐·韦庄《秦妇吟》。

【译文/点评】此二句乃是写唐末黄巢军队攻入唐都长安后的破坏力。前句举"内库"以括其余，写长安财物荡然无存、摧毁殆尽之状；后句举"公卿"以包其他，写长安达官贵人、高门望族死无遗类之状。其在批评黄巢的同时，也揭示了战争的破坏力。后代视为警策之句。

能胜强敌者，先自胜者也。

【注释】出自先秦《商君书·画策》。"……者，……也"，古代汉语的一种判断句形式，相当于"……是……"。

【译文/点评】能够战胜敌人的人，都是首先能战胜自己的人。此言战胜敌人须要先克服自身的弱点，战胜自己，才能增强自身的力量。今天我们说"胜人不难，胜己不易"，正是这个意思。

年年战骨埋荒外，空见蒲桃入汉家。

【注释】出自唐·李颀《古从军行》。战骨，战死者的尸骨。荒，远方。荒外，遥远的边外之地。空，徒然。蒲桃，即葡萄，代指异域的物产。汉家，汉族皇帝的宫廷。

【译文/点评】此句意在批评最高统治者为了异域的小小物产而不惜对外用兵，以致年年都有将士埋尸边远之地的残暴无道之举。

宁我薄人，无人薄我。

【注释】出自先秦《左传·宣公十二年》。宁，宁可。我，指我军。薄，通"迫"，迫近。人，指敌人。无，不要。

【译文/点评】宁可我军主动逼近敌人，不要让敌军逼近我军。此言战争中要掌握作战行动的主动权，不要被敌人牵着鼻子走。

凝云鼓震星辰动，拂浪旗开日月浮。

【注释】出自唐·许浑《汴河亭》。

【译文/点评】鼓声震天，云彩为之凝结不动，星辰为之动摇；旌旗飘飘，仿佛如波浪翻滚，日月好像浮于其上。此乃以夸张修辞法极写隋炀帝东游广陵的仪仗队威武雄壮的气势。

暖风抽宿麦，清雨卷归旗。

【注释】出自唐·韩愈《奉和兵部张侍郎酬郓州马尚书祇

召途中见寄开缄之日马师已再领郓州之作》。宿麦，去年种下的麦子。

【译文/点评】在和煦的春风吹拂下，去年种下的麦子已经抽出了麦穗；春雨纷纷，凯旋的军队打着雨湿不展的军旗。此以麦子抽穗、丰收在望的景象为陪衬，写出军队凯旋的喜悦悠闲之情。

喷气则白日尽晦，刷马则清江倒流。

【注释】出自南朝宋·刘休若《移檄东土讨孔觊等》。白日，指太阳。晦，暗。则，那么、就。

【译文/点评】每人喷口气，太阳都要为之昏暗；刷马江边，江水都要为之倒流。此以夸张修辞法，描写讨伐之师人马众多、声势浩大的情形。

凭君莫话封侯事，一将功成万骨枯。

【注释】出自唐·曹松《己亥岁二首》其一。凭，即"请"、"求"之义。

【译文/点评】唐代在"安史之乱"之后，又遭黄巢起兵之变，不仅长城内外，而且大江南北都是烽火连天，民不聊生。但是，在这场内乱之中，却有不少人因此而加官晋爵，封侯拜将了。诗人感慨系之，遂有上述二句。认为这种个人的荣誉与成功，不是国家与人民之福，也不是个人的荣耀，它是建立在天下百姓的苦难与无数将士的白骨之上的，是不值得追求的。尤其是"一将功成万骨枯"一句更是令人深思，"一"与"万"，孰多孰少？"功成"与"骨枯"，又是怎样的反差？以"骨"代人，更让人感到战争的残酷。

平明日出东南地，满碛寒光照铁衣。

【注释】出自唐·李益《度破讷沙二首》之二。平明，黎明。碛（qì），沙漠。铁衣，指铠甲。

【译文/点评】此写黎明之时，戍边将士的铁衣在阳光的照射下使整个沙漠都显得寒气透人。这是强调戍边将士生活在边疆大漠的艰苦。

平沙列万幕，部伍各见招。

【注释】出自唐·杜甫《后出塞五首》之二。平沙，平整的沙地。幕，指营帐。部伍，部曲、行伍。

【译文/点评】此写军队宿营帐幕万顶、士兵各有归属不乱的严整之状。

葡萄美酒夜光杯，欲饮琵琶马上催。醉卧沙场君莫笑，古来征战几人回？

【注释】出自唐·王翰《凉州词二首》之一。葡萄美酒，指西域所产之酒，代指最好的酒。夜光杯，指周穆王时代西胡以白玉精制而成的酒杯，此指最精美的酒杯。沙场，战场。古来，自古以来。

【译文/点评】此写军中饮宴的欢乐气氛，以及将士们豪放爽朗的性格，表现的是一种积极乐观的精神。但是，对于此诗的解读，历来存在不同意见。这主要是对"琵琶马上催"与三四句劝酒语的理解有歧见。有人说"琵琶马上催"就是坐在马上弹琵琶给大家饮酒助兴（认为西域胡人弹琵琶本来就是坐在马上的）；也有人说是弹琵琶催大家马上出发。三四两句的劝酒语，有人认为是"故作旷达"、"故作豪饮之词"，实际要表达的是悲伤之情，带有反战情绪。至于这四句诗到底应该作怎样的理解，应该持"仁者见仁，智者见智"的态度。

齐桓九会，卒然杀身。

【注释】出自先秦·屈原《楚辞·天问》。齐桓，即齐桓公，春秋五霸之一。九会，指齐桓公九次纠合诸侯对他人用兵之事。卒然，最后、最终。杀身，身死。

【译文/点评】齐桓公是春秋五霸之一，曾几何时，不可一世，九合诸侯，横行天下，最终却受困而身死。这是历史的真实，更是让后人永远记取的教训：兵者乃不祥之事，好战必亡！

其疾如风，其徐如林。

【注释】出自先秦《孙子·君节》。其，此指军事行动。疾，快。如，像。徐，慢。林，森林。

【译文/点评】军事行动，快时要像一阵风，慢时要像森林一样森严整齐不乱。此言进攻要快，撤退要稳。

奇在速，速在果。

【注释】出自宋·欧阳修《王彦章画像记》。奇，出奇制胜。速，快。果，果决、果断。

【译文/点评】战争中出奇制胜的战略在于用兵神速，而用兵神速的关键在于将领决断果敢。此言出奇兵、速决断对于取得战争胜利的重要意义。

千村万落如寒食，不见人烟空见花。

【注释】出自唐·韩偓《自沙县抵龙溪县值泉州军过后村落皆空因有一绝》。寒食，即寒食节，旧俗此日民间禁烟火，只吃冷食。

【译文/点评】有村落，便会有炊烟。"千村万落如寒食"，明说此日不是寒食节，那么何以千村万落不见炊烟呢？其意不言而喻：千村万落皆无人矣。"不见人烟空见花"，紧承前句，在交代原因的同时，又巧妙地将见"花"与不见"人烟"作了对比，以喜景衬悲景，突出了一个"空"字。由此，将唐朝灭亡后战乱又起的乡村悲凉之景尽现于眼前。

千骑随风靡，万骑正龙骧。金鼓震上下，干戚纷纵横。

【注释】出自三国魏·曹丕《黎阳作三首》其三。靡，倒。骧（xiāng），马抬着头快跑。干戚，泛指武器。纷，多貌。

【译文/点评】此乃写千骑席卷而去，万骑威武高昂跟上，战鼓震天响，干戚纵横起的宏大战争场面，气势磅礴，令人难忘。

千里而战，兵不获利。

【注释】出自汉·司马迁《史记·韩长孺列传》。兵，战争。

【译文/点评】千里奔袭而与敌人交战，战争是不能获利的。此言远距离奔袭作战是不可取的，因为长途行军会让士兵精疲力竭，而这正好给敌人提供了一次以逸待劳并一举歼灭的机会。

千里馈粮，士有饥色；樵苏后爨，师不宿饱。

【注释】出自汉·班固《汉书·韩信传》。千里，是夸张，意指长距离。馈，赠送，此指供应。樵，打柴。苏，割草。爨（cuàn），烧饭。师，军队。

【译文/点评】长距离地供应粮草，士兵会有饥肠辘辘之忧；打柴割草而后做饭，军队会吃不饱、睡不好。此言长距离供应粮草或靠军队自己解决给养问题的困难。此句意在强调军队给养供应必须充足的重要性。

千里曜戈甲，万灶宿貔貅。

【注释】出自宋·陆游《水调歌头》。曜（yào），日光，此指照耀。戈，平头戟，此指泛指武器。甲，盔甲。貔貅（pí xiū），古代传说中的猛兽，比喻勇猛的军队。千里、万灶，都是虚指，是夸张，指军队人数多。

【译文/点评】戈甲之光照耀千里，宿营吃饭需要万灶供食。此以夸张修辞法写军队千军万马的宏大规模。

牵衣顿足拦道哭，哭声直上干云霄。

【注释】出自唐·杜甫《兵车行》。

【译文/点评】此写征人出征前家人痛哭相送的场面。前句由"牵衣顿足"、"拦道"、"哭"七个字三个动作构成，将生离死别的凄惨之情表现得淋漓尽致；后句以夸张修辞法，写其哭声的震天动地情状，对前句之意进一步补足。由此将战争给千家万户带来的痛苦之情展露无遗。

前徒倒戈，攻于后以北，血流漂杵。

【注释】出自先秦《尚书·武成》。前徒，前面的军队。倒戈，倒转武器攻击自己的军队。北，败。杵（chǔ），舂米的棒槌，此指武器。

【译文/点评】商纣王的前锋部队倒转矛头，攻击自己后面的部队，结果商朝的军队大败而逃，周军杀得他们血流成河，甚至能把他们丢弃的武器也漂起来了。此乃周武王自述周军伐纣的牧野之战的情况。虽然牧野之战确实是周军胜商军，但"血流漂杵"的话则不可信，它只是一种修辞上的"夸张"表达法，意在强调牧野之战大败商军这个事实而已。

强将下，无弱兵。

【注释】出自宋·歌谣谚《苏轼引俗语》。

【译文/点评】今天我们还在说的"强将手下无弱兵"即源于此。此言军队能不能打仗全看将领会不会带兵，强调的是将领在军队中的核心作用。

侵掠如火，不动如山。

【注释】出自先秦《孙子·军事》。侵掠，指进攻。不动，指防守。

【译文/点评】发起进攻速度如火势蔓延一样急速，防卫坚守如山岳般安然不动。此以比喻修辞法说明攻守两种不同战术的境界与要求：攻要快，守要稳。

亲仁善邻，国之宝也。

【注释】出自先秦《左传·隐公六年》。亲仁，亲近仁义。善邻，与邻国友好相处。之，的。宝，宝贝，此指最重要的事。也，句末语气助词。

【译文/点评】与仁义之人亲近，与邻国和平友好相处，这是国家最重要的事情。这是陈国大夫五父谏劝陈侯与郑国修好的话。我们今天推行"与邻为善"的外交政策，正是这一思想的体现。

秦时明月汉时关，万里长征人未还。

【注释】出自唐·王昌龄《出塞二首》其一。

【译文/点评】此言从秦到汉，明月与关塞依旧，万里远征的将士依旧有人不能回归。前句以"互文"修辞法（"秦时明月"，既指秦，也包括汉；"汉时关"，既指汉，也包括秦），通过"明月"与"关"这两个自古永恒的物象将古今联系起来，暗中点明了千年以前、万里之外的悲剧至今未曾改变的事实，从而将"万里长征人未还"的原因予以了历史的阐释，强调了此关在御敌卫国中不同寻常的战略地位以及守之不易的原因。由此，自然而然的逼出下面的两句"但使龙城飞将在，不教胡马度阴山"，其对能够镇守边塞的大将的渴望之情呼之欲出。

禽将户内，拔城于尊俎之间。

【注释】出自汉·刘向编《战国策·齐策五》。禽，通"擒"。禽将，擒获敌将。户内，门内。拔城，攻下敌人城池。于，在。尊，通"樽"，酒杯。俎，肉案。尊俎之间，指宴饮过程中。

【译文/点评】擒获敌将于门内，攻拔敌城于酒席之间。

此言取得战争的胜利并非要在战场上刀枪厮杀见高低，最高的境界在谈判桌上就能不费一兵一卒战胜敌人，取得最大的收获。此句意在强调战争靠的是智慧与谋略的较量。

勤劳之师，将必先己：暑不张盖，寒不重衣，险必下步，军井成而后饮，军食熟而后饭，军垒成而后舍。

【注释】出自先秦《尉缭子·战威》。勤，辛苦。之，的。师，军队。将，将领。必，一定。先己，即"己先"，自己率先。张，张开、撑起。盖，伞盖。重衣，穿多层衣服。下步，下马步行。后饭，最后吃。军垒，营房。后舍，最后住。

【译文/点评】勤劳的军队，他的将领一定会率先垂范：夏天不撑伞盖，冬天不比士兵多穿一层衣服，危险的地方一定下马步行，军队饮水之井挖成最后一个喝水，军队开饭时最后一个吃饭，营房建成了最后一个住进去。此言将领要以身作则、率先垂范，吃苦在前，享乐在后，他所带领的军队才能成为勤劳之师。

穷寇勿迫。

【注释】出自先秦《孙子·军争》。穷寇，指处于困境中的敌人。勿，不要。迫，逼迫。

【译文/点评】对于处于困境中的敌人不要逼迫得过急。此言逼迫困境中的敌人过急，反会激其拼命一搏。这样，于敌不利，于己也不利，结果只能是两败俱伤或同归于尽。这明显不是明智的军事决策。

丘园寂寞生春草，城阙荒凉对落晖。

【注释】出自金·术虎邃《睢阳道中》。丘园，指田园。城阙，指城市。

【译文/点评】此写战乱后城乡一片荒凉的景象。前句以"春草"写丘园之景，意在强调乡村的荒芜。春草虽显勃勃生

243

机，但春草不应该长在丘园之中。眼前丘园之中没有豆麦桑麻，而只有春草，则田园荒芜之景可见矣。后句以"落晖"与"城阙"映照，意在表现城市荒废的景象，因为夕阳西下的意象本就有一种凄凉的情调。

去时只道从军乐，不道关山空白头。

【注释】出自金·元好问《望归吟》。只道，只以为。从军，当兵。不道，没想到。

【译文/点评】从军前以为金戈铁马的军旅生活是男人的一件快事，没想到从军后才知关山阻隔，归乡无期，只能在乡思的忧愁中白了头。此以一个征人的心路变化写从军的苦情。

全胜不斗，大兵无创。

【注释】出自先秦《太公六韬·武韬·发启》。大兵，指伟大的军队。

【译文/点评】战争获得全胜不必经过战斗，威武之师所向披靡，自己不会受一点点创伤。此言与孙子所说"不战而屈人之兵"意思相同，强调用兵作战要以智慧取胜。

人历历，马萧萧，旌旗又过小红桥。

【注释】出自宋·辛弃疾《鹧鸪天》词。历历，清楚分明。萧萧，指马鸣声。

【译文/点评】此写行军的悠闲情景，以"历历"写人影分明之状，以"萧萧"摹马鸣之声，形象生动。"旌旗"与"小红桥"的映照，色彩更加鲜艳，而气氛益显轻松。

人生莫作远行客，远行莫戍黄沙碛。

【注释】出自唐·戴叔伦《边城曲》。戍，戍守、守卫。碛（qì），水中沙堆。沙碛，沙漠。

【译文/点评】此以"层递"修辞法，先说远行在外的辛

苦，然后层递而至戍守边塞的更苦，由此凸显出对在沙漠边塞
戍卫征人的深切同情。

弱不攻强，走不逐飞。

【注释】出自南朝宋·范晔《后汉书·西羌传》。走，跑。
此指步兵。飞，此指骑兵。

【译文/点评】弱军不攻击强敌，步兵不追逐骑兵。此言
作战不要以自己之短攻敌之所长，而应该扬长避短。

三春白雪归青冢，万里黄河绕黑山。

【注释】出自唐·柳中庸《征人怨》。青冢，即王昭君墓，
在今内蒙古境内。传说塞外草白，唯独昭君墓上之草是青色，
故称青冢。黑山，唐时属单于都护府，亦在今内蒙古境内，近
青冢。

【译文/点评】此写塞外暮春时节白雪皑皑、黄河绕山的
景象。前句写景之中有感叹，暗寓对王昭君身世的悲慨；后句
写黄河黑山，气象阔大，动感极强。其实，感叹王昭君的身
世，描写塞外的山河气象都是表面现象，诗人真正要表达的则
是征人之怨。诗的前两句是"岁岁金河复玉关，朝朝马策与
刀环"，写征人长年东征西战、无休无止之苦。"三春白雪归
青冢，万里黄河绕黑山"两句，仍是写征人之怨，但以写景
抒发其情。前句写暮春（三春）时节白雪堆于青冢的奇特景
象，暗示出边地的苦寒；后句以黄河围绕黑山而流的地理描
写，暗示出征人转战跋涉之苦。两句在表意上都体现了含蓄蕴
藉的风格，达到了中国传统诗歌所追求的"不著一字，尽得
风流"的意境。在形式上，此二句也非常有特色。"三春"对
"万里"、"白雪"对"黄河"、"青冢"对"黑山"、"归"对
"绕"，词性上非常一致，属于严格的工对。特别是两句中出
现"白"、"青"、"黄"、"黑"四种颜色，使诗的色彩感非常
丰富且鲜明，富有美感。动词"归"、"绕"用于写物，将

"白雪"、"黄河"人格化，形象感非常强。

三军甲马不知数，但见动地银山来。

【注释】出自宋·陆游《出塞曲》。甲，指代穿着盔甲的将士。甲马，即指人马。但，只。银山，指军队盔甲、刀枪光亮闪闪如银山。

【译文/点评】此写军队的威武气势，乃诗人想象中的驰骋塞外杀敌的雄壮场面。"甲马不知数"、"动地银山来"，都是夸张的说法，意在强调宋军队的强大。

三军可夺气，将军可夺心。

【注释】出自先秦《孙子·军争》。三军，指军队。夺气，挫伤士气。夺心，动摇意志。

【译文/点评】军队的士气可以被挫伤，军队的将领可以动摇其意志。此言战争中挫伤敌人的士气与动摇敌将的意志比直接杀伐更有效果，这是强调心理战的作用。

三年笛里关山月，万国兵前草木风。

【注释】出自唐·杜甫《洗兵马》。三年，虚指，泛指多年。关山月，一种戍边将士感伤离别、怀念家乡的曲子。万国，指全国各地。草木风，草木生风。

【译文/点评】多年戍守边塞的生活，在《关山月》的笛声中思念着家乡、念叨着家人，不胜忧伤；国家动乱，到处是兵，人心惶惶，风吹草动，人们也会胆战心惊。此写战争给将士与人民带来的苦难。此诗写于唐乾元二年（759）春二月，即唐军克复长安、洛阳二京之后。前句写"安史之乱"三年来战士们笛咽关山的艰难岁月；后句写大唐军队在回纥等军队的帮助下势如破竹克复两京，就如风吹草伏一般。以"万国兵"夸说大唐军队之盛，以"草木"喻安庆绪困守邺城的困境。前句是追昔，突出一个"悲"字（《乐府解题》："关山月，伤离别也。"）；后句是抚今，表现的是一个"喜"字。二句配合，极尽抑扬顿挫之致，将诗人激动而复杂的心情表露无遗。因此明人胡应麟评此二句说："以和平端雅之调，寓愤郁凄戾之思，古今壮句者难及此。"（《诗薮》卷五）

三十六策，走是上计。

【注释】出自唐·李延寿《南史·王敬则传》。策，计策。走，跑。

【译文/点评】三十六计，逃是上计。这话的真正含义是：在敌强我弱，万不得已的情况下，为了保存实力，以图卷土重来、东山再起，暂时采取战略撤退的战略。这并不是胆怯的逃跑，而是主动的战略转移。是中国古代三十六计中的一计。今天我们俗语"留得青山在，不怕没柴烧"，说的正是这个道理。

杀成边将名，名著生灵灭。

【注释】出自唐·于濆《陇头水》。著，显著。生灵，人民。

【译文/点评】此言战争能使将领成就功名，但却要以老百姓的死亡为代价。这与唐人曹松的诗句"一将功成万骨枯"（《己亥岁二首》其一）同义，都是反对边塞将领为了功名而杀伐不已的行为。

杀尽田野人，将军犹爱武。

【注释】出自唐·曹邺《战城南》。田野人，指老百姓。犹，还。爱武，喜欢打仗。

【译文/点评】此乃批评将军为了升官发财而不顾人民生活，为了自己"一将功成"而不怕士兵"万骨枯"的自私心态。

杀气三时作阵云，寒声一夜传刁斗。

【注释】出自唐·高适《燕歌行》。三时，虚指，指很长时间。阵云，阵地烟云。刁斗，古代军队里一种炊具，白天烧饭，晚上以之敲击巡夜打更。

【译文/点评】拼杀多时，战场上的杀气弥漫，阵地上仿佛笼罩着一股烟云；寒风习习，刁斗打更报时敲了一夜。此写战争的残酷场面与从军战士的辛苦之状。

杀气生龙剑，威风动虎旗。

【注释】出自宋·惠崇《自撰句图》。龙剑，指屠龙之剑，即宝剑。虎旗，指帅旗。

【译文/点评】此写将军抽剑生杀气、帅旗展威风的气势。

杀人安人，杀之可也；攻其国爱其民，攻之可也；以战止战，虽战可也。

【注释】出自先秦《司马法·仁本》。之，指示代词，他、他们。也，句末语气助词。其，指示代词，他的。虽，即使。

【译文/点评】杀一人（指独裁者、恶人）而能安定多数人，杀了他也是可以的；攻打他的国家而爱护他的人民，攻占了他的国家也是可以的；用正义的战争能够制止非正义的战争，尽管手段仍是战争，也是可以的。此言杀人、战伐只要是出于正义，目的是好的，也不是不可以。

山河之阻，沟墉之固，可用而不可恃也，可诫而不可弃也。

【注释】出自唐·白居易《策林三》。之，的。阻，险阻。沟，指护城河之类。墉，城墙。可，能。恃，凭恃、依靠。诫，警戒、戒备。

【译文/点评】山河等天然地势的险阻，护城河、城墙等人工的坚固工事，都是可以利用的，但是不能仅仅依靠这些；

可以利用这些来警戒敌人，但不能因此而放弃其他努力。此言战争中"地利"固然重要，但还应考虑"天时"、"人和"等其他因素。

善出奇者，无穷如天地，不竭如江河。

【注释】出自先秦《孙子·兵势》。

【译文/点评】用兵善出奇策的，其变化莫测就像是宇宙万物的变化无穷，就像江河滔滔流淌不绝。此言军事上善用"奇兵"的效果。

善攻不待坚甲而克，善守不待渠梁而固。

【注释】出自汉·桓宽《盐铁论·徭役》。待，等待、依靠。克，战胜、攻破。渠梁，此指城池。

【译文/点评】善于进攻不必依靠坚固的盾甲而战胜敌人，善于防守不必依靠高墙深池而固若磐石。此言战争要得民心、善谋略才能取得胜利的道理。

善攻者不尽兵以攻坚城，善守者不尽兵以守敌冲。

【注释】出自宋·苏洵《攻守》。尽兵，用尽全部兵力。敌冲，敌人集中冲击之地。

【译文/点评】善于进攻的，不会倾尽全部兵力攻打敌人的城池；善于防守的，不会竭尽兵力防守敌人集中冲击之处。此言无论攻守，都要留有一定的机动兵力以备突袭或救援之用。用今天的话来说，不要把所有的鸡蛋放在同一个篮子里。

善攻者，敌不知其所守；善守者，敌不知其所攻。

【注释】出自先秦《孙子·虚实》。其，他们。所守，所要防守的地方。所攻，所要攻击的地方。

【译文/点评】善于进攻的，会让敌人不知在何处加以防守；善于防守的，会让敌人不知从何处发起进攻。此言用兵攻防要虚虚实实，情况不为敌人所明了的重要性。

善攻者，料众以攻众。

【注释】出自先秦《管子·霸言》。料，估计。众，兵力、实力。

【译文/点评】善于进攻的将领，他会估计自己的兵力而据以攻击敌兵。此言与孙子"知己知彼"的理论同义。

善师者不陈，善陈者不战，善战者不败，善败者不亡。

【注释】出自汉·班固《汉书·礼乐志》。善师者，指善于指挥作战的人。陈，同"阵"，布阵。

【译文/点评】善于指挥作战的人不排兵布阵，善于排兵布阵的人不必跟敌人交战，善于与敌交战的人不会失败，善于处理败局的人不会使全军覆灭，使国家有灭亡之虞。此言战争中指挥的不同境界。

善守者，藏于九地之下；善攻者，动于九天之上。

【注释】出自先秦《孙子·形》。藏，指隐蔽。动，行动。

【译文/点评】善于防守的，布防隐蔽之密就像藏在九地之下一样；善于攻击的，袭击速度之快就像从天而降一般。此言军事行动要隐蔽，不可为敌人所侦知的重要性。

善为士者不武，善战者不怒。

【注释】出自先秦《老子》第六十八章。士，此指将领。武，表现勇武。怒，愤怒。

【译文/点评】善于做将领的人不轻易表露勇武之气，善于作战的人不轻易被敌人激怒。此言做将领的要善用智而不是好用武，对敌作战要沉着，不要被情绪所左右。

善用兵者，避其锐气，击其惰归。

【注释】出自先秦《孙子·军争》。其，此指敌人。惰归，此指士气低落、精力疲惫。

【译文/点评】善于用兵的人，避开敌人的锐气，在其士气低落、精疲力竭之时予以攻击。此言用兵之道在于扬长避短、避实击虚。

善用兵者，不以短击长，而以长击短。

【注释】出自汉·司马迁《史记·淮阴侯列传》。短，短处、弱势。长，长处、优势。

【译文/点评】此言善于用兵的人应当扬长避短。

善用兵者，屈人之兵而非战也；拔人之城而非攻也。

【注释】出自先秦《孙子·谋攻》。屈，使屈服。也，句末语气助词。

【译文/点评】善于用兵的人，使敌人屈服而不用作战，攻陷敌人城池而不用冲锋陷阵。此言战争的最高境界是"不战而屈人之兵"，即以谋略战胜敌人。

善用兵者，无沟垒而有耳目。

【注释】出自先秦《管子·制分》。沟垒，指军事工事。耳目，指代情报侦察人员。

【译文/点评】善于用兵的人，可以不构筑军事工事，但一定有情报侦察人员。此言情报侦察工作在战争中的重要性。现代战争重视谍报工作，正是这个道理。

善用兵者，先服其心，次服其力。

【注释】出自宋·苏轼《乞诏边吏无进取及论鬼章事宜札子》。服，征服。其，指示代词，此指敌人。力，武力。

【译文/点评】善于用兵的人，首先是征服敌人的心，其次才是以武力征服。此意与孙子所论"不战而屈人之兵"同义，即攻敌先攻心。

善用兵者，役不再籍，粮不三载。

【注释】出自先秦《孙子·作战》。役，兵役。再，第二次。籍，登记。载，装载。

【译文/点评】善于用兵的人，一次战斗就能结束战争，士兵不必第二次登记兵役，后勤不必装载第三次粮草。此言战争应当速战速决，不可旷日持久，以免劳民伤财，拖垮国家与百姓。

善战者见敌之所长，则知其所短；见敌之所不足，则知其所有余。

【注释】出自先秦《孙膑兵法·奇正》。之，的。所长，指优势、长处。所短，指弱势、短处。所不足，指弱点。所有余，指优势、长处。

【译文/点评】善于用兵作战的人，看到敌人的优势，就能推知敌人的劣势所在；看到敌人的不足之处，就能了解它的优势所在。此言战争中要善于从表面现象对敌情进行推理分析，从而扬己之长以克敌之短。

善战者见利不失，遇时不疑。

【注释】出自先秦《太公六韬·龙韬·军势》。利，指有利形势。时，时机。

【译文/点评】善于用兵作战的人看到有利的形势绝不会放过，遇到适当的机会决不会犹豫不决。此言用兵之人要善于抓住有利战机而且行事要果断。

善战者，居之不挠，见胜则起，不胜则止。

【注释】出自先秦《太公六韬·龙韬·军势》。居，指军队停下待命。挠，扰乱。

【译文/点评】善于用兵作战的人，驻扎待命而不会被扰乱，看到有取胜的机会就立即行动，不能取胜时就主动停止。

此言用兵作战要根据情势变化灵活处理，该停则停，该战则战，该止则止。这样，才能永远立于不败之地。

善战者，因其势而利导之。

【注释】出自汉·司马迁《史记·孙子吴起列传》。因，根据。势，形势、情势。导，引导。之，指战争进展。

【译文/点评】善于用兵作战的人，总能根据战场形势的发展而向有利于自己的方向引导。此言战争中主动把握战机的重要性。成语"因势利导"，即源于此。

善战者之胜也，无智名，无勇功。

【注释】出自先秦《孙子·形》。之，的。也，句中语气助词，表停顿。

【译文/点评】善于用兵作战的人，他的取胜没有善用计谋的名声，也没有勇冠三军的搏杀之功。此言善于用兵作战的最高境界是使战争被扼杀在未能成形的萌芽状态。也就是说，用兵的最高境界是战争未开始前化解战争，而不是战争开始后如何用计、如何逞勇。

善战者致人，而不致于人。

【注释】出自先秦《孙子·虚实》。致，招引。致人，指控制、调度敌人。

【译文/点评】善于用兵作战的人调动控制敌人，而不被人所调动控制。此言战争要掌握主动权。用今天的话来说，就是要牵着敌人的鼻子走，而不要被敌人牵着鼻子跑。

善者能使敌卷甲趋远，倍道兼行，倦病而不得息，饥渴而不得食。

【注释】出自先秦《孙膑兵法·善者》。善者，指善于用兵作战的人。卷甲，卷起铠甲。趋远，远走。倍道，走加倍的路程。兼行，加倍赶路。倦，疲倦。病，精疲力竭。不得，不能。

【译文/点评】善于用兵作战的人能使敌人卷起铠甲不战而远逃，让他们日夜兼程、加倍赶路，疲于奔命而不能休息、饥渴了也不能进食。此言用兵要善于运动敌人，让敌人疲于奔命，在运动中消耗敌人的力量，使其不战而败。用今天的话说，就是要牵着敌人的鼻子走，听从我的指挥。

上兵伐谋，其次伐交，其次伐兵，下政攻城。
【注释】出自先秦《孙子·谋攻》。上兵，上等的军事谋略。谋，谋略。交，外交。下政，下策。

【译文/点评】第一等的军事谋略是击败敌人的用兵谋略，其次是挫败敌人的外交联盟，再次是攻击敌人的军队，最下策是攻击敌人的城池。此言用兵之略的不同境界。

上将拥旄西出征，平明吹笛大军行。
【注释】出自唐·岑参《轮台歌奉送封大夫出师西征》。上将，大将军。旄（máo），用牦牛尾做装饰的旗帜，泛指大旗。平明，黎明。

【译文/点评】此写大将西征早发时举旗奏乐的情景。

上无疑令，则众不二听；动无疑事，则众不二志。
【注释】出自先秦《尉缭子·战威》。疑令，令人疑惑不定的命令。则，那么。不二听，听从命令不二心。疑事，令人疑惑的事。不二志，有不同的想法、思想不统一。

【译文/点评】上面发出的命令不让人产生疑惑，那么下面执行起来就不会有犹豫；上面的行事没有令人疑惑的地方，那么下面的人就不会有思想不统一的时候。此言军事命令与军事行动要坚决果断，不能让下面有丝毫的疑问，以此才能统一全军的思想与行动，保证军心的稳定、命令的有力执行。

上下同欲者胜。

【注释】出自先秦《孙子·谋攻》。欲，欲望、意愿。

【译文/点评】上下愿望一致的，就会胜利。此言战争中将士同心同德、团结一致的重要性。

涉长道后行未息，可击。

【注释】出自先秦《吴子·料敌》。涉，跋涉、走。行，走。息，休息。

【译文/点评】在敌人长途跋涉后还来不及休息的时候，可以发起攻击。此言攻敌于疲劳之时。

涉水半渡，可击。

【注释】出自先秦《吴子·料敌》。涉，趟水过河。半渡，渡到河心。

【译文/点评】在敌人趟水过河到达河中央时，可以突然发起攻击。此言攻敌于措手不及之时。

深入未必为得，不进未必为非。

【注释】出自南朝宋·范晔《后汉书·马援传》。未必，不一定。

【译文/点评】深入敌境未必就是胜利，驻军不前未必就是失败。此言战争要看客观条件与客观效果，能进则进，当退则退。

生女还得嫁比邻，生男埋没随百草。

【注释】出自唐·杜甫《兵车行》。还得，还能。比邻，近邻。随百草，指战死而陈尸于野草之中。

【译文/点评】此以生男与生女的结果作对比，强烈地表达了人民对于战争的厌恶之情。

胜败乃兵家常事。

【注释】出自明·施耐庵《水浒全传》第五十五回。乃，是。

【译文/点评】此言战争中没有哪一个是永远的赢家，再高明的指挥官也有失策或打败仗的时候。因此，对于战争的胜负应有正确的认识。

胜兵先胜而后求战，败兵先战而后求胜。

【注释】出自先秦《孙子·形》。胜兵，胜利的军队。先胜，指先在谋划上制胜。败兵，失败的军队。

【译文/点评】胜利的军队是先制订好克敌制胜的计划后再寻机与敌人交战，失败的军队是先与敌人交战而后再想破敌获胜的计策。此言战争要谋划在先，不能没有谋划就贸然与敌人交战。

胜敌者，一时之功也；全信者，万世之利也。

【注释】出自明·冯梦龙《东周列国志》第四十二回。"……者……也"，古代汉语判断句形式之一，相当于"……是……"。全，使全、保全。信，信任、信誉。

【译文/点评】战胜敌人，是一时的功劳；而保全信誉，则是万世的利益。此言两国之间长久的信任给两国带来的利益远远大于战争胜利的一时之利。这是中国"和为贵"的传统思想，虽然体现了中国人和平主义的理念，但其中也有很大的负面作用，这在中国历史上是有很深刻的教训的。

胜而不骄，败而不怨。

【注释】出自先秦《商君书·战法》。骄，骄傲。怨，埋怨、责备。

【译文/点评】胜利了不骄傲，失败了不埋怨。此言战争中胜败乃常事，胜利或失败都不要紧，关键是要从中总结经验教训。

失时不从，可击。

【注释】出自先秦《吴子·料敌》。

【译文/点评】敌人有机会而错过，可以对其发动攻击。此言抓住敌人错失良机时发动进攻。

师必有名。

【注释】出自汉·戴圣《礼记·檀弓下》。师，指出师、出动军队、打仗。必，一定。名，理由、名义。

【译文/点评】出师作战一定要有一定的名义。此言发动战争一定要找到一个说得出的正当理由，这是古今中外发动战争者的共识。因此放眼古今，放眼世界，许多战争发动者即使发动的是侵略战争、不义战争，他们也往往先要找些对方的错并历数其罪恶，以此为自己出兵行动找一个冠冕堂皇的理由，从而赢得人心，在声势上、心理上做到理直气壮。

师克在和不在众。

【注释】出自先秦《左传·桓公十一年》。师，军队。克，战胜。在，在于。和，团结。

【译文/点评】军队能克敌制胜，在于内部团结，而不于人多。此言军队内部只有团结一致才有战斗力的道理，与孟子所说的"天时不如地利，地利不如人和"意思略同。

师之所处，荆棘生焉；大军之后，必有凶年。

【注释】出自先秦《老子》第三十章。师，军队。之，放在主谓语之间，取消句子的独立性。所处，所在的地方。荆，一种灌木。棘，酸枣树，泛指有刺的灌木。焉，于此。军，此指战争。必，一定。凶年，指饥荒之年。

【译文/点评】大军所到之处，必然荡然无存，只会留下

丛生的荆棘；大战之后，一定会有饥荒之年。此言战争巨大的
破坏力与给人民生活带来的灾难，意在反对战争。

师直为壮，曲为老。

【注释】出自先秦《左传·僖公二十八年》。师，军队。
直，即理直，指战争具有正义性。曲，即理屈，指战争不具正
义性。壮，士气高昂。老，士气低落。

【译文/点评】军队作战，出师具有正义性便会士气高昂；
不具正义性，则士气低落。此言士气的高低与出师是否具有正
义性有密切关系。正因为如此，古人历来讲究"师出有名"。
"有名"（即有正义性），才能让士兵打得理直气壮。

十年经转战，几处更芳菲。

【注释】出自唐·刘长卿《送友人西上》。经，经历。更，
还。芳菲，花香芳香。

【译文/点评】经历十年的转战，哪里还有花草的芳香呢？
此言战争已使天下一片荒凉了，强调长期战争对国家造成的严
重破坏。

十年天地干戈老，四海苍生痛哭深。

【注释】出自明·顾炎武《海上》。十年，虚指，泛指多
年。干戈，泛指武器。老，指武器变钝用坏。四海，指天下、
全国。苍生，指百姓。

【译文/点评】此以"干戈老"强调战争时间之长、对社
会生产力破坏之大、给天下百姓造成的苦难之深。

十室几人在，千山空自多。路衢唯见哭，城市不闻歌。

【注释】出自唐·杜甫《征夫》。十室，十家。空，徒然。
衢（qú），四通八达的大路。唯，只。

【译文/点评】此写"安史之乱"给人民造成十室九空、

家破人亡的惨象。

十五从军征，八十始得归。

【注释】出自汉·无名氏《十五从军征》。从军，参军、加入军队。征，出征、征战。得，能。

【译文/点评】此写出征时间之长，表达的是强烈的厌战情绪与对青春年华痛失的悲叹之情。

时来故旧少，乱后别离频。

【注释】出自唐·杜甫《寄张十二山人彪三十韵》。故旧，旧友。频，频繁。

【译文/点评】此言战乱使正常的人际交往也变少了，有的只是频繁地离亲别友。

食者，国之宝也；兵者，国之爪也。

【注释】出自先秦《墨子·七患》。"者……也"，古代汉语判断句形式之一，相当于"……是……"。兵，军队。爪，手爪。

【译文/点评】粮食就是国家的宝贝，军队就是国家的手爪。此以比喻修辞法强调粮食与军队在国家中的重要地位。

始如处女，敌人开户；后如脱兔，敌不及拒。

【注释】出自先秦《孙子·九地》。开户，指敌开阵门。

【译文/点评】开始时按兵不动，安静如处女，敌人麻痹大意而洞开阵门。后来突然发动袭击，行动就如逃脱的野兔，冲入敌阵，让敌人猝不及防。此言用兵如何"动"、"静"结合，出其不意而制胜的策略。

示之以形，禁之以势，使之望而不敢犯，犯而无所得。

【注释】出自宋·苏轼《殿试武举策问一首》。示，给……看。之，指示代词，指敌人。以，用。形，指队形、阵势。禁，使……受禁。势，气势。

【译文/点评】以严整的战阵队形显示于敌，以气吞山河的气势吓阻敌人，使敌人望而却步而不敢侵犯，即使侵犯也无收获。此言强调战争中威严的气势有"不战而屈人之兵"的作用。

事莫大于必克，用莫大于玄默。

【注释】出自先秦《太公六韬·龙韬·军势》。事。此指军事行动。莫，没有。必，一定。克，战胜、成功。用，此指用兵。玄默，指隐秘与缄默。

【译文/点评】军事行动没有比一定要打赢仗更重要的了，用兵之道没有比保证行动的隐秘更重要的了。此言军事行动要追求必胜的结果，用兵谋划要注意隐秘性，不可被敌人窥破。

事强暴之国难，使强暴之国事我易。

【注释】出自先秦《荀子·富国》。事，侍事、臣服。

【译文/点评】臣服于强暴之国很难，但让强暴之国臣服于我，就比较好办了。这是荀子的外交观。乍听起来有点费解，其实是非常有道理的。"事强暴之国"之所以难，就在于主动权在他人手上，而"使强暴之国事我"，则主动权在我手上，所以就比较简单了。这话实质上是在强调增强国力，占据外交上的主导权。因为"弱国无外交"，自古皆然。

视卒如婴儿，故可与之赴深溪；视卒如爱子，故可与之俱死。

【注释】出自先秦《孙子·地形》。视，看待、对待。卒，士兵。如，像。故，因此、所以。与之，同他（指将领）一起。深溪，代指危险的地方。俱死，一起死。

【译文/点评】将领如疼爱婴儿般对待士兵，士兵就会与他一起赴危蹈险；将领对待士兵如自己心爱的孩子，士兵就会与他同生死。此言将领爱护士兵对增强军队凝聚力与战斗力的重要作用。

恃大而不戒，则轻战而屡败；知小而自畏，则深谋而必克。

【注释】出自宋·苏轼《策断二十四》。恃，倚仗、凭借。戒，警戒、戒备。轻战，轻忽、轻视。知小，知道自己的弱点。自畏，自己知道有所畏惧。则，那么。必，一定。克，战胜、成功。

【译文/点评】仗恃着自己强大而无警戒之心，那么就会轻忽战争，结果必然是屡战屡败；知道自己的弱点而有所畏惧，那么就会谨慎小心而周密谋划，最终必然能够取胜。此言战争中千万不可骄傲自大、麻痹轻敌，而要谨慎小心、善于谋划。

守少则固，力专则强。

【注释】出自晋·陈寿《三国志·魏书·三少帝纪》注引《汉晋春秋》。守少，指守卫的据点少。则，就。力专，兵力集中。

【译文/点评】守卫的据点少，阵地就能巩固；兵力集中而不分散，战斗力就强大。此言战争中战线要收缩、兵力要集中的道理。用今天的话来说，就是集中优势兵力打歼灭战。

数战则民劳，久师则兵弊。

【注释】出自汉·刘向编《战国策·燕策一》。数，屡次。则，那么、就。劳，疲劳。师，动兵。兵，军队。弊，疲惫。

【译文/点评】屡次用兵作战，那么老百姓就会感到劳苦；用兵过久，那么军队就会疲惫。此言战争劳民伤财，不易用兵过久、过频，要爱惜民力、兵力。

霜日明霄水蘸空，鸣鞘声里绣旗红。

【注释】出自宋·张孝祥《浣溪沙》。霜日，指秋天。明霄，明亮的天空。蘸（zhàn），把东西沾水或沾其他液体。鞘，鞭鞘。

【译文/点评】秋日里天空明净得就像被水蘸过，鞭声响处出现一队红色的绣旗。此写秋日军营鸣鞭打旗行军的情景。

水因地而制流，兵因敌而制胜。

【注释】出自先秦《孙子·虚实》。因，根据。制流，控制流向。兵，用兵。制胜，取胜。

【译文/点评】水根据地形而选择流向，用兵则根据敌我双方的实际情况而选择克敌制胜的策略。此以水流因地为喻，强调用兵要根据形势而有不同策略的道理。

水之行避高而趋下，兵之形避实而击虚。

【注释】出自先秦《孙子·虚实》。之，的。行，流动。趋，趋向、往。下，指低处。兵，指用兵。形，表现。

【译文/点评】水流动的规律是绕避高处而流往低处，用兵之道是避开敌人力量强大的部分而攻击其薄弱的部分。此以水流趋下比喻用兵当避实击虚的道理。

水自潺湲日自斜，尽无鸡犬有鸣鸦。

【注释】出自唐·韩偓《自沙县抵龙溪县值泉州军过后村落皆空因有一绝》。潺湲，水缓缓流动貌。

【译文/点评】前句以溪水缓流、红日西斜的视觉形象，暗写出战后乡村的没落寂寥。后句以不闻鸡犬之声而闻呱呱鸦鸣的听觉形象，暗示出村落空无一人的悲惨。两句写唐朝灭亡后田园寂寞之状，皆以景物出之。与杜甫"国破山河在，城春草木深"之句写"安史之乱"后的长安衰象有异曲同工之妙，其妙皆在意在言外，婉而成文。

朔风传金柝，寒光照铁衣。

【注释】出自南朝梁·横吹曲辞《木兰诗二首》之一。朔风，北风。柝（tuò），巡夜打更用的梆子。金柝，指刁斗，古代军中的一种炊具，白天用以炊饭，晚上用来打更报时。寒光，清冷的月光。铁衣，指铠甲。

【译文/点评】此写战士在北风劲吹的寒冷之夜，穿着冰冷的铠甲守卫军营的辛苦之状。

朔风吹雪透刀瘢，饮马长城窟更寒。

【注释】出自唐·卢汝弼《和李秀才边庭四时怨》。朔风，北风。

【译文/点评】此写冬天边塞地区极度寒冷的情状，意在强调守卫边疆的艰苦。"透刀瘢"，言风雪之寒能透过刀的正面而在反面留下寒冷的瘢点，这是夸张的表达，其意是强调边塞寒冷的程度；后句则是"用典"与"夸张"并用。古乐府有"饮马长城窟，水寒伤马骨"，此言"窟更寒"，意谓比"水寒伤马骨"的程度还要进一步，其意也是强调边境的寒冷程度，从而让人体会到守卫边境艰苦险恶的生活与生存环境。

死是征人死，功是将军功。

【注释】出自唐·刘湾《出塞曲》。征人，士卒。

【译文/点评】此言战争中将士得失的不均，与"一将功成万骨枯"意有相通之处。

四边伐鼓雪海涌，三军大呼阴山动。

【注释】出自唐·岑参《轮台歌奉送封大夫出师西征》。雪海，指冰雪覆盖的湖泊。阴山，指今新疆博格达山。

【译文/点评】此以夸张修辞法写唐军出师西征时伐鼓欢呼、地动山摇的军威。"雪海涌"、"阴山动"，都是夸张之辞，并非实写，意在突出强调唐军伐鼓、呼喝的声势。

岁岁金河复玉关，朝朝马策与刀环。

【注释】出自唐·柳中庸《征人怨》。金河，唐代所设金河县，在今内蒙古呼和浩特市南。玉关，即玉门关，在甘肃敦煌。马策，马鞭。刀环，刀柄上的铜环。

【译文/点评】每年不是防守金河就是开赴玉门关，每天相伴的不是马鞭就是刀环。此写守边将士的辛苦及其怨嗟之言。

叹息人间万事非，被驱不异犬与鸡。

【注释】出自宋·文天祥《胡笳曲》。

【译文/点评】此写战乱之中人民四散逃难、生活不如鸡犬安定的生活境遇，表现了诗人在国难当头对国事日非的忧虑之情与对人民苦难的深切同情。

天寒彩旗坏，地暗鼓声低。

【注释】出自南朝陈·江总《雨雪曲》。

【译文/点评】此写战场上天寒地冻、旗坏鼓哑的恶劣环境。

天时怼兮威灵怒，严杀尽兮弃原壄。

【注释】出自先秦·屈原《楚辞·九歌·国殇》。天时，指天象。怼（duì），怨愤。兮，语气助词，相当于"啊"、"呀"。严，威。严杀，指鏖战痛杀。壄，古"野"字。

【译文/点评】天昏地暗神灵怒，将士尽亡弃原野。这是写战争的结果，以天怒神怨与万尸弃野的场景描写，将战争的残酷展示得淋漓尽致，让人不寒而栗。

天下郡国向万城，无有一城无甲兵。

【注释】出自唐·杜甫《蚕谷行》。向，近。

【译文/点评】此言全国各地到处都有战争，强调的是

"安史之乱"波及的范围之广，所造成的灾难之深重。

天下虽兴，好战必亡；天下虽安，忘战必危。

【注释】出自唐·白居易《策林三》。天下，国家。虽，虽然。兴，兴盛、强大。必，一定。

【译文/点评】国家虽然兴盛强大，但是好战不止，就必然会有亡国之虞；国家虽然安定无事，但如果因此而忽略战备，那么国家也一定会有危险。此言不能轻启战端，但战备要常抓不懈。

天涯静处无征战，兵气销为日月光。

【注释】出自唐·常建《塞下曲四首》其一。兵气，指战争的气象。

【译文/点评】天涯海角皆安静，从此不再有征战；战争风云不起，日月普照寰宇。这是诗人所构拟的和平景象，是唐代的人们祈盼天下和平的心声，也是今日我们祈求世界和平的心声，代表了数千年来中国人一以贯之的和平主义理想。

田园寥落干戈后，骨肉流离道路中。

【注释】出自唐·白居易《自河南经乱关内阻饥兄弟离散各在一处因望月有感聊书所怀》。寥落，空虚、冷落。干戈，指代武器，此指战争。骨肉，指代亲人。

【译文/点评】经过战乱之后，田园荒芜萧条、村中冷落无人，亲人流离失所于他乡异地的道路之上。此写战争给农业生产与人民生活造成的巨大破坏。

铁马晓嘶营壁冷，楼船夜渡风涛急。

【注释】出自宋·刘克庄《满江红》词。铁马，指战马。嘶，叫。

【译文/点评】此句以"晓"、"夜"点出时间，以"冷"

写营壁、以"急"写风涛，突出强调了战斗不分昼夜、不分环境的残酷性与将士的辛苦之状。

铁骑无声望似水。

【注释】出自宋·陆游《夜游宫》。铁骑，指带甲的骑兵部队。似水，像流动的水。

【译文/点评】盔甲鲜明的骑兵队伍行军悄无声息，远远望去就像一股流动之水缓缓流去。此写军队纪律的严明与人数的众多。

铁衣远戍辛勤久，玉箸应啼别离后。

【注释】出自唐·高适《燕歌行》。铁衣，战士护身的铠甲，此指战士。箸（zhù），筷子。玉箸，比喻眼泪落下如玉筷，代指思妇。戍（shù），守卫边防。

【译文/点评】前句写征人的辛苦之状，以沉重的"铁衣"暗示之；后句写思妇念夫的痛苦之情，以"玉箸"（眼泪）强调之。由此，前后配合，遂将战争给人民带来的苦难暗含其中矣。

庭树不知人去尽，春来还发旧时花。

【注释】出自唐·岑参《山房春事二首》。

【译文/点评】此写"安史之乱"后的春天只见旧时花、不见当年人的荒凉景象。

同其心，一其力，勇者不得独进，怯者不敢独退，止如丘山，发如风雨。

【注释】出自汉·刘安《淮南子·兵略训》。同，使同。其，指士兵。一，统一、协调。不得，不能。怯者，胆怯的人。止，指驻扎、坚守。发，进攻。

【译文/点评】使士兵同心同德，使士兵的行动协调一致，使勇敢的人不能独自冒进，使胆小的人不能独自临阵脱逃，军队停止待命时要井然有序、稳如丘山，向敌人发起进攻时要迅疾如狂风暴雨。此言将帅用兵必须统一士兵的思想与行动，加强组织纪律，做到令行禁止。

投之亡地然后存，陷之死地然后生。

【注释】出自先秦《孙子·九地》。之，指将士。亡地，死地、绝境。

【译文/点评】此言战争中把将士置于绝境，让他们没有退路可以选择，就能激起他们的斗志，从而置生死于度外，打败敌人，求得生存。今天我们大家都知道的楚霸王项羽在巨鹿之战中"破釜沉舟"、"背水一战"的战例，其实就是孙子这一战术的成功运用。

涂有所不由，军有所不击，城有所不攻，地有所不争。

【注释】出自先秦《孙子·九变》。涂，同"途"，道路。有所，相当于"有的……"。由，经过。

【译文/点评】有的道路可以绕过不走，有的敌人可以不追击，有的城池可以不进攻，有的土地可以不争夺。此言战争中也要"有所为，有所不为"，集中力量，根据自己的战略目标而行动，不为敌人的行动所左右。

土地虽广，好战则民凋；中国虽安，忘战则民殆。

【注释】出自唐·吴兢《贞观政要·征伐》引唐太宗语。虽，即使。广，大。则，就。凋，凋敝。中国，指中原地区。殆，危险。

【译文/点评】土地即使再广大，好战而不知收敛，就会使民生凋敝；中原地区即使非常安全，如果忽略战备，那么老百姓就会有危险了。此言对待战争要有正确的态度：既不能好战，但也不能忘战。

兔从狗窦入，雉从梁上飞。中庭生旅谷，井上生旅葵。

【注释】出自汉·无名氏《十五从军行》。窦，孔穴。雉（zhì），野鸡。旅谷，指野生的谷子。旅葵，指野生的葵。

【译文/点评】兔子从狗洞中出入，野鸡从屋梁上飞过，中庭长满了野生的谷子，井台之上生长着野葵。此写战乱后田园荒芜、室无人烟的悲惨景象。

退如山移，进如风雨。

【注释】出自先秦《吴子·应变》。

【译文/点评】军队的撤退行动要如山岳移动一样稳健，军队的攻击行动要如急风骤雨一样迅速。此言强调军事撤退最忌惊惶失措，以给敌人的追击以可乘之机；军队的攻击行动贵在神不知鬼不觉，以使敌人措手不及。

晚风吹画角，春色耀飞旌。

【注释】出自唐·陈子昂《和陆明府赠将军重出塞》。画角，上有彩绘的号角，是古代军中的吹奏乐器。

【译文/点评】画角在晚风中吹起，飞动的旌旗在春色的映衬下显得耀眼。此写军中的欢乐安详的景象。

万鼓雷殷地，千旗火生风。

【注释】出自唐·高适《塞下曲》。殷，震动。

【译文/点评】万鼓齐鸣犹如雷霆万钧，声震大地；千旗迎风飘扬，恰似火借劲风。此以旗鼓两个细节描写军威军容。"万鼓"、"千旗"，并非实写，而是一种夸张的表达，意在突出鼓多、旗多。

万箭千刀一夜杀，平明流血浸空城。

【注释】出自唐·岑参《献封大夫破播仙凯歌六首》。

【译文/点评】此写战争的残酷场面，令人不寒而栗。"万箭千刀"、"流血浸空城"都是夸张的表达，并非实写，意在强调一夜屠城的血腥残酷。

万里长征战，三军尽衰老。

【注释】出自唐·李白《战城南》。长征，长途征战。

【译文/点评】此言长途征战将士的辛劳之状。"万里"，言行军路程之长，乃是夸张修辞法。"三军"，言所有军队，"三"泛指"多"。

万里无人收白骨，家家城下招魂葬。

【注释】出自唐·张籍《征妇怨》。

【译文/点评】此写征妇无法收葬万里以外的丈夫的尸骨，只得城下招魂而空葬的悲惨之情。"万里"写出了征人战死之地的遥远与荒凉，"家家"道出了怨妇人数之多。其对战争之害的血泪控诉，皆见于字里行间矣。

万姓厌干戈，三边尚未和。将军夸宝剑，功在杀人多。

【注释】出自唐·刘商《行营即事》。万姓，指代广大老百姓。干戈，泛指武器，此指战争。三边，本指汉代幽州、并州、凉州等三个边塞之地，后泛指边塞之地。尚，还。未和，没有和平、没有安定。

【译文/点评】此写战争持续不断，和平局面仍未实现，而将军却夸口杀人功多，意在表达广大人民的反战情绪，同时也批评了将军为了立功而不顾士兵死活的自私心态。"一将功成万骨枯"，正是此意。

亡国之大夫，不可以图存；败军之将，不可以语勇。

【注释】出自汉·班固《汉书·韩信传》。图存，谋划国家的存亡。语，说。

【译文/点评】此语与《史记》所说的"败军之将，不可以言勇；亡国之大夫，不可以图存"同义。

为地战者不能成王，为禄仕者不能成政。

【注释】出自汉·刘向《说苑·君道》。禄，俸禄。仕，做官。政，政绩、功业。

【译文/点评】为争夺土地而进行战争的人是不能成王的，为争权夺利而进行战争是算不得功业的。此言强调战争应当有正当的目的，必须具有正义性。

为将者，能去能就，能柔能刚，能进能退，能弱能强。

【注释】出自明·罗贯中《三国演义》第一百回。去，去职、辞官。就，就任、升官。

【译文/点评】此言做将领的人要有政治素质、思想素质，不仅仅是在战场上打打杀杀。

为将之道，当先治心。

【注释】出自宋·苏洵《心术》。之，的。道，原则、诀窍。心，心志、思想。治心，统一思想。

【译文/点评】做将领的原则，应当是首先统一士兵的思想。此言治军首先要重视统一思想的意义。用今天的话来说，就是加强军队的思想政治工作，从而增加军队的战斗力。

未得地利，可击。

【注释】出自先秦《吴子·料敌》。

【译文/点评】敌人未得地利之便时，可以趁机攻击。此言敌人未占得地利之便时是偷袭的好机会。

未战养其财，将战养其力，既战养其气，既胜养其心。

【注释】出自宋·苏洵《心术》。养，准备、积蓄。财，指粮草等物质准备。既，已经。力，精力。气，士气。心，心志、斗志。

【译文/点评】战争筹划阶段要先做好粮草积蓄与供应的物质准备工作，战争即将开始时要注意养精蓄锐、保护军力，战争开始后就要保持旺盛的士气，战争胜利后则要保持常备不懈的斗志。此言战争的不同阶段应当注意的事项，非常精辟，可谓是放之四海而皆准的军事真理。

无人花色惨，多雨鸟声寒。

【注释】出自唐·李嘉祐《自常州还江阴途中作》。

【译文/点评】此写战后人烟稀少、鸟声带悲的凄凉景象。"花色惨"、"鸟声寒"，是以"拟人"修辞法，将人的情感移于花鸟，以此突显观花见鸟者内心极度的悲伤之情。

无恃其不来，恃吾有以待之。

【注释】出自宋·欧阳修《论李昭亮不可将兵箚子》。恃，依恃、依靠。其，指敌人。吾，我，指我军。以，来。之，指示代词，指敌人。

【译文/点评】不要指望敌人不来侵犯，要依靠我们自己有所准备，有办法对付它。此言保卫边疆要做好战备工作，不可存有侥幸之心，更不可对侵略者抱有不切实际的幻想。

无要正正之旗，无击堂堂之陈。

【注释】出自先秦《孙子·军争》。无，不要。要，同"邀"，拦截。正正，端正齐整的样子。之，的。堂堂，盛大的样子。陈，同"阵"，军阵、队阵。

【译文/点评】不要拦截举得端正肃穆的军旗，不要攻击盛大的敌军队阵。此言从军容便可窥出对方治军的内情和实力的大小。

洗兵海岛，刷马江洲。

【注释】出自晋·左思《魏都赋》。洗兵，洗兵器。

【译文/点评】此写解鞍歇马之景，表现的是一种"刀枪入库，马放南山"的境界，也与先秦《尚书·武成》篇所说的"归马于华山之阳，放牛于桃林之野"的理想境界相通。其实，这两句不仅意境高远，读之令人心旷神怡，而且对仗极其工整，视听觉效果也极佳。据传说，晚清重臣张之洞就极为欣赏这两句。光绪二十八年（1902），他在巡察仪征盐务时，想为十二圩盐栈写一副对联。想了很久，不得其词。后来他选取了南朝张融《海赋》中的两句"积雪中春，飞霜暑路"作为上联，但是却又对不出下联。于是求教当时的扬州宿儒李审言。李审言想到了晋人郭璞《江赋》中有"总括汉泗，兼包淮湘"二句，觉得可以对得上《海赋》中的这两句。但张之洞没有采纳，最后他自己选择了左思《魏都赋》中的这两句，由此凑成了盐栈的一副对联："积雪中春，飞霜暑路；洗兵海岛，刷马江洲。"盐是白色，既像雪，又像霜；而盐务人员的忙碌，则又像是洗兵、刷马。真可谓妙极！故在民间传为佳话。

先人有夺人之心。

【注释】出自先秦《左传·文公七年》。先人，先于人。夺，使人丧失。之，的。心，意志、信心。

【译文/点评】军事上先发制人，往往有使敌人信心丧失、意志瓦解的效果。此言军事打击上先发制人的独特效果，也就是俗语所说的"先下手为强"。

贤人观时，而不观于时；制兵，而不制于兵。

【注释】出自汉·刘向编《战国策·赵策二》。时，时势。制，控制。兵，战争。

【译文/点评】贤能的人善于审时度势，利用特定的时势乘时而起，而不会被时势所裹胁，处于被动地位；贤能的人善于控制战争，而不会被战争所控制。此言在政治、军事斗争中要善于掌握主动权，抓住有利的时机，乘势而上。

险道狭路，可击。

【注释】出自先秦《吴子·料敌》。

【译文/点评】在道路险恶与狭窄的地方，可对敌人发起突然袭击。此言袭敌于地形不利之时。

陷之死地而后生，投之亡地而后存。

【注释】出自汉·班固《汉书·韩信传》。

【译文/点评】此语即《孙子·九地》所言"投之亡地然后存，陷之死地然后生"，意为战争中将将士置于绝境，反能激发他们的斗志，使其死里求生，最终反败为胜。历史上楚霸王项羽所创造的"破釜沉舟"、"背水一战"的战例，就是这一计谋的生动注脚。

相看白刃血纷纷，死节从来岂顾勋。

【注释】出自唐·高适《燕歌行》。死节，为气节而死。顾勋，为了功勋。

【译文/点评】此言将士视死如归、奔赴战场，并不是为了博取功名富贵，而是为了殉国的气节。这是对保家卫国将士的赞颂。

枭骑战斗死，驽马徘徊鸣。

【注释】出自汉·无名氏《战城南》。枭（xiāo），一种凶猛的鸟，引申为凶猛难以制服。枭骑，此指骏马。驽（nú）马，劣马。

【译文/点评】此以战马或死或散来写战争的惨烈情状。虽然见马而不见人，但人死伤无数的景象尽在其中矣。这两句的真实意思是：骏马、劣马或战死于沙场，或徘徊于战场而哀鸣。"战斗死"、"徘徊鸣"是兼顾"枭骑"与"驽马"二者的，这是修辞上的"互文"法，主要是为了诗文语句的简洁或对偶的方便。

萧条四海内，人少豺虎多。

【注释】出自唐·杜甫《别唐十五诫因寄礼部贾侍郎》。萧条，荒凉的样子。四海，天下、全国。豺虎，泛指野兽。

【译文/点评】此写战乱后天下萧条、人少兽多的悲凉景象。

萧萧马鸣，悠悠旆旌。

【注释】出自先秦《诗经·小雅·车攻》。萧萧，马长鸣之声。悠悠，旌旗轻轻飘动貌。旆（pèi），古代旗边上下垂的装饰品。旌（jīng），古代一种五色羽毛装饰的旗子。旆旌，泛指旗帜。

【译文/点评】骏马萧萧鸣，旌旗悠悠飘。这是写周宣王东巡洛邑、大会诸侯的排场。以"萧萧"状马鸣之声，"悠悠"写旌旗招展之状，有声有形，生动地凸显了周宣王东巡的气势。此乃用摹声修辞法，让人对所写战场上的军容有如临其境、如闻其声之感。后来李白的名句"萧萧班马鸣"（《送友人》），即据此添一字而成。

销兵铸农器，今古岁方宁。

【注释】出自唐·杜甫《奉酬薛十二丈判官见赠》。

【译文/点评】销毁兵器而铸成农具，从今往后天下才会安宁。此是诗人祈求消灭战争、永久和平的理想，也是中国人自古以来一以贯之的和平主义思想的反映。

箫鼓沸天，弓刀似水，连营十万貔貅。

【注释】出自宋·沈唐《望海潮》。沸天，指声震于天。弓刀，弓状之刀，即弯刀。貔貅（pí xiū），古代传说中的猛兽，比喻勇猛的军队。

【译文/点评】箫声、鼓声震天动地，弓刀寒光闪闪，犹如水光闪烁，十万威武勇猛之士连营列阵。此乃写军威军容之句，以夸张与比喻修辞法结合，突出强调了其人数之众、武器之精良、将士之勇猛。

晓战随金鼓，宵眠抱玉鞍。

【注释】出自唐·李白《塞下曲六首》之一。随金鼓，指听从指挥进退。古代军中以击鼓为进攻的号令，鸣金为收兵的信号。玉鞍，指马鞍。

【译文/点评】此写将士一天紧张的战斗生活。

心怖，可击。

【注释】出自先秦《孙子·料敌》。怖，惊惶、害怕。

【译文/点评】在敌人心有畏惧之时，可以发起突然袭击。此言攻敌于畏惧胆怯之时。

新鬼烦冤旧鬼哭，天阴雨湿声啾啾。

【注释】出自唐·杜甫《兵车行》。

【译文/点评】此将天阴雨湿的啾啾之声说成是战死沙场的战士鬼魂的烦冤哭声，意在表现诗人对战死将士的深切同情，表达了诗人强烈的反战情绪。

兴师十万，日费千金。

【注释】出白汉·班固《汉书·主父偃传》。兴师，起兵。日，每天。费，消费。千金，虚指，指国家开支极大。

【译文/点评】起兵十万，国家每天所要耗费的开支是非常巨大的。此言战争需要强大的财政支持，对国家民众生活都有巨大影响。意在强调不要轻易兴师发动战争。今天我们说战争是拼国家财力，也是这个意思。俗语说"大炮一响，黄金

"万两"，说的是战争可以掠夺他国巨大的财富，同时自己也要消耗巨大的财力。

行必为战备，止必坚营壁。

【注释】出自汉·班固《汉书·赵充国传》。行，行军。必，一定。止，驻扎。

【译文/点评】行军时一定做好战斗准备，驻扎时一定加固营寨壁垒。此言军事行动过程中要时时保持警惕，以防敌军出其不意地袭击。

行己有耻，使于四方，不辱君命，可谓士矣。

【注释】出自先秦《论语·子路》。行己，此指对于自己。耻，指有羞耻之心。使，出使。四方，指国外。辱，使受辱。命，使命。谓，说。士，指知识分子。矣，了。

【译文/点评】对于自己要时刻保有知耻之心，出使他国要不辜负君主交付的使命，这就可称得上是士了。这是孔子对"士"所提出的标准。用今天的话来说，既要道德好，又有能耐，才算是士。可见，孔子心目中的士并非是只会读书且自视清高的人，而是能文能武的全才。

行人刁斗风沙暗，公主琵琶幽怨多。

【注释】出自唐·李颀《古从军行》。刁斗，古代军队里一种炊具，白天烧饭，晚上以之敲击巡夜打更。公主琵琶，即指琵琶。这里是用汉武帝与西域和亲的典故。汉武帝将江都王公主嫁给西域乌孙国王，为解除公主乡愁，特制琵琶这种乐器，可在马上弹奏。

【译文/点评】此写边塞上所见只有漫天的风沙，所听到的只有枯燥的刁斗打更之声与幽怨凄凉的琵琶之声，意在强调边塞战地生活的艰苦。

休说旧时王与谢，寻常百姓亦无家。

【注释】出自清·陈忱《叹燕》。休说，不要说。王与谢，指东晋时的王导、谢安，此代指名门望族。寻常，普通。亦，也。

【译文/点评】唐代诗人刘禹锡《乌衣巷》有名句说："旧时王谢堂前燕，飞入寻常百姓家"，感叹时移势变，一切都改变了。此用刘禹锡诗句之典，更进一步地说明：战争不仅使原来的高门望族不复有旧日的辉煌，就是普通百姓的生活也发生了巨大变化，连家也没了。意在借前人名句作翻案，强调战争巨大的破坏力与改变现有一切秩序的力量。

徐制其后，乃克有济。

【注释】出自宋·苏洵《项籍》。徐，慢。制，制服、战胜。其，指敌人。乃，是、就是。克，能。济，成、成功。

【译文/点评】后发制人，才能取得军事上的胜利。此言战争中积蓄力量、后发制人的重要性。

雪暗凋旗画，风多杂鼓声。

【注释】出自唐·杨炯《从军行》。

【译文/点评】大雪下得天昏地暗，军旗上的彩绘都有所褪色；北风呼啸，伴随着隆隆的战鼓之声。此写风雪之中击鼓出征的情景，既表现了战士的英勇，又突出了从军的艰苦。

焉得铸甲作农器，一寸荒田牛得耕。

【注释】出自唐·杜甫《蚕谷行》。焉得，怎样才能。甲，铠甲。农器，农具。

【译文/点评】怎样才能把铠甲兵器都毁弃而铸成农具，使天下每一寸荒田牛都能耕到。此言表达诗人希望停止战争、发展农业、解决人民温饱的强烈愿望。

眼枯即见骨，天地终无情。

【注释】出自唐·杜甫《新安吏》。眼枯，指哭干了眼泪。即，就。见骨，指眼瞎而眼骨突出。天地，指朝廷。

【译文/点评】此写朝廷为了继续战争而不断抓丁，人民哭瞎了眼也无动于衷的残忍之状。

眼中形势胸中策，缓步徐行静不哗。

【注释】出自宋·宗泽《早发》。策，谋略。哗，喧哗。

【译文/点评】前句写将领对敌情了如指掌，从容镇定，胸中已有克敌制胜的良策；后句写士兵军容严整，听从指挥，缓步慢行，车马人安静而无喧哗之声，由此勾勒出了一幅生动的将士行军图。

佯北勿从，锐卒勿攻。

【注释】出自先秦《孙子·军争》。佯（yáng），假装。北，指败退。勿，不。从，追赶。锐卒，精锐的士兵。

【译文/点评】敌人假装败退不要追赶，敌人精锐的部队不要轻易攻击。此言战争中既要防止敌人用诈败行"诱敌深入"之计，又要注意避敌锐气保存实力。

养兵千日，用在一朝。

【注释】出自明·施耐庵《水浒传》第六十一回。

【译文/点评】此言国家供养军队的意义在于紧急情况下能够发挥作用。

遥怜故园菊，应傍战场开。

【注释】出自唐·岑参《九日行军思长安故园》。

【译文/点评】此言昔日的家园现在应是一片荒凉的废墟。这是写"安史之乱"的凄凉景象。菊花开，是重阳，应是家人团聚、登高望远、赏菊饮酒的美好时刻，而今故园之菊却开在了战场之旁。这种以写景来抒发悲哀之情的笔触，读之不禁让人更为神伤。

野蔓有情萦战骨，残阳何意照空城。

【注释】出自金·元好问《岐阳三首》之二。萦，萦绕。战骨，战死者的白骨。

【译文/点评】此以野蔓绕战骨、残阳照空城两个典型细节，生动形象地再现了岐阳之役后战场上的凄惨景象。特别是"野蔓"、"战骨"、"残阳"、"空城"四个词本身所表现的意象，都是足以引发人极度悲哀，读之让人生出无限的感伤。此句之所以感人至深，原因正在于此。

野棠自发空临水，江燕初归不见人。

【注释】出自唐·李嘉祐《自苏台至望亭驿人家尽空春物增思怅然有作因寄从弟纾》。空，空自、徒然。

【译文/点评】海棠临水而开，本是赏心悦目之事，可是无人欣赏，只能自开自落，徒然炫艳于野外；春来燕子按时归巢，它筑巢所在的人家却不见人影，只能让燕子徒增伤感。此诗用拟人修辞法，将海棠与江燕人格化，通过写它们的伤感惆怅，反衬出诗人对战乱之后田园萧条、人民背井离乡的悲惨之景的深切忧伤之情。

夜深经战场，寒月照白骨。

【注释】出自唐·杜甫《北征》。

【译文/点评】此写战争之后的惨象。"寒月"对"白骨"，一个在天，一个在地，且都是白色，都是令人顿生寒意的的景象，由此凄惨肃杀的气氛便充溢于天地之间矣。

夜夜朝朝斑鬓新，年年岁岁戎衣故。

【注释】出自唐·骆宾王《从军中行路难二首》之一。斑鬓新，指新添白发。戎衣故，军服还是旧的。

【译文/点评】此以"斑鬓新"与"戎衣故"相对比，突出了征人戍边生活的艰苦与对故乡的思念之情。

一鼓作气，再而衰，三而竭。

【注释】出自先秦《左传·庄公十年》。鼓，击鼓。古代军队以击鼓为进攻的信号。作气，鼓起勇气、振作。再，第二次。衰，衰退。三，指第三次。竭，尽。

【译文/点评】第一次击鼓进攻，士兵精神振作，勇气最盛；第二次击鼓进攻，士兵的勇气开始衰退；第三次再击鼓进攻，士兵的士气已经丧失殆尽了。此言战争中勇气、士气的重要性。这是曹刿论战的名言，他的另一句名言正好可以作这句话的注脚："战者，勇气也。"意思是说打仗靠的就是血勇之气。

已诉征求贫到骨，正思戎马泪盈巾。

【注释】出自唐·杜甫《又呈吴郎》。诉，诉说、诉苦。征求，指赋税的征收与追索。贫到骨，比喻穷到极点。思，想到。戎马，代指战争。盈，满。

【译文/点评】此言人民因为战争加捐加赋而一贫如洗的惨状与被逼应征作战的伤心欲绝之情。

已信之民易治，已练之兵易使。

【注释】出自宋·苏轼《张世矩再任镇戎军》。已信，已经被证明是有信任。已练，已经训练、操练过。使，驱使。

【译文/点评】没有信用之民，必是刁民；有诚信之民，必是驯民。治刁民难，驭驯民易，不言而喻。没有经过军事训练的士兵，便是乌合之众，打起仗来必然不听调度，未曾与敌交锋，便会望风而逃，溃不成军；而经过严格训练过的士兵，打起仗来才能听从驱使，临阵不乱，以一当十，勇往直前。因此，治民当先整饬民风，让所治之民都能守信；治军当先练兵，包括纪律性与组织性的训练，这样才能招之即来，来之能战，战之能胜。这大概就是苏轼"已信之民易治，已练之兵易使"一语真正要强调的主旨吧。

以计待战，一当万。

【注释】出自晋·杜预《杜预集序》。计，计谋。待，对付。战，战斗、军事行动。当，抵得上。

【译文/点评】用计谋对付敌人的进攻，能够收到以一当万的效果。此言智慧胜于蛮力，战争中应以智取为上。

以近待远，以佚待劳，以饱待饥。

【注释】出自先秦《吴子·治兵》。佚，同"逸"，安逸，指休息好。

【译文/点评】在近地点等待远道而来的敌人，以休息充分的士兵对付疲劳的敌兵，以饱食的士兵对付饥饿的敌人。此言作战要充分创造有利于自己的条件，以己之长，击敌之短。

以强弩射且溃之痈。

【注释】出自汉·班固《汉书·韩安国传》。以，用。弩（nǔ），一种利用机械力量发射箭的弓。且，将要。溃，溃烂。之，的。痈（yōng），一种毒疮。

【译文/点评】以强劲的弩来射即将溃烂的疮。此言取胜易如反掌。

以杀去杀，虽杀可也。

【注释】出自先秦《商君书·画策》。以，用。去，制止。虽，即使、尽管。也，句末语气助词。

【译文/点评】用杀戮的方法制止杀戮的暴行，尽管用的仍是暴力手段，但也未尝不可。此言杀戮虽是暴力行为，但只要目的是好的，也未尝不可。

以佚待劳，以饱待饥。

【注释】出自先秦《孙子·军争》。佚（yì），通"逸"，安逸。待，等待。

【译文/点评】以养精蓄锐的军队等着奔袭而来的疲惫之师，以吃饱喝足的军队应对饥肠辘辘的敌人。此言战争中应以充足的精力应对敌人才易获胜。这种计谋借用现代西方战争术语，可以叫做"不对称战法"。

以逸待劳，兵家之大利也。

【注释】出自宋·欧阳修《言西边事宜第一状》。"……也"，古代汉语判断句形式之一，相当于"……是……"。

【译文/点评】此言以逸待劳是军事家所追求的最大利益。

以逸待劳，取之必也。

【注释】出自唐·张九龄《敕幽州节度张守珪书》。取之，指战胜敌人。必，一定。也，句末语气助词。

【译文/点评】以养精蓄锐、精神饱满的军队等待千里奔袭而来的疲惫之师，战胜它是肯定的。此言"以逸待劳"是战胜敌人的重要条件。这是兵法上的一计，三十六计中便有。

以逸击劳，取胜之道。

【注释】出自汉·班固《汉书·赵充国传》。逸，安逸。劳，疲劳。之，的。道，方法。

【译文/点评】此言以长时安逸、精力旺盛的军队攻击长时奔波、疲惫不堪的军队，是战争取胜的不二之法。

以虞待不虞者胜。

【注释】出自先秦《孙子·谋攻》。虞，谋划好、事先有准备。

【译文/点评】以谋划好的军事行动来应对没有谋划、没有准备的军事行动，就能胜利。此言战争一定要有准备、有谋划，不打无准备之仗。

以战去战，虽战可也。

【注释】出自先秦《商君书·画策》。以，用。去，除去、制止。虽，即使、尽管。也，句末语气助词。

【译文/点评】用战争制止战争，尽管手段还是战争，但也是可以的。此言只要战争的出发点是好的，战争具有正义性，就未尝不可。

以正治国，以奇用兵。

【注释】出自先秦《老子》第五十七章。以，用。正，指正道、正当的方法。奇，指非正道，即诡道。

【译文/点评】治理国家要用正道，用兵作战则要用诡道。此言用兵作战与治国安邦不同，可以不择手段，运用诡道，从而出奇制胜地战胜敌人。这是深富哲理的。因为治国是要建立规范，让人民遵之守之，国家才能安定，国运才能长久。但是，这规范应该是让万民觉得是正常、正当的，是为民造福的"正道"、"正策"，而不是"邪术歪道"。同时，身为治国者，还应率先垂范，身正、心术正，才能以德服人，万民拥戴。但用兵则不同，若以"正"用兵，那就必然失败。因为用兵之事，是与敌人你死我活的相争，只能求结果，而不用顾手段。西方人有谚曰："对朋友诚实是美德，对敌人诚实是愚蠢。"这个道理我们的老祖宗，尤其是兵家特别懂。《孙子兵法》里有"实则虚之，虚者实之"，就足可诠释"以奇用兵"的思想。至于曹操所说的"兵不厌诈"，那是中国妇孺皆知的通俗说法，但却一语中的，浅显易懂，几乎成了中国人日常生活中的兵法。"以正治国，以奇用兵"，形式上对仗工整，"治国"

对"用兵","奇"对"正",丝丝入扣，朗朗上口，易记易诵。同时，"奇""正"之说，还闪耀着辩证法思想。诚为妙言！

因事设奇，谲敌制胜，变化如神。

【注释】出自晋·陈寿《三国志·魏书·武帝纪》。因，依照、根据。奇，指奇计。谲（jué），欺诈、玩弄手段。

【译文/点评】根据具体情况灵活地设奇计，欺骗敌人而克敌制胜，战术变化莫测，让敌人无从把握。此言军事谋略的宗旨在于"奇"、"谲"、"变"。

音书断绝干戈后，亲友相逢梦寐中。

【注释】出自唐·李频《春日思归》。音书，报告消息的书信。干戈，代指武器，此指战争。

【译文/点评】此写战乱中亲友之间音书断绝、彼此牵挂担心的忧虑之情。

饮马渡秋水，水寒风似刀。

【注释】出自唐·王昌龄《塞下曲四首》之二。

【译文/点评】此以比喻修辞法，写出了边塞秋风似刀、水寒透骨的艰苦环境。

用兵攻战之本，在乎壹民。

【注释】出自先秦《荀子·议兵》。本，根本、基础、关键。在乎，在于。壹民，统一人民的意志，即加强内部团结。

【译文/点评】用兵作战的关键，在于统一思想，取得人民的支持。此言内部团结、万众一心是战争取得胜利的根本保证。

用兵者，贵以饱待饥，以逸待劳，师不欲久，行不欲远。

【注释】出自晋·陈寿《三国志·魏书·三少帝纪》注引

《汉晋春秋》。贵，贵于。逸，安逸。劳，疲惫。师，出师。

【译文/点评】用兵的人贵在以体力与精力都处于高昂状态的军队抵挡体力不济、疲劳不堪的敌军，出师作战时间不求长久，行军距离不求远。此言用兵采取守势而取胜的方法。

用兵之法，教戒为先。

【注释】出自先秦《吴子·治兵》。教戒，教育与训练。

【译文/点评】用兵的方法，首先要重视的是战前的教育与训练。此言严格教育与刻苦训练是治军的关键，因为严格教育才能纪律严明，刻苦训练才能战斗力强。

用兵之法，全国为上，破国次之；全军为上，破军次之。

【注释】出自先秦《孙子·谋攻》。全国，整个国家。全军，整个军队。

【译文/点评】用兵的方法，最高的境界是灭亡敌人的国家，打破敌国则是次一等的；消灭敌人全部的军队是最高境界，打散敌人的军队则是次一等的。此言用兵破敌的不同境界。

用兵之法，十则围之，五则攻之，倍则分之，敌则能战之，少则能逃之，不若则能避之。

【注释】出自先秦《孙子·谋攻》。则，就。敌，相当。不若，不如、少于。少则能逃之，不若则能避之，此二句是同一个意思，意谓兵力少于敌人就要设法避开敌人。

【译文/点评】用兵的方法是，兵力十倍于敌人，就围困敌人；兵力五倍于敌人，就向敌人进攻；兵力是敌人的一倍，就要分散敌人兵力；兵力少于敌人，就要设法避开敌人的锋芒而实现战略转移。此言用兵之道的精髓是随机应变，根据敌我双方兵力情况而采取不同策略。

用兵之法，无恃其不来，恃吾有以待也；无恃其不攻，恃吾有所不可攻也。

【注释】出自先秦《孙子·九变》。之，的。法，方法。恃，依靠、指望。其，此指敌人。吾，我，指我军。有以待，有办法对付。也，句末语气助词。

【译文/点评】用兵的方法，不是指望敌人不来侵犯，而是依靠自己有对付的办法；不是指望敌人不来进攻，而是要依靠我军有办法使敌人无法进攻。此言对待战争应该做好准备、事先找出应付的对策，切不可对敌人抱有不切实际的幻想。

用兵之害，犹豫最大。

【注释】出自先秦《吴子·治兵》。之，的。害，祸害、禁忌。

【译文/点评】用兵最大的禁忌是患得患失、犹豫不决。此言作战时临机决断的重要性。因为战场上风云瞬息万变，稍有迟疑，便会错失良机，导致军事行动的失败。

由来征战地，不见有人还。

【注释】出自唐·李白《关山月》。由来，自古以来。

【译文/点评】此言战争的残酷。

游子久不归，不识陌与阡。

【注释】出自三国魏·曹植《送应氏二首》之一。陌、阡，皆指田间小路，陌是东西方向，阡是南北方向。

【译文/点评】此写洛阳战乱后人民流落异乡后，回来连回家的道路也分不清。强调的是战争严重的破坏性。

有备无患，亡战必危。

【注释】出自唐·张九龄《应道侔伊吕科对策·第一道》。亡，通"忘"。必，一定。

286

【译文/点评】此言做好战争准备就能防患于未然，反之必有亡国的危险。其意是提醒治国者战备工作应当常抓不懈。

有德不可敌。

【注释】出自先秦《左传·僖公二十八年》。德，指道义、正义。敌，战胜。

【译文/点评】正义与道义在手，那是战胜不了的。此言战争中掌握正义与道义的重要性。古人说"得道多助，失道寡助"，正是这个道理。

渔阳鼙鼓动地来，惊破霓裳羽衣舞。

【注释】出自唐·白居易《长恨歌》。渔阳，今天津蓟县一带。鼙（pí），一种军中小鼓，一般作为战鼓使用。渔阳鼙鼓，指安禄山叛乱之事。霓裳羽衣舞，是唐玄宗所作舞曲，是当时最流行的舞曲名。

【译文/点评】此言唐玄宗正沉浸于歌舞升平的欢乐之中时，安史之乱突然爆发了，打破了他的安乐梦。此是批评唐玄宗荒淫误国之语。

与大国盟，口血未干而背之，可乎？

【注释】出自先秦《左传·襄公九年》。盟，结盟。口血未干，指结盟未久。古人结盟时要杀牲饮血，以表诚意。背，背叛、背弃。之，指盟誓。乎，吗。

【译文/点评】与大国结盟，盟誓在耳，就要背弃，可以吗？这是楚共王攻打郑国时，郑国子驷准备与楚国议和时，子孔、子蟜劝说子驷不可背弃郑晋盟约的话。其意是说，与大国结盟不可轻易背弃，否则会有灭顶之灾。从国家利益来说，这确是不刊之论。

与其坐而待亡，孰若起而拯之。

【注释】出自清·徐珂《清稗类钞·冯婉贞胜英人于谢

庄》。孰若，哪里如、不如。

【译文/点评】与其坐以待毙，不如奋起反抗拯救自己。此乃鸦片战争期间冯婉贞号召谢庄民众奋起反抗英国侵略者的话。引申之，这话的涵义是：与其消极等待，不如积极行动。

玉门山嶂几千重，山北山南总是烽。

【注释】出自唐·王昌龄《从军行七首》之七。玉门，玉门关。嶂，高耸险峻如同屏障一般的山峰。烽，烽火，古代边疆用以报告敌情的狼烟。

【译文/点评】此写玉门关虽然地势险要，却仍然到处都是告急的烽火。意为边境形势非常危急。

欲寄征衣问消息，居延城外又移军。

【注释】出自唐·刘禹锡《秋思二首》。居延，古塞名，故址在今甘肃省境内。

【译文/点评】此写征人起居无定的艰苦生活与思妇念夫的痛苦之情。

欲将轻骑逐，大雪满弓刀。

【注释】出自唐·卢纶《塞下曲六首》其三。

【译文/点评】此二句紧承"月黑雁飞高，单于夜遁逃"两句之后，写出了这样一幅画面：敌军全线溃败，敌帅趁着月黑之夜遁逃之后，我军将士立即列队准备追击，就在一刹那间，大雪便落满了弓刀。这是运用"超前夸张"修辞法，突出强调战斗前天气的恶劣情状。虽然没写出战争的结果，甚至也没写出战斗的高潮。但是，仔细体味一下，便知这句实在是精彩无比。它是在构拟一种箭在弦上、欲发而未发的意境，将战争的高潮扣人心弦地表现出来，从而给人以更多想象的空间。

远人不服，则修文德以来之。

【注释】出自先秦《论语·季氏》。远人，指周边少数民族的人。则，那么、就。文德，指仁义礼乐的政教。来，使来，即招致。之，他们。

【译文/点评】远方的少数民族不臣服，那么就修仁义礼乐的政教来感化、同化他们，使他们归化。这是孔子对于解决与周边少数民族关系的政治主张，其主旨是加强自己的道德修养，以德感化未开化的民族，使其臣服。孔子的这一和平主义思想，对中国数千年的政治有很大的影响，其影响有正面的，也有负面的，揆之于历史，自然一清二楚。

云迎出塞马，风卷度河旗。

【注释】出自唐·沈佺期《夏日都门送司马员外逸客孙员外佺北征》。河，古代专指黄河。

【译文/点评】此写将士北征时的情景：天上飞云舒卷，地上风卷大旗，出塞作战的将士，渡过黄河直指边塞而去。

运筹策帷帐之中，决胜于千里之外。

【注释】出自汉·司马迁《史记·高祖本纪》。筹，古代计算的工具。策，古代占卜用的蓍草。运筹策，此指谋划军事行动。帷帐，指军中大帐。

【译文/点评】军中大帐之中谋划好，就可以在千里之外的决战中获胜。此言乃是刘邦赞扬谋士张良的话，后来泛指善于运用谋略的军事家或谋略家。同时，这话也表明了这样一个道理：要想取得日后的决战胜利，就要早早做好战备谋划。

贼民之事非一，而好兵者必亡。

【注释】出自宋·苏轼《代张方平谏用兵书》。贼，残害。兵，指战争。

【译文/点评】残害老百姓的事不止一种，但是喜欢战争的则一定会灭亡。此言好战的危害性。

旃如云兮帜如星，山可动兮石可铭。

【注释】出自南朝梁·江淹《横吹赋》。旃（zhān），赤色的曲柄旗。兮，句中语气助词，相当于"啊"。铭，刻石记功。

【译文/点评】旌旗如云多如星，气壮山河可铭功。此写军容的雄壮。

斩木为兵，揭竿为旗。

【注释】出自汉·贾谊《新书·过秦上》。木，树。兵，兵器。揭，举。竿，竹竿。

【译文/点评】砍断树木为武器，举起竹竿作旗帜。此言投入战斗的仓促或被逼造反的无奈。

战不必胜，不苟接刃；攻不必取，不苟劳众。

【注释】出自汉·赵充国《条上屯田便宜十二事状》。必，一定。苟，苟且、轻率。接刃，交战。劳众，使将士辛劳。

【译文/点评】作战不能确定必胜，那么不要轻率用兵交战；进攻不能保证一定取胜，那么就不要贸然兴师动众。此言要打有把握之仗。

战不必胜，不可以言战；攻不必拔，不可以言攻。

【注释】出自先秦《尉缭子·攻权》。必，一定。拔，攻取。

【译文/点评】开战而不一定能胜，就不要轻言战争；攻城不能必取，就不要轻言进攻。此言要打有把握之仗。

战陈之间，不厌诈伪。

【注释】出自先秦《韩非子·难一》。陈，同"阵"。

【译文/点评】两军对阵，不嫌欺诈行为。此言战争中没有对敌诚实之说，只有胜负之争。曹操有句名言"兵不厌诈"，正是此意。

战城南，死郭北，野死不葬乌可食。

【注释】出自汉·无名氏《战城南》。"战城南"与"死郭北"，是"互文见义"修辞法，是"战城南郭北，死郭北城南"。乌，乌鸦。

【译文/点评】战斗在城南郭北，也死在城南郭北，暴尸野外无人收葬，任由乌鸦啄食。此写战争的残酷情景与战士暴尸野外的悲惨遭遇。

战地春来血尚流，残烽缺堠满淮头。

【注释】出自宋·刘克庄《赠防江卒》。战地，战场。尚，还。烽，烽火，即古代国境用以报警的狼烟，此指烽火台。堠（hòu），瞭望敌情的土堡、哨所。淮头，淮河边。

【译文/点评】此句通过血流成河、残烽缺堠两个细节描写，形象生动地再现了刚刚经过的战争之残酷情状，读之让人不寒而栗。

战伐乾坤破，疮痍府库贫。

【注释】出自唐·杜甫《送陵州路使君之任》。乾坤，天地，此指国家。

【译文/点评】此写"安史之乱"的灾难性后果：大好山河尽残破、天下满目如疮痍、国家财政枯且绝。

战鼓声未齐，乌鸢已相贺。

【注释】出自唐·于濆《塞下曲》。战鼓声未齐，指战鼓刚刚擂响，即战争刚刚开始。鸢（yuān），一种鹰。

【译文/点评】此以拟人修辞法写战斗刚刚开始，鸢鹰就开始庆贺有食可吃的细节，突出强调了战争必然两败俱伤的残酷性。

战捷之后，常苦轻敌。

【注释】出自晋·陈寿《三国志·吴书·陆逊传》。苦，被……所苦。

【译文/点评】战斗取得胜利之后，常常会因为骄傲轻敌而吃苦头。此言胜利后务必要保持头脑清醒，不可麻痹轻敌。

战胜而将骄卒惰者败。

【注释】出自汉·司马迁《史记·项羽本纪》。将，将领。骄，骄傲。卒，士兵。惰，懒、懈怠。

【译文/点评】战斗胜利后将领骄傲、士兵懈怠的，将会失败。此言胜利后千万要防止骄傲与懈怠两种情绪在军中滋长。

战胜易，守胜难。

【注释】出自先秦《吴子·图国》。

【译文/点评】战胜敌人容易，但是守住胜利的成果并不容易。此言守成并非易事。唐太宗说的"创业难，守成更难"，亦与此意相同。

战士报国死，塞草迎春生。

【注释】出自宋·鲁交《经战地》。塞草，边塞上的野草。

【译文/点评】此以塞草春来复生与战士报国而死相对，其意是在对比中表达"草枯可以再青、人死不可复生"的主旨，歌颂的是战士报国不畏死的可贵精神。

战士军前半死生，美人帐下犹歌舞。

【注释】出自唐·高适《燕歌行》。军前，前线、阵前。

半死生，指伤亡惨重。帐下，指将帅大帐。犹，还。

【译文/点评】此写战士阵前浴血奋战而伤亡惨重、将帅则在大帐中观看歌舞表演两个场景，意在通过对比批判军中苦乐不均的现实，对士兵的苦难寄予了深切同情。

战势不过奇正，奇正之变，不可胜穷也。

【注释】出自先秦《孙子·兵势》。战势，指具体的兵力部署与作战方式。奇正，指正常与非正常的用兵方式。也，句末语气助词。

【译文/点评】具体的兵力部署与作战方式，不过奇和正两种。但奇与正的变化，是难以穷尽的。此言用兵作战不论是正面应敌，还是突袭敌人，都没有固定不变的模式，只能根据具体情况而作随机应变的安排。

战无不胜而不知止者，身且死。

【注释】出自汉·刘向编《战国策·齐策二》。身，自己。且，将要。

【译文/点评】战争屡次获胜，但是不知道罢手的人，自己将会灭亡的。此言好战者必自亡。

战血粘秋草，征尘搅夕阳。

【注释】出自唐·薛能《柘枝词三首》之一。征尘，指作战时搅起的尘土。

【译文/点评】此写战争的惨烈场面。以"秋草"配"战血"，"夕阳"对"征尘"，皆以悲凉之景物相衬托，故益发显出其悲凉情调。

战以勇为主，以气为决。

【注释】出自宋·苏轼《策别二十二》。

【译文/点评】作战以勇气为主，以气势决定胜负。此言战争中勇气、气势的重要性。与先秦时代曹刿论战所言"战者，勇气也"同义。

朝食不免胄，夕息常负戈。

【注释】出自晋·陆机《从军行》。朝食，早上吃饭。免，脱去。胄（zhòu），头盔。夕息，晚上睡觉。负，背、带。戈，泛指武器。

【译文/点评】吃饭盔甲不脱卸，睡觉武器不离身。此言战士的辛苦，也写战士高度的警惕性。

召远在修近，闭祸在除怨。

【注释】出自先秦《管子·版法》。召远，招来远方之人。在，在于。修近，指修治内政。闭祸，消除、堵塞祸患。除怨，消除怨恨。

【译文/点评】要招来远方之人，使敌国来归附，关键在于内政要修治；要想消除祸患，关键在于要消除一切怨恨。这是管子的外交思想，其意是强调自身道德的修养，以德服人，同时修治内政，增强国力，自然不战而屈人之兵。这一外交观，在任何时代都是正确的。

争地以战，杀人盈野；争城以战，杀人盈城。

【注释】出自先秦《孟子·离娄上》。以，连词，而。盈，满。

【译文/点评】为了争夺土地而战，就会杀人遍野；为了争夺城池而战，就会杀人满城。此言战争必然带来杀人的直接后果，意在反对争地、争城的不义之战。

征人战苦束刀伤，主将勋高换罗幕。

【注释】出自唐·元稹《织妇词》。征人，战士。束，包扎。勋，功勋。换罗幕，换成丝织的大帐，代指主将待遇提高。

【译文/点评】此写战斗结束后战士在包扎伤口、主将在忙着换豪华的大帐两个场景，意在通过对比，批判军中不公平的现实：战士卖命作战，主将受勋享福。

知彼知己，百战不殆。

【注释】出自先秦《孙子·谋攻》。知，了解。彼，他，此指敌人。百，虚指，指每一次。殆（dài），危险。

【译文/点评】了解敌人的情况，也知道自己的家底，那么不管打多少仗都不会失败。此言战争中对敌人与自己的情况全面了解的重要性。现代战争注重情报搜集与分析，就是基于这个道理。

知可以战与不可以战者，胜。

【注释】出自先秦《孙子·谋攻》。可以，能。

【译文/点评】此言在战争前对敌我双方形势与力量已经作了充分的分析，知道彼此的优势与弱势，自然能够扬长避短，克敌制胜。

知理而后可以举兵，知势而后可以加兵，知节而后可以用兵。

【注释】出自宋·苏洵《心术》。理，义理。举兵、加兵、用兵，都是"进行战争"的意思。势，时势、形势。节，进退、节制。

【译文/点评】知道战争的道义所在、战争双方的形势、战争的进退时机，才可以进行战争。此言战争中"知理"、"知势"、"知节"的重要性。

至治之时，常不忘武备。

【注释】出自宋·欧阳修《除李端懿宁远军节度使知澶州

制》。至，最。武备，战备。

【译文/点评】天下最安定的时候，也要时刻抓紧战备工作。此言国家战备对于防患于未然的意义。

制敌在谋不在众。

【注释】出自宋·尹洙《叙燕》。制，制服、战胜。谋，谋略、智慧。众，多。

【译文/点评】克敌制胜的关键在于用智慧、谋略，而不在于人多。此言军事斗争中"斗智胜于斗力"的道理。

中天悬明月，令严夜寂寥。

【注释】出自唐·杜甫《后出塞五首》之二。寂寥，寂静。

【译文/点评】月上中天夜半分，军营寂寂静无声。此写军纪森严，无人敢犯宵禁。

中野何萧条，千里无人烟。

【注释】出自三国魏·曹植《送应氏二首》之一。中野，指郊野。何，何等。萧条，荒凉的样子。

【译文/点评】此写洛阳战乱后人民流离失所、田园荒芜的惨状。

中夜间道归，故里但空村。

【注释】出自唐·杜甫《后出塞五首》。中夜，半夜。间道，小路。故里，故乡。但，只。

【译文/点评】此写征人归来的凄苦之情。前句叙事，写征人满怀急切的心情从小路半夜兴冲冲地回到故乡；后句写景，放眼望去，家乡只是一座空村。前后句配合，遂将征人心理的巨大落差突显出来，不著一字便将征人内心的失望与痛苦之情淋漓尽致地表现出来。

296

朱旗凌雪卷，画角入云吹。

【注释】出自宋·惠崇《自撰句图》。朱，红色。凌，乘、凌驾。画角，上有彩绘的军中号角。

【译文/点评】红旗凌空飞舞于飞雪之中，画角之声吹得响彻云霄。此写雪中边塞军中之景，有声有色。声乃画角声，色乃红旗、白雪、白云色。

自从兵戈动，遂觉天地窄。

【注释】出自唐·岑参《西蜀旅舍春叹寄朝中故人呈狄评事》。兵戈动，指战争爆发。遂，于是。

【译文/点评】此言战争爆发后到处都是躲避战乱的人，老百姓饱受藏身无处、流离失所之苦。

醉和金甲舞，雷鼓动山川。

【注释】出自唐·卢纶《和张仆射塞下曲》。和金甲，穿着金铠甲。雷鼓，如雷声般的鼓声。

【译文/点评】此写军中击鼓起舞气壮山河的气势。

人本民心

安得广厦千万间，大庇天下寒士俱欢颜。

【注释】出自唐·杜甫《茅屋为秋风所破歌》。安得，怎么能。庇，庇护。寒士，指无房可住之人。俱，都。欢颜，高兴。

【点评】此是诗人在自己的茅屋顶被风刮走之时写下的祈愿文字，但不是为自己，而是为全天下的寒士。儒家讲"穷则独善其身，达则兼济天下"（《孟子·尽心上》），而诗人的思想境界则明显高于此，可谓真正体现了一个封建士大夫"先天下之忧而忧，后天下之乐而乐"（范仲淹《岳阳楼记》）的思想境界。正因为如此，这两句才感动了千百年来无数的中国人。

安得万里裘，盖裹周四垠；稳暖皆如我，天下无寒人。

【注释】出自唐·白居易《新制布裘》。安得，怎么能。四垠，四面。

【译文/点评】此言希望得到硕大无比的皮衣，将天下所有没衣御寒的人都包裹进去，使他们都能冬日不受风寒之苦。这是诗人为天下寒士祈愿之语，表现了诗人心忧天下的阔大胸怀。故历来被视为有杜甫"安得广厦千万间，大庇天下寒士俱欢颜"的思想境界。

安土重迁，黎民之性；骨肉相附，人情所愿。

【注释】出自汉·班固《汉书·元帝纪》。安土，指故土。重，难。迁，迁移。黎民，百姓。之，的。性，本性、天性。

骨肉，指亲人。相附，相互依靠。所愿，所希望的。

【译文/点评】故土难于割舍，这是老百姓的天性；亲人团聚、相互依靠，这是人类情感的需要。此言劝统治者要尊重人民的情感与天性，顺势而为，不可逆向操作而失民心。

百姓可以德胜，难以力服。

【注释】出自汉·钟离意《因变异上疏》。以，用、靠。力，武力、强力。

【译文/点评】统治者可以靠自己道德的力量去感化百姓，征服他们的心，但是难于以武力或强力强迫他们驯服。此言治国安邦要靠"软实力"，即执政者的道德力量。收买人心是上策，动用武力是下策。

百姓所以养国家也，未闻以国家养百姓者也。

【注释】出自宋·王安石《再上龚舍人书》。"所以……"，用来……的东西。"……也"，"……者也"，皆是古代汉语判断句形式，相当于"……是……"。未闻，没听说。养，供养。

【译文/点评】是老百姓供养了国家，没有听说是国家供养了老百姓。此言是王安石要实行农业改革、征税于民的理由，但也从另一个角度说明了一个事实：是老百姓供养了国家机器，不是国家养活了老百姓。因此，统治者不善待老百姓、不为老百姓着想，那是绝对说不过去的。

百姓足，君孰与不足？百姓不足，君孰与足？

【注释】出自先秦《论语·颜渊》。足，指衣食丰足。君，国君。孰与，怎么会、哪里会。

【译文/点评】百姓丰衣足食，国君还担心不能解决温饱吗？百姓衣食无着，国君还能锦衣玉食吗？此言百姓与国君是一体的，因此要将解决人民的温饱当作治国安邦的首要问题。

这是孔子的学生有若在回答鲁哀公关于抽税增加国君开支问题时所发表的一番议论。其主旨思想是认为君民一体，君爱民，民则爱君。这既是孔子"仁政"思想的继承，也闪耀着"民本"思想的光芒，具有进步意义。

拜迎官长心欲碎，鞭挞黎庶令人悲。
【注释】出自唐·高适《封丘作》。鞭挞，鞭打。黎庶，老百姓。
【译文/点评】卑躬屈膝逢迎上司让人心碎，惨无人道鞭打百姓让人心悲。此乃诗人对唐代官场中欺下媚上风气的指斥之语，表达了诗人自己不愿为了做官而曲意逢迎、欺压百姓的心志，表现了一个正直士大夫的爱民之情。

邦畿千里，维民所止。
【注释】出自先秦《诗经·商颂·玄鸟》。邦，国。畿(jī)，国都四周的广大地区。维，句首语气词。止，居住。
【译文/点评】国都周围广千里，皆是人民居住地。其意是说天下乃天下人的天下，这是两千多年前的朴素"民本"思想，实是难能可贵。

保国之大计，在结民心；结民心，在薄赋税；薄赋税，在节财用。
【注释】出自宋·杨万里《转对札子》。之，的。在，在于。结，结交。薄赋税，减少税收。节财用，节省财政开支。
【译文/点评】保国的大计，在于结交民心；结交民心，在于减轻税收；减轻税收，在于节省财政开支。此言减轻人民的负担、克制自己的欲望才能争取到民心，才能保证国家长治久安。也就是说，争取民心不是靠空口说白话，而是要有实际行动，让人民真正有实惠，才能赢得民心，才能保证政权稳定。

必推于物，而顺于人。

【注释】出自唐·柳宗元《为文武百官请复尊号表》。必，一定。推于物，指随着事物而变化。顺，顺应。人，指民心。

【译文/点评】一定要根据情况的变化而有所变化，从而顺应民心。此言治国安邦随物推移、顺应民心的必要性。

兵之胜败，本在于政，政在于民。下附其上，则兵强；下畔其上，则兵弱。

【注释】出自汉·刘安《淮南子·兵略训》。兵，指战争。之，的。本，根本。政，国政、政治。附，依附、拥戴。则，那么、就。畔，通"叛"，背叛。

【译文/点评】战争的胜败，其根本在于政治，而政治又在于老百姓。老百姓拥戴执政者，那么军队就会强大；老百姓背叛执政者，那么军队就没有战斗力。此言战争的胜败最终决定于执政者治国安邦的措施是否得民心，也就是战争有没有政治基础、民意基础。

不期同时，不谋同辞。

【注释】出自先秦《尚书·大誓》佚文。期，约定时间。谋，商议。

【译文/点评】没有约定时间，大家不期而至；没有商议，大家异口同声。此写周武王起兵伐纣时天下诸侯不期而至，共同主张起兵的历史。意谓周武王伐纣行动是顺乎民意、深得民心的。

不以一己之利为利，而使天下受其利；不以一己之害为害，而使天下释其害。

【注释】出自明·黄宗羲《原君》。释，消除。

【译文/点评】此言做国君要有把天下百姓的利害得失放在首位的阔大胸怀，要为万民造福，为天下除害，使天下百姓受其利，让全国人民避其害，而不是时刻把个人的利害得失放在心上。意谓做国君要有胸怀天下的精神境界，要以人民的利益为重。这个治国安邦的政治理念，在任何时代都是需要提倡的。

财须民生，强赖民力，威恃民势，福由民殖，德俟民茂，义以民行。

【注释】出自晋·陈寿《三国志·吴书·骆统传》。恃，依靠。殖，生长。俟（sì），等待。以，凭。

【译文/点评】国家财力要靠老百姓创造，国力的强大要靠老百姓的力量，国家有威风要靠老百姓众志成城的壮势，国家的福泽要靠老百姓的努力培植，社会道德的提升要靠老百姓发扬光大，道义的推广要靠老百姓予以践行。这话从六个方面详细地阐明了人民在国家建立与发展中的重要作用，其所体现的"以民为本"的思想非常鲜明。

长太息以掩涕兮，哀民生之多艰。

【注释】出自先秦·屈原《离骚》。太息，叹息。以，而。兮，感叹语气词，相当于"啊"。

【译文/点评】长久的叹息而掩袖哭泣，都是为着人民生活的艰难而悲哀。这是屈原自道心曲之辞，体现了一个士大夫对人民生活艰难的深切同情与忧虑之情。

乘车必护轮，治国必爱民。车无轮安处，国无民谁与？

【注释】出自汉·冯衍《车铭》。必，一定。安，怎么。谁与，和谁在一起。

【译文/点评】乘车一定要保护车轮，治国一定要爱护人民。车无轮如何运行，国无民如何立国。此以"护轮"为喻，说明治国需要爱民的道理。

达人无不可，忘己爱苍生。

【注释】出自唐·王维《赠房卢氏琯》。达人，指心胸阔大的人。苍生，天下百姓。

【译文/点评】胸襟阔大的人没有什么不能做到的，他能忘记自己的利益而为天下百姓着想。此言心中没有小我而只有天下百姓的人，才是胸襟阔大的君子。

稻花香里说丰年，听取蛙声一片。

【注释】出自宋·辛弃疾《西江月》。

【译文/点评】此写对即将取得的农业丰收的喜悦之情。"说丰年"、"听蛙声"两个细节描写，尤能逼真地表现出诗人按捺不住的喜悦之情，真实地表现了诗人对民生问题的关切之情。

得百姓之力者富，得百姓之死者强，得百姓之誉者荣。三得者具而天下归之，三得者亡而天下去之。

【注释】出自先秦《荀子·王霸》。之，的。力，力量。者，（的）人。死，此指效死、效命。誉，称赞。具，同"俱"，备、全。天下，指天下之人。归，归附。之，他。亡，无。去，离开。

【译文/点评】得到百姓效力的，国家就会富裕；有百姓愿意为他效死的，他的国家就会强大；得到百姓称赞的，他的国家就有好的名声。这三者占全的，那么天下人都会归附他；三者都失掉的，那么天下人都会离他而去。此言得到人民的支持国家政权才能稳固，否则便会失去政权，强调的是争取民心的重要性。

得道者多助，失道者寡助。

【注释】出自先秦《孟子·公孙丑下》。道，正义、道义。者，（的）人。

【译文/点评】正义在手的，就会得到多数人的帮助；失去道义的，就会很少有人帮助。此言掌握正义、道义对于争取人心和民意，从而取得胜利的重要性。其实，为政要有道义感、正义感，既是有效争取民心之术，又是至高无上的治国法宝，在任何时代都是有效的。

得人者昌，失人者亡。
【注释】出自唐·杨炯《唐幼将军魏哲神道碑》。人，指人心、民心。昌，昌盛。
【译文/点评】得人心就会昌盛，失人心就会灭亡。此言建立政权、治国安邦要顺应民心才能成功和长久。

得众动天，美意延年。
【注释】出自先秦《荀子·致士》。得众，受到民众的拥护。美意，怀抱善意。
【译文/点评】得人心，受万民拥戴，便会作出一番惊天动地的大事业来；怀抱善意，始终怀有成人之美之心，便会延年益寿。此言得人心便会得天下，怀善意便会快乐长寿。

得众而不得其心，则与独行者同实。
【注释】出自先秦《管子·参患》。则，那么、就。同实，相同、一样。
【译文/点评】表面有很多人可以支配，实际则不能得到他们的真心，那么与孤身一人没什么差别。此言得人心比人力更重要。

服民之心，必得其情。
【注释】出自宋·苏洵《申法》。服，使服从、信服。之，的。必，一定。得其情，了解实际情况。
【译文/点评】要使民心顺服，一定要了解民众的实际情况。此言统治者要想争取民心，就要认真了解老百姓心中所想和他们实际存在的困难，然后对症下药，制定恰当的施政方针。

抚我则后，虐我则雠。

【注释】出自先秦《尚书·泰誓》。抚，抚慰、安抚。我，指人民。则，那么、就。后，君主。虐，虐待。雠（chóu），通"仇"，指仇人、仇敌。

【译文/点评】善待我们老百姓的，我们就把他视为我们的君主；虐待我们老百姓的，我们就把他视为我们的仇敌。此言只有以民为本、善待人民，才能治国安邦。否则，必然众叛亲离。

功不使鬼，必在役人；物不天来，终须地出。

【注释】出自唐·狄仁杰《谏造大像疏》。功，工作、事情。使，役使。必，一定、必然。役，役使。天来，从天而来。须，需要。

【译文/点评】事情不能让鬼来做，必定是要役使人力；物资不会从天而降，终究是要由地上生长。此言劝诫统治者应当爱惜人力、物力。

苟无民，何以有君？

【注释】出自汉·刘向编《战国策·齐策四》。苟，假如。何以，哪里。

【译文/点评】假如没有人民，哪里还有国君？此言人民才是国家的主人，表达的是民贵而君轻的思想。

国不务大，而务得民心。

【注释】出自汉·刘向《说苑·尊贤》。务，追求、力求。

【译文/点评】国家不追求国土广大，而应该追求得民心。

此言得民心乃是治国安邦的首要任务。

国以民为本，民以谷为命。

【注释】出自南朝宋·范晔《后汉书·张奋传》。本，根本、基础。谷，谷物、粮食。

【译文/点评】国家以人民为根本，人民以谷物为生命。此言人民对于国家的重要性就如谷物之于人的生存一样，意在强调"以民为本"的治国思想。

国以民为本，社稷亦为民而立。

【注释】出自宋·朱熹《四书集注·孟子·尽心下》注语。本，根本。社稷，国家。亦，也。

【译文/点评】国家要以老百姓为根本，国家的建立也是为了老百姓。此言强调人民是国家的主人、国家的一切作为都要服务于民的政治理念。这是朱熹对孟子"民为贵"思想的阐发，体现了比孟子更进一步的"民本"思想，非常难得。

国正天心顺，官清民自安。

【注释】出自明·冯梦龙《警世通言·金令史美婢酬秀童》。正，指，治国作风端正。天心，此指民心。

【译文/点评】治国者作风端正，天下民心就顺畅；做官的清正廉洁，老百姓就会安居乐业，天下太平。此言要使民心安定、天下太平，为君为官的要自己先端正作风作出榜样。

国之有民，犹水之有舟，停则以安，扰则以危。

【注释】出自晋·陈寿《三国志·吴书·骆统传》。之，放在主谓语之间，取消句子的独立性。犹，像。停，指水平静无波澜。扰，指水波涌动。则，就。以，连词，相当于"而"。

【译文/点评】国家有老百姓，就像是水上有船。风平浪静，国家就安定；风生水起，国家就有危机。此以水与舟的关系比喻国家与人民的关系，强调治国安邦要爱民、安民，不要虐民、扰民。其所阐明的道理，就是唐人魏徵所说的"水能载舟，亦能覆舟"。

积力之所举，即无不胜也；众智之所为，即无不成也。

【注释】出自先秦《文子·下德》。即，就。

【译文/点评】合众人之力所采取的行动，就没有不取得胜利的；集众人之智所做的事，就没有不成功的。此言治国安邦要得民心，才能得民力，然后才能做成大事。

将之所以战者，民也；民之所以战者，气也。

【注释】出自先秦《尉缭子·战威》。将，将领。气，怒气。"者……也"，古汉语判断句形式。

【译文/点评】将领之所以能够作战，靠的是民众的支持；民众之所以勇于作战，那是缘于对敌有怒气。这话的意思是说，战争需要民众的支持，战胜敌人则要靠勇气，要师出有名。也就是说，只有的正义的战争才能最终取得胜利。

敬慎威仪，以近有德。

【注释】出自先秦《诗经·大雅·民劳》。敬慎，严肃谨慎。威仪，威严的仪表。近，接近。有德，指有德之人。

【译文/点评】严肃谨慎立威仪，亲近贤臣正朝纲。这是对周厉王荒淫无道、疏远贤臣、重任小人的批评，也是对天下君王如何做好国君所提的希望。

敬贤如大宾，爱民如赤子。

【注释】出自汉·班固《汉书·路温舒传》。如，像。大宾，上宾。赤子，婴儿。

【译文/点评】敬重贤能之士就像对待上宾一样，爱护人民就像照顾婴儿一样。此言强调执政者要有敬贤爱民之心。

君非民不立，民非谷不生。

【注释】出自晋·陈寿《三国志·吴书·吴主传》。非，没有。谷，谷物、粮食。生，生活、生存。

【译文/点评】国君没有人民就无所立，人民没有粮食就无法生存。此以民无谷不生作类比，强调"君以民立"的民本思想。

君人者，以百姓为天。百姓与之则安，辅之则强，非之则危，背之则亡。

【注释】出自汉·刘歆《说苑·建本》。君人者，做国君的人。天，比喻最重要的事物。与，赞同、亲附。之，指国君。则，就。非，非议、批评。背，背弃。

【译文/点评】做国君的人，要把百姓当作天，并予以尊重。百姓亲附他，天下就安定；百姓辅助他，国家就强大；百姓非议他，国家就危险；百姓背弃他，天下就要亡。这一治国理念，也是有着浓厚的"民本"思想，是对"得民心者得天下"道理的有力阐释。

君者，舟也；庶人者，水也。水则载舟，水则覆舟。

【注释】出自先秦《荀子·哀公》。者……也，古代汉语判断句形式之一，相当于"……是……"。君，国君。庶人，平民、老百姓。则，就、便。

【译文/点评】国君就像船，老百姓就像水。水能承载船让其行驶，也能将船覆灭。此以水比作人民，以船比作君主，形象地说明了君主与人民的密切关系，强调了人民的力量与以民为本的重要性。

力可以得天下，不可以得匹夫匹妇之心。

【注释】出自宋·苏轼《潮州韩文公庙碑》。力，指武力、强力。匹夫，一个人。匹夫匹妇，代指普通百姓。

【译文/点评】可以凭武力夺取天下，但是不能以武力征服一个普通百姓的心。此言争取民心是最难的事，也是最重要的事。对于执政者来说，治国的当务之急是顺应民心。马上得天下，不能在马上治之。

民安土重迁，不可卒变。易以顺行，难以逆动。

【注释】出自晋·陈寿《三国志·魏书·袁涣传》。安土，指故土。重，难。卒，同"猝"，突然。

【译文/点评】老百姓故土难离，不能突然让他们迁移。顺着民心办事容易，逆着民意行动就难以奏效了。此言对于移民问题，当权者要照顾民众的感情与生活习惯。违背他们的感情与习惯，就是拂逆他们的心意，那么势必就要失去民心，导致国家危机。

民背如崩，势绝防断。

【注释】出自南朝齐·王融《上疏请给虏书》。民背，民心背离。如崩，像山体崩塌。势，国势。防，堤防。

【译文/点评】民心背离，就像山体崩塌一样；国势危绝就像堤防决裂一般。此以山崩、堤决为喻，说明违背民心对于治国安邦的危害性。

民存则社稷存，民亡则社稷亡。

【注释】出自汉·荀悦《申鉴·杂言上》。社稷，国家。

【译文/点评】有老百姓国家就会存在；没有老百姓国家也就无从谈起。此言人民是国家赖以存在的基石。

民各有心，勿壅惟口。

【注释】出自南朝梁·刘勰《文心雕龙·颂赞》。心，良知、判断是非的心。勿，不要。壅（yōng），堵塞。惟，句中语气词，帮助判断。

【译文/点评】老百姓都有判断是非的良知，不要堵塞他们的嘴，不让他们对统治者进行批评。此言来自老百姓的批评舆论就是民心、民意的表现，明智的统治者不应对他们的言论予以钳制，而应该根据民意对自己的施政行为予以更正。

民罔常怀，怀于有仁。

【注释】出自先秦《尚书·太甲下》。民，老百姓。罔（wǎng），无、没有。常，固定的、不变的。怀，（人心的）归向。

【译文/点评】老百姓没有固定不变的人心归向，他们只归向于有仁义的君主。此言告诫统治者只有对老百姓实行仁政，才能赢得人心，坐稳江山。

民望之若大旱之望云霓。

【注释】出自先秦《孟子·梁惠王下》。之（第一个），指商汤，商朝的明君。若，像。之（第二个），放在主谓语之间取消句子的独立性。霓（ní），副虹，即雨后天空中出现的与虹同时出现的彩色圆弧。

【译文/点评】老百姓盼望商汤，就像大旱之中盼望能致雨的云气。此言强调只有顺应民心才能得到人民的拥护。

民为贵，社稷次之，君为轻。

【注释】出自先秦《孟子·尽心下》。社稷，指庇佑国家的土谷之神，一般代指国家。

【译文/点评】老百姓最为重要，国家次之，国君的地位最轻。这是孟子的名言，其强烈的"民本"思想非常显明，这在中国封建历史上也是最为宝贵的。今日我们强调"以人为本"的治国理念，正是源于孟子的这一思想。

民为国本根，岂不思培植？

【注释】出自宋·王迈《简同年刁时中俊卿诗》。本，树根。

【译文/点评】人民是国家的根本，怎么不想着去培育民力呢？此言爱护民力、培育民力才是巩固国家基础的明智之举。

民为国基，谷为民命。

【注释】出自汉·王符《潜夫论·叙录》。基，基础、基石。谷，谷物、食物。

【译文/点评】老百姓就像是国家的基石，粮食就像是老百姓的生命。此言说明这样一个道理：治国要爱民，爱民要从解决民生问题开始。

民惟邦本，本固邦宁。

【注释】出自先秦《尚书·夏书·五子之歌》。惟，句中语气词，帮助判断。邦，国家。本，根本、根基。固，稳固。宁，安宁。

【译文/点评】人民是立国的根基，只有根基稳固了，国家才会安宁。这是太康荒淫失政后，其五个弟弟所作《五子之歌》中谈"为君之道"的话。其所提出的"以民为本"的治国理念，今天我们仍在强调。

民心无常，惟惠之怀。

【注释】出自先秦《尚书·蔡仲之命》。常，固定不变。惟惠之怀，即古汉语"惟惠是怀"的结构，按现代汉语的语序是"惟怀惠"。惟，只。怀，归向。惠，恩惠、好处。

【译文/点评】老百姓的心不是固定不变的，他们只归向于对他们有恩惠的人。此言要赢得民心，就必须对老百姓实行仁政，给他们以恩惠。

民心说而天意得。

【注释】出自汉·班固《汉书·息夫躬传》。说，同"悦"，高兴。

【译文/点评】让老百姓心情愉快了，也就是得到了天意。此言民心即天意。得天意得天下，即得民心者得天下。

民以食为天。

【注释】出自汉·班固《汉书·郦食其传》。食，吃饭问题。天，比喻最重要的事情。

【译文/点评】老百姓以吃饭为头等大事。这话强调的是治国当先以解决人民温饱问题为目标。今天我们还在强调解决人民的温饱问题，正是这一传统治国理念的延续。

民亦劳止，汔可小康。惠此中国，以绥四方。

【注释】出自先秦《诗经·大雅·民劳》。亦，也。劳，劳苦。止，句末语气助词。汔（qì），通"乞"，乞求。小康，稍稍安定。惠，惠及、施好处。中国，指国都。绥，安抚。四方，指四境之内，即全国。

【译文/点评】人民已劳苦不堪，乞求能够稍安定。恩德施于国都中，以此可以安四方。这是讽刺周厉王的诗句，其意是劝诫统治者要爱惜民力、体恤人民疾苦，施仁政以安定天下。

民者，国之根也。诚宜重其食，爱其命。

【注释】出自晋·陈寿《三国志·吴书·陆凯传》。者……也，古代汉语判断句形式。之，的。根，根本、根基。诚，确实。宜，应该。重，重视。其，他们的。食，指吃饭问题。命，生命。

【译文/点评】民众是国家的根基，确实应该重视他们的吃饭问题，爱护他们的生命。此言执政者治国安邦应以爱护人民生命、解决民众温饱问题为依归。这不仅是对"民本"思想的强调，而且具体指出了两点：解决老百姓的温饱问题、爱护老百姓的生命。这是一个具体切实、朴素无华的治国理念，是值得每一个执政者牢记并努力践行的。

民知有所不可，则天下不可以敌，甲兵不可以威，利禄不可以诱。

【注释】出自宋·苏轼《策别十二》。所不可，认为不能。则，那么。甲兵，代指武力。利禄，代指金钱利益。

【译文/点评】老百姓认为不能做的事，那么天下没有任何人可以硬做，用武力相威胁无用，用利益相引诱也无用。此言人民的意志是不能违背的。意在劝统治者要以人民的意志为依归，不能凭自己的意志办事。只有尊重人民，人民才会尊重他，他的统治才会稳固。不然，其统治必然土崩瓦解，不能长久。

民足则怀安，安则自重而畏法。

【注释】出自唐·刘禹锡《答饶州元使君书》。足，富足、富裕。则，就。怀安，思念安定。自重，自我珍重。畏，怕。

【译文/点评】老百姓富裕了，自然就会思念过安定的日子；生活安定了，就会自我珍重，行动就会有所收敛，就会畏惧触犯国家法律。这一治国理念，与汉代名臣晁错"仓廪实而知礼仪"的观点一致，是有其道理的。因为人一旦富裕了，就会安于他已有的生活，不想改变。而不想改变已有的利益与优越处境，他就会自觉遵纪守法，做一个良民。因此，聪明的执政者治国都是首先解决老百姓的温饱问题，让他们过上安定富裕的日子。

明大数者得人，审小计者失人。

【注释】出自先秦《管子·霸言》。明，明白。数，规律。

大数，大的历史规律、根本道理。者，（的）人。审，审察、弄明白。计，盘算、谋划。人，指人心。

【译文/点评】明白历史发展大势的人就能得人心，精于小算计的人就会失人心。此言得人心要了解世事，也就是要顺应历史发展的潮流，以大多数人的利益为考量，切不可仅为个人或小集团的利益算计。

其所善者，吾则行之；其所恶者，吾则改之。

【注释】出自先秦《左传·襄公三十一年》。其，他们，指议论国政的人民。所善者，认为好的。吾，我。则，就。行，实行、执行。所恶者，认为不好的。之，它。

【译文/点评】人民认为好的措施，我就继续施行；人民认为不好的政策，我就改正它。此言执政者要有认真听取人民意见的雅量，好则嘉勉，坏则改之。这是春秋时代郑国子产之语，表现了一代贤臣在治国方面一切以人民的意志与利益为中心的执政理念。这个理念在今天仍是具有意义的。

千人同心，则得千人力；万人异心，则无一人之用。

【注释】出自汉·刘安《淮南子·兵略训》。则，就。

【译文/点评】千人同心同德，便会有千人的合力；万人异心异志，那么就无一人可用。此言有没有力量不在人多，而在于是否能够同心同德、团结一致。

黔首本骨肉，天地本比邻。一发不可牵，牵之动全身。

【注释】出自清·龚自珍《自春徂秋偶有所触拉杂书之漫不诠次得十五首》之二。黔首，指百姓。比邻，近邻。

【译文/点评】此以天地相邻、骨肉相连、头发与身体相牵连为比喻，说明统治者、国家与人民之间紧密的关系，意在提醒统治者要爱护人民、谨慎施政。

穷年忧黎元，叹息肠内热。

【注释】出自唐·杜甫《自京赴奉先县咏怀五百字》。穷年，一年到头。黎元，老百姓。

【译文/点评】一年到头都为天下百姓的苦难而忧虑，可是并没能力帮他们解除，只能空自叹息而内心备受煎熬。这是诗人心忧天下百姓的心声。儒家讲"穷则独善其身，达则兼济天下"（《孟子·尽心上》），而诗人的思想境界则明显高于此，因为诗人在写此诗时正是全家温饱难以解决之时。

去民之患，如除腹心之疾。

【注释】出自宋·苏辙《上皇帝书》。之，的。

【译文/点评】去除老百姓所引以为患的，就像是除去自己心腹中的大病一样。此言统治者要时刻把民众的疾苦放在心头，想人民之所想，急人民之所急。

人命大如天。

【注释】出自明·施耐庵《水浒全传》第二十二回。

【译文/点评】此言乃是强调人生命的宝贵。这个观点在今天仍是人类所应共同秉持的基本理念。

人所归者天所与，人所畔者天所去。

【注释】出自南朝宋·范晔《后汉书·申屠刚传》。人，指老百姓。归，归附、拥护。与，帮助。畔，同"叛"，叛离。去，离去、抛弃。

【译文/点评】老百姓所拥戴的人就是上天要帮助的人，老百姓所叛离的人就是上天要抛弃的人。此言民心即天意的道理，意在劝诫统治者要以民心为依归，切不可违逆民心而为所欲为。

人无于水监，当于民监。

【注释】出自先秦《尚书·酒诰》。人，此指统治者、君主。无，不要。于，在。监，照影。

【译文/点评】君主不要以水为镜子照影，而应当以老百姓的人心为镜子，考察他们对自己施政得失的反映。此言意在告诫统治者当以人心的向背为行动的指南。

人心安则念善，苦则怨叛。

【注释】出自晋·陈寿《三国志·吴书·华核传》。则，就。念，想着。善，行善、做好事。苦，指人心不安，有怨苦之情。怨，怨恨。叛，叛离。

【译文/点评】人心安定，就会一心向善而不想着为非作歹；反之，人心不安，怨声载道，就会萌发怨恨与叛逆之心。此言解决民生问题是安定民心的关键，而安定民心又是引导百姓弃恶向善的关键。

人主之所恃者，人心而已。

【注释】出自宋·苏轼《上神宗皇帝书》。人主，君主、国君。之，放在主谓语之间，取消句子的独立性。恃，凭恃、依靠。者，代词，相当于"……的"。而已，罢了。

【译文/点评】国君所能凭借的，不过是天下人心而已。此言得民心是国君能够坐稳江山的唯一途径。所谓得民心，也就是想百姓之所想，急百姓之所急，为百姓办实事。

商君法令牛毛细，王莽征徭鱼尾赪。不信江南百万户，锄耰只向陇头耕。

【注释】出自明·归庄《己丑元月》三首之一。徭，徭役。赪（chēng），红色。鱼尾赪，古人认为鱼尾发红是鱼疲劳之故，此以鱼比人，形容人民困苦之状。耰（yōu），用以碎土平地的农具。陇头，指田间地头。

【译文/点评】此以商鞅法令严酷，王莽徭役劳民使人民无法承受而灭亡的历史教训，警告满洲统治者南下后对江南人民不可压迫剥削过甚过急。"不信江南百万户，锄耰只向陇头耕"，意思说得更为明白，逼迫人民过急，他们的农具不只是用以耕作的，也是可以举起来用以反抗的。

舍己而从众，是以事半而功倍也。

【注释】出自唐·白居易《策林一》。舍己而从众，放弃自己的想法而顺从百姓的意愿。是以，所以、因此。也，句末语气助词。

【译文/点评】放弃自己个人的想法而顺从老百姓的意愿，所以施政治国会事半功倍、成效卓著。此言施政顺从民意的效果。

舍人而从欲，是以勤多而功少也。

【注释】出自唐·白居易《策林一》。舍人，摒弃百姓的意愿。从欲，顺从自己的思想。是以，所以、因此。也，句末语气助词。

【译文/点评】摒弃百姓的意愿而顺从自己的意愿，会劳而无功。此言统治者应该根据人民的意愿施政才能获得成功。

身多疾病思田里，邑有流亡愧俸钱。

【注释】出自唐·韦应物《寄李儋元锡》。

【译文/点评】人老病多，自然有思乡之情。但是，看到自己为官一方的所在地老百姓流亡他乡，不禁心生愧疚之情，觉得愧对了这份俸钱。这是时任苏州刺史的诗人当时的心里写照。为官一方，能因为没尽到地方官的责任而惭愧，不仅在封建时代非常难得，恐怕在其他时代也实属不易。

身为野老已无责，路有流民终动心。

【注释】出自宋·陆游《春日杂兴》。野老，指没有身份地位的普通老农。

【译文/点评】此言自己虽然现在是个没有任何官职的乡野老人，不在其位，难谋其政，但是看到路边有流离失所的民众，仍然心生救助之心。表现了一个正直的封建士大夫不忧己穷而忧民苦的阔大胸襟，可谓真正达到了宋人范仲淹所说的"先天下之忧而忧，后天下之乐而乐"（《岳阳楼记》）的精神境界，着实令人感动。

圣人不利己，忧济在元元。

【注释】出自唐·陈子昂《感遇诗三十八首》。圣人，指明君。济，帮助。元元，百姓。

【译文/点评】明君不会只考虑自己的利益，而是忧虑着如何拯救苦难中的老百姓。此言把老百姓的利益放在首位，才是爱民忧国的明君圣人。

失众必败，得众必成。

【注释】出自唐·陆贽《奉天论前所答奏未施行状》。众，民众，此指民心。必，一定、必然。

【译文/点评】失去人民的支持必然失败，得到人民的拥护一定能够成功。此言民心对于成败的关键作用。

时不可留，众不可逆。

【注释】出自南朝宋·范晔《后汉书·光武帝纪》。时，时机。众，人民，此指民心。逆，拂逆、违背。

【译文/点评】时机不可错失，民心不可违逆。此将民心不可违逆与"时不可失"并列，以此强调顺应民意在治国安邦中的重要性。

食者，民之本；民者，国之本。

【注释】出自汉·刘安《淮南子·主术训》。者……，古代汉语判断句形式之一，相当于"……是……"。食，指吃饭问题。之，的。本，根本。

【译文/点评】吃饭问题是老百姓的根本；老百姓是国家的根本。此言治国安邦要解决两个问题：一是人民的温饱问题，二是爱民问题。

事之当否，众口必公。

【注释】出自宋·苏辙《论衙前及诸役人不便札子》。必，一定。

【译文/点评】事情做得适当不适当，众人的议论一定是公正的。此言是非自有公论，公道自在人心。用今天的话来说，就是"群众的眼睛是雪亮的"。

视民如子，见不仁者诛之，如鹰鹯之逐鸟雀也。

【注释】出自先秦《左传·襄公二十五年》。视，对待。诛，讨伐、诛杀。之，它，指不仁者。如，像。鹯（zhān），一种类似于鹞鹰的猛兽。逐，追逐。也，句末语气助词。

【译文/点评】对待人民就像对待自己的孩子一样，见到不仁义的事情就予以讨伐、根除，就像鹞鹰驱逐鸟雀一样。此以比喻修辞法说明如何保护人民、铲除不仁。

视天下如一家。

【注释】出自宋·苏轼《杭州谢上表二首》之二。视，看待。天下，指天下人。

【译文/点评】把天下人视为一家人。此言强调天子要有天下一家、视天下臣民如家人的胸襟，也就是要爱护人民。

受命不于天于其人，休符不于祥于其仁。

【注释】出自唐·柳宗元《贞符》。受命，建立政权。封建时代君主立国皆宣扬是"受命于天"，即他做皇帝是天意。于，在。休，美善。符，符瑞、征兆。

【译文/点评】统治者之所以得以立国登上大位，不是天意，而是人民拥戴的结果；吉祥的预兆，不是天意的呈现，而是他实行仁政的结果。此言"君权神授"的话不可信，只有爱民、实行仁政，才能为人民认可，才会风调雨顺、天地呈祥。

水所以载舟，亦所以覆舟。

【注释】出自汉·张衡《东京赋》。所以，用以、用来。亦，也。覆，倾覆。

【译文/点评】水可以用以承载船只，也可以将船只倾覆。此以水舟的关系比喻君与民的关系，强调的是统治者必须爱民，不然老百姓可以拥戴他做统治者，也可以将他推翻，扔进历史的垃圾堆。

顺人者昌，逆人者亡。

【注释】出自南朝宋·范晔《后汉书·申屠刚传》。人，人民，此指民心。

【译文/点评】顺应民心的就会兴盛，违背民心的就会灭亡。此言民心对于一个政权能否稳固统治的决定作用。

汤武革命，顺乎天而应乎人。

【注释】出自先秦《周易·革》。汤武，指商朝的开国之君汤和周朝的开国之君周武王。革命，变革天命。古代认为王位受之于天，故称王者易姓、改朝换代为"革命"。顺乎，顺应。应乎，顺应。

【译文/点评】商汤、周武推翻夏桀、商纣而建立商朝、周朝，是顺应天意民心的结果。此言改朝换代要顺应民心民意，意在强调争取民心的重要性。

天道无亲，恒与善人。

【注释】出自先秦《老子》第七十九章。天道，此指自然规律。无亲，没有偏颇。与，给、赠送。善人，此指有德之人。

【译文/点评】"天道"没有偏颇，但常庇佑得"天道"的有德之人。此言得"天道"便会得到好报，否则便会受惩罚。

天地之性，人为贵。

【注释】出自先秦《孝经·圣治》。之，的。性，事物的固有特点。

【译文/点评】天地所生万物之中，人是最尊贵的。这是孔子的见解，体现了难能可贵的"人本"思想。今天我们强调"以人为本"，与此义同矣。

天生万物，唯人为贵。

【注释】出自先秦《列子·天瑞》。

【译文/点评】天生万物之中，以人为最宝贵。此乃两千多年前的"人本主义"思想，永远值得我们珍视。

天时不如地利，地利不如人和。

【注释】出自先秦《孟子·公孙丑下》。天时，指有利于攻守的气候条件。地利，指有利于攻守的地形上的优势。人和，指团结一心的士气、民心。

【译文/点评】这是孟子谈为政之道的名言，阐明的是"天时"、"地利"、"人和"三者的关系。通过运用"层递"修辞法，将得人心的重要性提到最高程度，既体现孟子的"民本"思想，又讲出了治国为政的核心内容。用今天的话来说，就是只有人民和谐才是国家安定、天下太平的基础，才是万众一心、具有坚强战斗力的根源。这一观点，今天看来仍无疑是真知灼见。

天视自我民视，天听自我民听。

【注释】出自先秦《尚书·泰誓》。视，指所见、看到的。自，来自。我民，指人民。听，指所听到的。

【译文/点评】上天所看到的来自于人民所看到的，上天所听到的来自于人民所听到的。此言上天所见、所听与人民是一致的，天不可欺，人民也不可欺，要诚实地倾听来自人民的呼声，用心执政，施惠于民。

天下非一人之天下也，天下人之天下也。

【注释】出自先秦·吕不韦《吕氏春秋·孟春纪·贵公》。非，不是。之，的。也，句末语气助词。

【译文/点评】天下不是一个人的天下，而是天下人的天下。这话在两千多年前说出，其所透露出的"民本"、"民主"与"国家兴亡，匹夫有责"的主人翁思想，实在是难能可贵！

天下人管天下事。

【注释】出自清·无名氏《三侠五义》。

【译文/点评】此与"天下，乃天下人之天下"同义，亦与"国家兴亡，匹夫有责"同义，但更显主动性，大有"以天下为己任，舍我其谁"的胸襟。

天下者，非君有也。天下使君主之耳。

【注释】出自宋·苏轼《御试制科策》。者……也，古汉语判断句形式。非，不是。君，国君。使，让、委托。主，主管、掌握。之，指国家、天下。耳，罢了。

【译文/点评】天下并不是君主一个人的天下，而是天下人委任君主主管而已。这话透露了鲜明的"民权"思想，否定了封建时代"君权神授"的传统观点。其意是在强调统治者必须要有"民本"思想，不可有"君临天下"的优越感。这个思想在当时是相当进步的，值得我们肯定。

天下之治乱，不在一姓之兴亡，而在万民之忧乐。

【注释】出自清·黄宗羲《原臣》。一姓，指一个王朝。

【译文/点评】看天下的治与乱，不能看某一王朝的兴亡，而应看天下万民的忧乐情况。此言衡量天下治乱的标准是天下黎民百姓是否生活安定富裕，而不是某一王朝的兴亡。意谓天下百姓的幸福最重要，某一姓的王朝是兴是亡并不重要。这是鲜明的"民本主义"的思想，非常值得重视。

王司敬民，罔非天胤。

【注释】出自先秦《尚书·商书·高宗肜日》。司，通"嗣"，继承。罔（wǎng），无。胤（yìn），后代。

【译文/点评】先王继承帝位之所以敬重民众，无非是因为他们都是上天的后代。这是商朝大臣祖己教导商王祖庚的话，其意是教育祖庚要以平等之心对待人民。其所体现的"民本"思想非常可贵。

王者以民为天。

【注释】出自汉·班固《汉书·郦食其传》。王者，做国王的人。天，比喻最重要的事物。

【译文/点评】做国君的人要将人民当作天。这话所体现的"民本"思想，又比孟子"民为贵"的思想进了一步。若是执政者真能达到这种认识境界，那么他一定会成为万民拥戴的圣主。

为国者以富民为本，以正学为基。

【注释】出自汉·王符《潜夫论·务本》。为国者，治国者。本，根本。正学，指端正学习态度。

【译文/点评】治国的人要以富民作为施政的根本，要将端正学习态度作为做人的根基。这话的意思是说，执政者应该首先要将解决人民的温饱问题放在首位，同时要端正学习态度，认真学习先王之道，加强自身的道德修养。这个治国理念是正确的，是任何时代的执政者都应该牢记的。否则，他既不能得到万民拥戴，也不能以德服人，要想坐稳江山，难矣。

为国者以民为基，民以食为本。

【注释】出自晋·陈寿《三国志·魏书·华歆传》。为国者，治国的人。基，基础。食，吃饭。本，根本。

【译文/点评】治国的人以老百姓为基础，老百姓以穿衣吃饭为根本。这话的意思是说，治国者首先要树立"以民为本"的意识，然后致力于解决人民的温饱问题。这个治国理念，今天我们仍在强调，可见它是正确的。

为君之道，必须先存百姓。若损百姓以奉其身，犹割股以啖腹，腹饱而身毙。

【注释】出自唐·吴兢《贞观政要·君道》记唐太宗李世民语。之，的。道，方法、诀窍。必须，一定要。存，保存、保护。若，如果。奉，供奉。身，自身、自己。犹，像。股，大腿。啖（dàn），吃。腹，肚子。毙，死。

【译文/点评】做国君的诀窍，就是一定要爱护体恤老百姓。如果损害了老百姓的利益来满足君王自己的享乐，这就好比是割了自己的大腿肉来解决肚子的饥饿一样，虽然肚子一时可以不饿了，但生命却有了危险。唐太宗李世民能说出如此一番爱民恤民的话，也是他之所以能成为千古明君的原因所在。

为吏者，人役也。

【注释】出自唐·柳宗元《送宁国范明府诗序》。为吏，做官。人役，别人的仆役。"……者……也"，古代汉语判断句形式之一，相当于"……是……"。

【译文/点评】做官就是给老百姓做仆役。今天我们说官员是人民的公仆，正是此意。

为天下者，不慢其民。

【注释】出自先秦《慎子》内篇。为天下者，治理天下的人。慢，轻慢、轻视。

【译文/点评】治理天下的人，是不会轻慢他的老百姓的。这话的意思是要统治者应该尊重人民，不要自以为是，更不可鱼肉百姓。这一思想在任何时代都是正确的，今天我们提倡"以民为本"的治国理念，正是这一思想的体现。

唯留一湖水，与汝救凶年。

【注释】出自唐·白居易《别州民》。一湖，指杭州西湖。与，给。汝，你、你们。凶年，灾荒之年。

【译文/点评】此言自己离别杭州时没有什么可以给民众留下的，只是储蓄了一湖西湖之水，以备杭州民众应付干旱灾荒之年（诗人曾领导修筑西湖堤坝，今存白堤，即其任职时所建）。表达的是对杭州人民的深情，对人民生活的关切之情。

享天下之利者，任天下之患；居天下之乐者，同天下之忧。

【注释】出自宋·苏轼《赐新除中大夫守尚书右丞王存辞免恩命不允诏》。任，担负、承担。居，享受。

【译文/点评】此言享受天下的利益安乐，就应该对天下人负起责任，除天下人之患，解天下人之忧。用古话说，叫做"食君之禄，担君之忧"；用今天的话来说，就是"受纳税人供养，就应该为纳税人服务"。

心中为念农桑苦，耳里如闻饥冻声。

【注释】唐·白居易《新制绫袄成感而有咏》。农桑，指代农业生产。为，因为。

【译文/点评】只有心里想着农业生产的艰难，才能深切体会到农民的痛苦。其意是劝统治者要倾听农民的声音，关心农民的疾苦。

休道朝中太师威如火，更有路上口似碑。

【注释】出自元·高明《琵琶记》第三十出《伯喈夫妇上路回乡》。休道，不要说。朝中，朝廷上。太师，宰相。

【译文/点评】此以比喻修辞法形象地说明了这样一个道理：靠权势是压服不了人民的，人民的评论便是一座座碑石，功过是非皆在其上。其意是强调民心不可欺、民意不可违、民意大于威权。

一畦春韭熟，十里稻花香。

【注释】出自清·曹雪芹《红楼梦》第十八回。

【译文/点评】此写农业即将丰收的喜人情景。"十里"是夸张，"一畦"是特写。二者点面结合，生动地再现了菜蔬、粮食丰收在望的真切景象。

一人之心，千万人之心也。

【注释】出自唐·杜牧《阿房宫赋》。之，的。"……也"，古代汉语判断句形式之一，相当于"……是……"。

【译文/点评】一个人的心，也就是千万人的心。此言劝统治者要推己及人，站在千千万万人的立场上看问题，以制定恰当的治国安邦之策。

以百姓欲为欲。

【注释】出自唐·白居易《策林一》。欲，欲望、愿望。

【译文/点评】以老百姓的愿望为自己的愿望。此言统治者要站在老百姓的立场上执政、施政，顺从民心民意。

以天下心为心。

【注释】出自唐·白居易《策林一》。天下，指天下人。

【译文/点评】以天下人的心为自己的心。此言统治者应当顺应天下人的意愿，即以民心为依归。

役于人而食其力，可无报耶?

【注释】出自唐·柳宗元《送宁国范明府诗序》。役于人，服务于人民。食其力，指受人民的供养。无报，不报答。耶，吗。

【译文/点评】做官是服务于人民的，受了人民的供养，能不有所报答吗? 此言做官的人受人民供养，就应该心存为人民服务、报答人民之恩的思想。

有道之主，以百姓之心为心。

【注释】出自唐·吴兢《贞观政要·直谏》载魏徵语。

【译文/点评】此言有道的明君与老百姓的想法是相通的。用今天的话来说，就是想百姓之所想，急百姓之所急。

有能以民为务者，则天下归之。

【注释】出自先秦·吕不韦《吕氏春秋·开春·爱类》。民，此指民生问题。务，追求。者，（的）人。则，那么、就。天下，指天下人。归，归附、拥戴。之，他。

【译文/点评】有以解决民生问题为追求的人，那么天下人都会归附他。此言要做天下之主，就应该将解决民生问题放在首位。

有为之君，不敢失万民之欢心。

【注释】出自晋·陈寿《三国志·魏书·袁绍传》裴松之注引《九州春秋》。

【译文/点评】此言得万民拥护的君主才可能有所作为，意在劝告统治者一切作为都应该顺应民意，合乎民心。

与民同其乐者，人必忧其忧；与民同其安者，人必拯其危。

【注释】出自晋·陈寿《三国志·魏书·武文世王公传》注引《魏氏春秋》。者，（的）人。必，一定、必然。忧其忧，以其忧为忧。

【译文/点评】在快乐的时候能够想到与老百姓共同分享的人，老百姓一定在他忧难之时为其分忧；在安定无事的时候能够与老百姓共同分享利益的人，老百姓在他危难之时一定会全力予以拯救。此言执政者只有首先考虑到老百姓的利益诉求，才能在国家危难之时得到他们的全力相助。也就是说，利益关涉民心，执政者必须时刻牢记。

怨之所聚，乱之本也。

【注释】出自先秦《左传·成公十六年》。怨，怨恨。本，根本、根源。……也，古代汉语判断句形式之一，相当于"……是……"。

【译文/点评】怨恨聚集之处，就是动乱的根源所在。此言治国安邦要察知人民的反映，消除人民的怨恨之情，以此才能将动乱消灭在萌芽之中。

争得大裘长万丈，与君都盖洛阳城。

【注释】出自唐·白居易《新制绫袄成感而有咏》。争得，怎得。

【译文/点评】怎样才能得到长万丈的大皮衣，让整个洛阳城中受寒的民众都能盖到呢？此乃诗人忧虑洛阳人民寒苦之心声，表现了一个士大夫深切的爱民之情。

政无旧新，以便民为本。

【注释】出自宋·苏辙《傅尧俞御史中丞》。政，指政体、政治制度。便民，方便人民。本，根本。

【译文/点评】政治制度无论新旧，一切要以方便人民为出发点。此言方便人民才是施政的最终目的，体现的是"以民为本"的思想。

政之所兴，在顺民心；政之所废，在逆民心。

【注释】出自先秦《管子·牧民》。政，指国政、国家。之，放在主谓语之间，取消句子的独立性。所兴，兴盛的原因。所废，废弛、覆灭的原因。

【译文/点评】国家兴盛的原因，在于顺应民心；国家覆灭的原因，在于拂逆民意。此言民心对于国家存亡的重要性，其意乃在强调这样一个历史的经验：得民心者得天下，失民心者失天下。

制国有常，利民为本；从政有经，令行为上。

【注释】出自汉·司马迁《史记·赵世家》。制国，即治国。常，指规律、不变的准则。本，根本。从政，从事政治。经，常规、规范。令行，政令畅通。

【译文/点评】治国有恒久不变的法则，那就是以利民为根本；从政有万世不易的规范，其最高境界就是政令畅通、令行禁止。这话确是治国从政的精妙之言，也是历史经验的精当总结。执政者能将民众的利益放在首位，民众自然拥戴，天下何愁不太平？一个政府能够政令畅达、令出禁止，国家岂能不安稳？

治天下者，当以天下之心为心，不得自专快意而已。

【注释】出自汉·班固《汉书·鲍宣传》。者，（的）人。天下，指天下人。心，指意愿。自专快意，自己独断而感到畅快。

【译文/点评】治理国家的人，应当以天下人的心愿为依归，不能根据自己的意愿独断专行。此言执政者应当时刻把人民的意愿挂在心头，为人民谋利益，而不能依自己之愿为所欲为。

众而不可欺者，民也。

【注释】出自宋·苏辙《陈州为张安道论时事书》。众，多。……者……也，古代汉语判断句形式之一，相当于"……是……"。民，老百姓。

【译文/点评】人多而不可欺的，是老百姓。此言老百姓是国家的基础，顺应民心是统治者坐稳江山的唯一出路。意在告诫统治者人民的力量是巨大的，只有"以民为本"，才能保证国家长治久安。

众怒不可犯。

【注释】出自汉·司马迁《史记·楚世家》。犯，触犯。

【译文/点评】多数人的共愤不能触犯。此言意在劝统治者要认真体察民心与多数人的情感，从而及时调整自己的行为方式，以立于不败之地。

众怒难犯，专欲难成。

【注释】出自先秦《左传·襄公十年》载子产语。犯，触犯。专欲，专权的欲望。

【译文/点评】众人的共愤是难以触犯的，个人的私欲是很难得逞的。此言执政者要顺从人民的意志，以人民的爱憎为爱憎，认真体察人民的需要而及时调整统治方略，切不可凭个人的意志而任性为之。

众之所助，虽弱必强；众之所去，虽大必亡。

【注释】出自汉·刘安《淮南子·兵略训》。众，众人。之，放在主谓语之间，取消句子的独立性。所助，所帮助的人。虽，即使。必，一定、必然。所去，所背离的人。

【译文/点评】众人合力相助的人，即使目前力量弱小，也一定会逐渐强大起来；遭到众人所背离的人，即使他目前力量强大，也必然由强变弱，最终走向灭亡。此言乃在强调得人心的重要性。

诛一乡之奸，则一乡之人悦；诛一国之奸，则一国之人悦。要以诛寡而悦众。

【注释】出自宋·苏轼《策别十七》。之，的。则，那么。悦，高兴。要，关键。寡，少。

【译文/点评】诛杀在一乡为非作歹的奸人，那么一乡的老百姓都高兴；剪除为害全国的奸人，那么全国人民都高兴。执法的关键在于以惩罚少数人而使大多数人高兴。此言为人民除害，让老百姓生活安心，才能赢得民心。

自惭居处崇，未睹斯民康。

【注释】出自唐·韦应物《郡斋雨中与诸文士燕集》。崇，高。未睹，没看到。斯民，老百姓。康，平安、安乐。

【译文/点评】看着自己居住的官舍高大严整，却没有看到老百姓安乐，实在是惭愧。这是诗人自道未能帮助老百姓富裕起来而内心痛疚之语，表露了一个封建士大夫居官为民的良知与自觉。如果所有做官者都有这种自觉与良知，那么老百姓就不愁没有好日子过了。可惜自古及今，真能有这种发自内心自觉的人实在太少。这便是老百姓的悲哀所在。

足寒伤心，民寒伤国。

【注释】出自汉·荀悦《申鉴·政体》。足，脚。心，指心脏。民寒，指老百姓贫困。

【译文/点评】脚受风寒会伤及心脏，老百姓贫寒会于国家有害。此以"足寒伤心"为喻，形象地说明了执政者要关心民生问题的重要性，阐述了"只有民富才能国强"的道理。